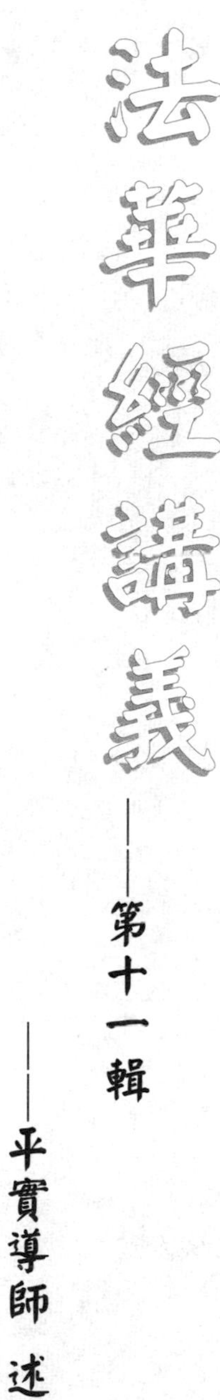

法華經講義

——第十一輯

——平實導師 述

ISBN 978-986-9372-54-1

執著離念靈知心爲實相心而不肯捨棄者，即是畏懼無我境界者，即是凡夫之人。謂離念靈知心正是意識心故，若離**俱有依**（意根、法塵、五色根），即不能現起故；若離**因緣**（如來藏所執持之覺知心種子），即不能現起故；復於眠熟位、滅盡定位、無想定位（含無想天中）、正死位、悶絕位等五位中，必定斷滅故。夜夜眠熟斷滅已，必須依於**因緣**、**俱有依**緣等法，方能再於次晨重新現起故；夜夜斷滅後，已無離念靈知心存在，成爲無法，無法則不能再自己現起故；由是故言**離念靈知心是緣起法**、**是生滅法**。不能現觀離念靈知心是緣起法者，即是未斷我見之凡夫；不願斷除**離念靈知心常住不壞之見解**者，即是恐懼解脫無我境界者，當知即是凡夫。

——**平實導師**——

一切誤計**意識心為常**者，皆是佛門中之常見外道，皆是凡夫之屬。意識心境界，依層次高低，可略分爲十：一、處於欲界中，常與五欲相觸之離念靈知；二、未到初禪地之未到地定中，暗無覺知而不與欲界五塵相觸之離念靈知，常處於不明白一切境界之暗昧狀態中之離念靈知；三、住於初禪等至定境中，不與香塵、味塵相觸之離念靈知；四、住於二禪等至定境中，不與五塵相觸之離念靈知；五、住於三禪等至定境中，不與五塵相觸之離念靈知；六、住於四禪等至定境中，不與五塵相觸之離念靈知；七、住於空無邊處等至定境中，不與五塵相觸之離念靈知；八、住於識無邊處等至定境中，不與五塵相觸之離念靈知；九、住於無所有處等至定境中，不與五塵相觸之離念靈知；十、住於非想非非想處等至定境中，不與五塵相觸之離念靈知。如是十種境界相中之覺知心，皆是意識心，計此爲常者，皆屬常見外道所知所見，名爲佛門中之常見外道，不因出家、在家而有不同。

——**平實導師**——

如《解深密經》、《楞伽經》等聖教所言，成佛之道以親證阿賴耶識心體（如來藏）爲因，《華嚴經》亦說**證得阿賴耶識者獲得本覺智**，則可證實：證得阿賴耶識者方是大乘宗門之開悟者，方是大乘佛菩提之眞見道者。經中、論中又說：證得阿賴耶識而轉依**識上所顯真實性**、**如如性**，能安忍而不退失者即是**證真如**、即是大乘賢聖，在二乘法解脫道中至少爲初果聖人。由此聖教，當知親證阿賴耶識而確認不疑時即是開悟眞見道也；除此以外，別無大乘宗門之眞見道。若別以他法作爲大乘見道者，或堅執**離念靈知**亦是實相**心**者（堅持意識覺知心離念時亦可作爲明心見道者），則成爲實相般若之見道內涵有多種，則成爲實相有多種，則違實相絕待之聖教也！故知宗門之悟唯有一種：親證第八識如來藏而轉依如來藏所顯眞如性，除此別無悟處。此理正眞，放諸往世、後世亦皆準，無人能否定之，則堅持離念靈知意識心是眞心者，其言誠屬妄語也。

——**平實導師**——

目次

第九輯：

第十輯：

第十一輯：

第十二輯：

自序

大乘佛法勝妙極勝妙，深奧極深奧，廣大極廣大，富麗極富麗，謂此唯一佛乘妙法，意識思惟研究之所不解，非意識境界故，佛說爲不可思議之大乘解脫境界，名爲大乘菩提一切種智，函蓋大圓鏡智、成所作智、妙觀察智、平等性智；然而此等極勝妙乃至極富麗之佛果境界，要從因地之大乘眞見道始證，次第進修方得。然大乘見道依序有三個層次：眞見道、相見道、通達位。眞見道者位在第七住；相見道位始從第七住位之住心開始，終於第十迴向位滿心；通達位則是圓滿相見道位智慧與福德後，進修大乘慧解脫果，再依十無盡願的增上意樂而圓滿，名爲初地入地心菩薩。眾生對佛、法、僧等三寶修習信心，十信位滿心後進入初住位中，始修菩薩六度萬行，皆屬外門六度之行；逮至開悟明心證眞如時，方入眞見道位中；次第進修相見道位諸法以後，直到通達而得入地時，歷時一大阿僧祇劫，故說大乘見道之難，難可思議。

大乘眞見道之實證，即是證得第八識如來藏，能現觀其眞實而如如之自性，名爲證眞如；此際始生根本無分別智，同時證得本來自性清淨涅槃。乃至證悟般若不退而繼續進修之第七住位始住菩薩，轉入相見道位中，歷經第一大阿僧祇劫中三十分之二十有四的長劫修行，同時觀行三界萬法悉由此如來藏之妙眞如性所生所顯，證實《華嚴經》所說「**三界唯心、萬法唯識**」正理；如是進修眞如後得無分別智，終能具足現觀非安立諦三品心而至十迴向位滿心，方始具足眞如後得無分別智，相見道位功德至此圓滿，然猶未入地。

此時思求入地而欲進階於大乘見道之通達位中，仍必須進修大乘四聖諦，現觀四諦十六品心及九品心後，要有本已修得之初禪或二禪定力作支持，方得相應於慧解脫果；或於此安立諦具足觀行之後發起初禪爲驗，證實已經成就慧解脫果；此時已能取證有餘、無餘涅槃，方得與初地心相應，而猶未名初地。而後再依十大願起惑潤生，發起繼續受生於人間自度度他之無盡願，不畏後世長劫生死眾苦，於此十大無盡願生起增上意樂而得入地，方得名爲大乘見道之通達位，眞入初地之入地心中，完成大乘見道位所應有之一切修證。此時已通達大乘見道位應證之眞如全部內涵，圓滿大乘見道通達位應有之無生法忍智慧，及慧解脫果與增上意樂，方證通達位之無生法忍果，方得名爲始入初地心之菩薩。

然而觀乎如是大乘見道之初證眞如，發起眞如根本無分別智，得入第七住位，成爲眞見道菩薩摩訶薩；隨後轉入相見道位中繼續現觀眞如，實證非安立諦三品心而歷經十住、十行、十迴向位之長劫修行，具足眞如後得無分別智，生起初地無生法忍之初分，配合解脫果、廣大福德、增上意樂，名爲通達見道位眞如而得入地。如是諸多位階所證眞如，莫非第八識如來藏之眞實與如如二種自性，同屬證眞如者。依如是正理，故說未證眞如者，皆非大乘見道之人；證眞如者謂現觀如來藏運行中所顯示之眞實與如如自性故，實相般若智慧依如來藏之眞如法性建立故，萬法悉依如來藏之妙眞如性而生而顯故，本來自性清淨涅槃亦依如來藏之眞如法性建立故。

如是證眞如事，於眞藏傳佛教覺囊巴被達賴五世藉政治勢力消滅以後，由於時局紛亂不宜弘法故，善知識不得出世弘法，三百年間已經不行於人世。及至時局昇平人民安樂之現代，方又重新出現人間，得以繼續利樂有緣學人。然而，縱使末法時世受學此法而有實證之人，欲求入地實亦匪易，蓋因眞見道之證眞如已經極難親證，後再論及相見道位非安立諦三品心之久劫修行，而能一一教授弟子四眾者，更無其類；何況入地前所作加行之教授，而得具足實證大乘四聖諦等安立諦十六品心、九品心者？眞可謂：「善知識者出興世難，至其所難，得值遇難，得見知難，得親近難，得共住難，得其意難，得隨順難。」如是八難，具載於《華嚴經》中；徵之於末法時世之現代佛教，可謂誠言，眞實不虛。

縱使親值如是善知識已，長時一心受學之後，是否即得圓滿非安立諦三品心及安立諦十六品心、九品心而得入地？觀乎平實二十餘年度人所見，誠屬難事；殆因大乘見道實相智慧極難實證，何況通達？復因大乘慧解脫果並非隱居深山自修而可得者，如是證明初始見道證眞如已屬極難，更何況入地進修之後所應親證之初地滿心猶如鏡像現觀，解脫於三界六塵之繫縛；二地滿心猶如光影之現觀，能依己意自定時程及範圍而轉變自己之內相分，令習氣種子隨於自己施設之進程而分分斷除；三地滿心前之無生法忍智慧，能轉變他人之內相分；以及滿心位之猶如谷響現觀，能觀見自己之意生身分處他方世界廣度眾生，而使無生法忍及福德更快速增長。至於四地心後之諸種現觀境界，更難令三賢位菩薩了知，何況未證謂證、未悟言悟之假名善知識，連第七住菩薩眞見道所證眞如都只能想像者？

雖然如此，縱使已得入地，而欲了知佛地究竟解脫、究竟智慧境界，亦仍無法望其項背，實因初地菩薩於諸如來不可思議解脫及智慧仍無能力臆測故。縱使已至第三大阿僧祇劫之修行——已得八地初心者，亦無法全部了知諸佛的境界，則無法了知佛法之全貌，如是而欲了知十方三世諸佛世界之關聯者，即無無其分。以是緣故，世尊欲令佛子四眾如實了知三世佛教之亙古久遠、未來無盡，以及十方虛空諸佛世界等佛教之廣袤無垠；亦欲令弟子眾了知世間萬法、出世間法及實相般若、一切種智無生法忍等智慧，悉皆歸於第八識如來藏妙眞如性者，則必於最後演述《妙法蓮華經》而圓滿一代時教；是故 世尊最後演述《法華經》時，一仍舊貫而如《金剛經》稱此第八識心爲「**此經**」，冀諸佛子醒悟此理而捨世間心、聲聞心，願意求證眞如之理，久後終能確實進入絕妙難思之大乘法中。斯則世尊顧念吾人之大慈大悲所行，非諸凡愚之所能知。

然而法末之世，竟有身披大乘法衣之凡夫亦兼愚人，隨諸日本歐美專作學問之學者謬言，提倡六識論之邪見，以雷同常見、斷見外道之邪見主張，公開否定大乘諸經，謂非佛說，公然反佛聖教而宣稱「**大乘非佛說**」。甚且公然否定最原始結集之四大部阿含諸經中之聖教，妄判爲六識論之解脫道經典，公然貶抑四阿含諸經中之八識論正教，令同於常見外道之六識論邪見；全違 世尊依八識論而解說聲聞解脫道之本意，亦令聲聞解脫道同於斷見、常見外道所說之解脫，則無餘涅槃之境界即成爲斷滅空而無人能知、無人能證。如是住如來家，著如來衣，食如來食，藉其弘揚如來法之表相，極力推廣相似像法而取代聲聞解脫道正法，最後終究不免推翻如來正法；如斯之輩至今依然寄身佛門破壞佛法，而佛教界諸方大師仍多心存鄉愿，不願面對如是破壞佛教正法之嚴重事實，仍多託詞高唱和諧，而欲繼續與諸多破壞佛教正法者**和平共存**，以互相標榜而**維護名聞利養**。吾人若繼續坐令如是現象存在，則中國佛教復興，以及中國佛教文化之推廣，勢必阻力重重，難以達成；眼見如是怪象，平實不得不詳解《法華經》之眞實義，冀能藉此而挽狂瀾於萬一。

如今承蒙會中多位同修共同努力整理，已得成書，總有二十五輯，詳述《法華經》中 世尊宣示之眞實義，因名《法華經講義》，梓行於世，冀求廣大佛門四眾捐棄邪見，回歸大乘絕妙而廣大無垠之正法妙理，努力求證，共爲復興中國佛教文化、抵禦外國宗教文化之侵略而努力，則佛門四眾今世、後世幸甚，中國夢在文化層面即得實現。乃至繼續推廣弘傳數十年後，終能使中國成爲全球最高階層文化人士的歸依聖地、精神祖國；流風所及，百年之後遍於歐美社會各層面中廣爲弘傳，則中國不唯民富國強，更是全球唯一的文化大國。如是復興中國佛教文化之舉，盼能獲得廣大佛弟子四眾之普遍認同，乃至廣有眾人付諸實證終得廣爲弘傳，廣利人天，其樂何如。今以分輯梓行流通在即，因述如斯感慨及眞實義如上，即以爲序。

佛子　**平實**　謹序

公元二〇一五年初春　謹誌於竹桂山居

第十一輯：

《妙法蓮華經》

〈勸持品〉第十三（上承第十輯〈勸持品〉未完內容）

經文：【爾時眾中五百阿羅漢得受記者，白佛言：「世尊！我等亦自誓願，於異國土，廣說此經。」復有學、無學八千人得受記者，從座而起，合掌向佛作是誓言：「世尊！我等亦當於他國土廣說此經。所以者何？是娑婆國中，人多弊惡、懷增上慢，功德淺薄，瞋濁諂曲，心不實故。」】

語譯：【藥王菩薩與二萬菩薩發了大願以後，當時大眾之中有五百阿羅漢，是已經被授記成佛、已經都是菩薩了，他們向佛陀稟白說：「世尊！藥王菩薩發了這個願，我們也都這樣子來發願，我們要在其他的國土，來廣說這一部《妙法蓮華經》。」然後又有其他有學跟無學等人，是其次被授記的阿羅漢或者三果人以下乃至初果迴心成為菩薩的八千人，隨後從座而起，合掌向世尊這樣子發誓說：「世尊！我們八千個人也會在別的國土中廣說這一部經。爲什麼我們不在這個娑婆世界說呢？因爲這個娑婆世界的國人，大部分都很不好而又很惡劣、心中懷著增上慢，他們的功德很淺薄，而且很容易就生氣、心地很汙濁、又喜歡諂媚、心想彎曲而不直爽，因爲他們的心都不眞實的緣故。」

講義：諸位聽了，有什麼感想？一定有感想嘛！先受記的五百位阿羅漢，已經被授記將來會成佛，連佛號都有了，但他們向 世尊發願說：「我們也發願，我們要在其他的國土中，廣說這一部《妙法蓮華經》，不是在這個娑婆惡世。」已經被授記成佛的阿羅漢菩薩，他們已經迴心成爲菩薩了，已經證得阿羅漢果而迴心成爲菩薩，都還不敢發願要在這個娑婆惡世廣說《妙法蓮華經》。可是，諸位敢發願要在這裡繼續受持弘揚，對不對？（大眾回答：對！）唉！答應得這麼慢。（大眾笑…）我這麼鼓勵開了頭，你們就要爽快答。雖然遲疑了半秒鐘，終究還是答了；這表示你們的心志是勝過這五百阿羅漢的，因爲他們不敢在這個娑婆惡世廣說此經，而你們願意。好啊！這樣諸位支持著我，復興佛教的艱難大事，我就更有力量去作了。（大眾鼓掌…）

這五百位阿羅漢已經被授記將來成佛，都不敢留下來娑婆世界中演說此經，那麼接著有學位跟無學位等另外八千人；也就是說，這八千人裡面有的人已經是阿羅漢，有的人還在有學位的三果、二果或者初果，他們從座而起，向佛陀也宣示了，結果還是要到「**他國土**」去講《法華經》。那五百位阿羅漢沒有說明為什麼不留在娑婆講《法華經》，這八千人倒是比較老實，直接解釋原因：為什麼我們跟著要去別的國土講《法華經》，不在娑婆世界宣說？因為這個娑婆國土、這個三千大千世界裡面的眾生都一樣惡劣。

所以假使哪一天，你有大財富，科技也發明了一種超光速的太空梭，從這個地球到這個銀河系裡面的另一個有人住的星球去，你看見了人類，還是跟我們這裡一樣，都一樣是五濁眾生，除非到了人壽增長到八萬歲時。如果五十年後、一百年後，有哪一種超過光速幾倍的太空旅行工具；據天文學家說有一種蟲洞，只要從那裡面一通過，就會立刻到另一個星球。其實那是科學家的幻想，我先把它戳破，那叫作科學幻想；但縱使真的可以這樣子——我說的是縱使，沒有承認它是真的；縱使真的可以那樣快速旅行去別的星球世界，當你一到達時，你看了那裡的人，將會跟我們這裡一樣，都是五濁具足。因為同一個三千大千世界裡的人，是同一個增劫、同一個減劫。所以，你如果花了很多錢去到那邊，看到的那些人跟我們地球上的人是一樣的，那你還要不要花幾千萬元買票去別的星球世界？不用了呵！把那些錢留下來，好好利樂眾生、好好護持正法，不必去瞧啦！去瞧過了回來會失望的，因為跟我們這個世界一樣，同樣是五濁惡世。

你花那些錢、花那些時間，不如就留下來好好利樂眾生，教導眾生怎麼樣迴入佛法，不是更妙嗎？所以假使（我是說假使，我不承認會有蟲洞穿越時間、空間那種事），我說假使眞有那一回事，眞的可以讓你幾個小時之內就到達另一個有人住的星球去觀光，門票（不說美金、人民幣，說台幣好了）也許台幣五千萬元一張票，你要不要花呢？不花！要留在這裡利樂眾生。因為同一個世界、同一個三千大千世界，是同時增劫、同時減劫，因此你去到別的世界、別的星球時，那裡的人還是跟我們一樣的五濁眾生。既然這整個娑婆世界的三千大千世界，都同樣是這樣的眾生，你留下來講《法華經》、受持《法華經》，你會得到的待遇，就跟 藥王菩薩他們得到的一樣。

因此聰明的人想：**「我到其他國土去講，不在娑婆世界演講《法華經》。」**

他們是很聰明。這樣看來咱們很笨，對不對？對啊！咱們很笨，而且竟然發願要一世又一世留下來跟邪惡勢力面對，真的好笨！好笨！可是這種笨的人，才是真正有智慧的人。以前我也舉過例子，例如有人往生去極樂世界，在極樂世界努力修行一百年；而極樂世界的一天等於我們娑婆世界一個大劫，他在極樂世界修行一百年（不是這裡的一百年），在那裡的一百年中修行所得的功德，不如在這個娑婆世界持八關齋戒一日一夜的功德。那你能想像，那裡一百年等於這裡幾個大劫的時光呢？你自己算一算。如果誰很會算，背後有算盤，好好算一算；就等於說，去另一個地方修行三萬六千五百大劫所得的功德，不如留在這裡好好修行一天的功德。

所以，這八千個有學與無學跟前面的五百阿羅漢，他們要去「他世界」宣揚《妙法蓮華經》，其實不是真的聰明；都已經證得阿羅漢了，還怕死幹什麼？既然你已經證阿羅漢解脫果，而且被授記將來會成佛，就不應該再考慮未來世在娑婆惡世會受到什麼待遇，該作的就作，捨身命財爲止法、爲佛教久住所應作的事，就努力去作。在這裡修行，而且有因緣遇到正法而去護持正法、維護佛教的事，是天下最大良福田，當然應該要留下來一起努力才對。可是這五百阿羅漢，這有學、無學八千人，竟然都發願要去別的世界才敢演說此經，都不敢留下來。你們傻傻地跟著我留下來，到底是因爲傻還是勇氣十足？（大眾回答：勇氣十足！）應該爲你們自己鼓掌！（大眾鼓掌…）（導師這時面向電腦螢幕中的十樓、五樓大眾而說）我有看到你們鼓掌，但是沒聽到掌聲，因爲聲音無法傳過來給我，只有影像。這是很不簡單的事，特別是在如實瞭解後末世會變什麼樣的情況下，而你們依舊願意留下來，這眞是不簡單的事，絕對不是小事。

但問題來了，爲什麼這《妙法蓮華經》在娑婆世界的後末世中，連受持、讀誦、爲人演述都那麼困難？一定是有原因的，因爲它的內容很難懂，眞懂的人如實講出來時，眾生很難信受。我演述這部《妙法蓮華經》多久了？一年半多了，我講的跟人家不一樣，因爲不是依文解義，但是我講的才是正確的。那麼這樣講出來，有很多的不可思議；可是我講的都有道理，並不是自己隨便亂編派。這是如實的道理，不論你是從三乘菩提的法義來講，或者從三大阿僧祇劫的成佛過程來講，都必然是如此，然而這畢竟很難令人信受。

首先來講第一個難信，譬如說授記，釋迦如來是應身佛，只有應身佛才可以在宣講《法華經》時爲弟子們授記，化身佛不授記。單說這件事情就很難使應身佛入滅後的眾生信受了，就別提到其他的不可思議之事。少聞寡慧眾生眞的沒有辦法信受說：「爲什麼化身佛不能授記？」眾生一般的想法會說：「化身佛一樣也是佛，也可以授記啊！」爲什麼不行？因爲這牽涉到無量劫以來的一尊佛，叫作 多寶如來祂的願力；這也牽涉到應身佛與化身佛之間，到底誰會來作授記？也就是應身佛爲何沒授權化身佛向學人授記的問題。這議題講出來時沒有人相信，你叫那一些不能理解三乘菩提的凡夫大師們要怎麼相信？更何況他們的徒眾要如何相信？所以這個授記本身就很難令人相信，當你到了後末世爲人演講《法華經》時，一樣要講解這個授記的事，但你如何能令人相信？所以在五濁惡世裡面，眾生善根很微少的年代，你要來講這部《法華經》就是很困難。

接著，《法華經》裡面還講一種很難令人相信的事，佛陀竟然說這些聲聞阿羅漢們本來就是菩薩，一個個是聲聞人，也都是證得聲聞果，然後聽 佛說了因緣法以後又證緣覺果，都是聲聞緣覺，竟然 佛陀爲他們授記，說他們本來就是菩薩。可是他們個個示現聲聞相，你能叫誰相信？在這個年代眞的都很難令人相信。我現在講出這部《法華經》以及大乘經典的內容，也是因爲已經弘法二十年，具體顯示大乘佛法的可證與勝妙，而且聽眾也是你們，才可能有人相信。那麼末法時代有許多時間裡，能實證三乘菩提的人是幾乎不存在的，你要去講說「這些聲聞人本來就是菩薩」，把《法華經》裡面講的這個道理說出來，眞的很難令人信受。所以末法時期五濁惡世之時，要爲眾生如實演講這一部《法華經》，當你講到說：「這些聲聞人本來就是菩薩，只是他們的因緣得要示現爲聲聞人。」眾生不相信：佛陀竟然會爲他們授記將來會成佛，連佛號等等都有了，是事難信啊！

接著說應身佛的威德無量無邊，這也令人難以置信。諸位想想看，應身佛座下有文殊師利菩薩等，而文殊師利菩薩座下的菩薩，那龍王女以寶珠獻佛，佛陀接收了，她一轉身就到南方無垢世界去，隨即成佛了，這個事情你要說給誰相信？應身如來座下的文殊菩薩、座下的龍女轉身就成佛，你想想這應身如來的威德如何？而祂的智慧與福德究竟又如何？你無法想像的。而這種無法想像的事情，你要在後末世說給五濁具足的眾生知道，何其之難哪！只有像我今天這樣先把諸位度了，有很多人已經實證如來藏了，各種教導已經具足了，再來演講此經時，諸位才會信受啊！所以，這五百阿羅漢、這八千有學無學不敢留在娑婆世界裡爲人演講此經，只好到他方世界去講；因爲那些世界的眾生善根成熟、壽命綿長、智慧力好，容易說明，而且說了以後他們就會相信。

在這種五濁惡世的後末世中，眾生人壽不過百歲，能夠學到的很少，智慧很短淺、善根又很少；而且到了末法的現在世中，有非常多的增上慢人，個個動不動就說：某人是八地菩薩、某人是十地菩薩、某人已經成佛。都是未證謂證、未得謂得的增上慢人，只有凡夫的所知所見，連如來藏在哪裡都還不知道，連眞如都看不見，你要說給他們信受，他們又如何能信？而他們一定會反對你，因爲應身如來可以跟人家授記成佛，每一個人不同的佛號、正法多久、像法多久、末法多久、聲聞弟子多少、菩薩弟子多少等等都有說明；後末世那些增上慢者個個自稱成佛，可是他有什麼樣的徒弟是菩薩、是阿羅漢？結果檢查下來全都是假的，而他們也無法跟人家授記，那麼你想：他們會不會反對你？會啊！而且，這種會反對你的人是一大堆喔！簡直是成群結隊，可不是〈無著三三〉公案裡面講的「前三三、後三三」，而是一整隊人。所以應身佛在《妙法蓮華經》裡面顯示出來的福德、功德、智慧，沒有辦法讓後末世的五濁眾生相信。那你在這個娑婆世界留下來繼續演說《妙法蓮華經》，是多麼困難的事。偏偏這一部《妙法蓮華經》講的就是如來藏，也涉及十方三世諸佛世界的事，所以很難使人相信哪！

然後，這部經裡面又講到，釋迦如來爲了要打開 多寶如來的七寶大塔，得要從十方世界召回各百千萬億那由他化身佛，這事情你要叫誰相信？眞的難信！所以，這五百阿羅漢、這八千有學無學，就不敢留下來在這裡演講，只有你們這些傻瓜願意跟我留下來。那麼，《法華經》講往昔諸佛的事情，請問誰能夠瞧見？釋迦如來說往昔諸佛如何如何、哪一尊佛又是如何如何、多寶如來又如何如何等等，誰能求證？都沒有啊！能求證的，就是 文殊師利菩薩等等大菩薩。可是他們若是出來講，後末世少聞寡慧眾生一定會說：「哎呀！那些菩薩都跟釋迦如來是同黨。」他們也無法相信。

這有點像是法律一樣，直系血親出來爲他的尊卑親人作僞證，萬一被查到是僞證時，也都是從輕量刑或判爲無罪的。因爲他們是直系血親，關係最親密，不論怎麼樣都要維護親人嘛！對不對？同樣的道理，眾生就是會這樣想。如果眾生不這樣想，執法人就不會這樣作。就是這樣啊！所以縱使文殊菩薩親自出來宣講，眾生也是無法信受的。所以觀世音菩薩、文殊菩薩等人，這些大菩薩們出來證明說：「如來所說是眞實的，往昔無量數劫之前的某某佛等等也都是眞的。」可是，後末世的眾生善根不夠又是增上慢，你所說的，他們都作不到，爲了名聞或利養，他們一定要出來否定你。你不否定他們，而他們一定會抵制你，這是勢所必然啦！

就好像我們正覺出來倡導說：「禪宗的開悟只有一種，就是明心證如來藏，現觀如來藏的眞如法性，這就是禪宗明心唯一的證悟內涵。」結果是大家都否定我。事實上是我剛開始弘法那五、六年中，從來沒有否定過誰，佛門裡面的常見外道、斷見外道一大堆，我也都稱讚他們弘法的大功德，我沒有否定過誰。當人家問說：「印順法師的法好不好？」「好啊！」人家問說：「月溪法師那個法好不好？」「好啊！」我全都說「好」，結果就「好」出問題了！爲什麼「好」出問題？因爲我都說他們好、都說他們對，結果他們的信眾卻說：「人家大師們所悟的是離念靈知，你卻是講如來藏，你講的跟人家都不一樣；那你又說他們的法正確，那就是你的法不對啊！因爲你悟的跟他們都不一樣嘛！既然他們對，那你就是不對的，除非你所悟的內容跟他們都一樣。」

又有人講：「人家印順法師說般若就是一切法空，這樣才對，所以般若就是性空唯名，沒有如來藏可證；你既然說有如來藏可證，你又說他的法正確，但你跟他不一樣，那你就是不對。」結果我讚歎說好、好、好……，真的就「好」出問題來了。現在都還沒有到末法時期的「後末世」，我弘揚如來藏妙義就已經這麼困難了，若是到了後末世時，想要把這部經典如實演說，而不是單單弘揚實證如來藏的事，當然是更困難的。但是，如來藏眞實可證，眞如眞的可以現觀，不是虛妄法，我們經由每年有人實證，然後不斷地有見道報告寫出來證明眞的可證；而且證悟的這一些同修們，寫書或者上網去跟人家辨正法義時，大家看起來可都頭頭是道、條縷分明，沒有破綻，於是這幾年大家才開始信受。但這也是經歷了二十年的奮鬥才達成的，證明是現前可以證實的，而且每年繼續有人證悟而出來證實；但是 佛陀說的，都是無量阿僧祇劫之前的某某佛、某某佛，授記時說的又是未來多少佛以後的成佛之事，都沒有辦法求證，因此到那時已經沒有多少人願意相信。越到後末世，眾生善根越少；現在都還沒有到後末世，才只是末法剛開始不久，已經有人在說：「歷史上沒有釋迦牟尼佛這個人出現過。」已經有人這樣講了，那你說，到了後末世呢？那就更難了！更何況是要講《法華經》裡面明說的，以及隱藏在經中的勝妙眞理？

所以密宗的應成派中觀師們，不論他們是棲身於顯教、密教中，大概都如此。你看，鼎鼎大名的印順法師都說：《本生譚》裡面講的世尊往世與弟子之間的事情，都是後人編造的神話故事。他不說那是本生「經」，而說那叫本生「譚」，他不承認那是經典。問題是，如果沒有那樣的過程，能夠攝受無量的眾生而成佛嗎？不可能！結果他們連那個都不承認，那你要與他們談到《法華經》裡面隱說的正義，又要說到過去無數劫前的某某佛與某某佛的事，都是他們沒有辦法求證的，那你叫他們如何能信受？還沒有到末法最後末世的今天，那些大山頭的大法師們都已經不信了，何況眞到後末世的那個年代。所以這五百阿羅漢、八千有學無學，他們不願意留下來，寧可到別的世界去，因爲那裡容易講，眾生的善根深厚而容易信受，大家都沒有增上慢，信根具足，福德圓滿。這是因爲《法華經》的內涵，眞的令人難以信受啊！

接著我們回來再來談授記好了，佛陀授記這些阿羅漢們，有的是幾百萬億劫以後成佛，有的是要經歷幾萬佛以後成佛，有的是經歷幾億佛以後成佛，這要如何求證？都沒辦法求證。這種沒辦法求證的事情，只有久學菩薩才能接受，但是到後末世，特別是末法最後五十二年時，我心裡面很懷疑說：你們到底還有多少人留下來？一定有人溜了，而且是不少人先溜走了，因爲那是最艱難的時代。我現在很想知道說：到那個時候到底還有多少人？有哪些人是留下來繼續陪著月光菩薩的？啊！有人舉手了！讚歎！佩服！可是現在舉手就算數嗎？（大眾笑……）對啊！很多人發願，可是到後來成就所發大願的有幾個人？很少。這就像佛陀經中講的，末法之世發大願心的人如菴摩羅華（編案：或魚卵），有沒有？像那魚，那種魚生的卵是非常多的，可是能夠長大成爲可以繁殖的魚，只有千萬分之一而已啊！但是，我還是要讚歎諸位，你敢舉手，至少現在有這個勇氣嘛！至少你就比那些遲疑的人想著說「我要不要舉手」，一定比那些人更好了，對不對？可是你也不要小看那些人，因爲有的人只是不想舉手，其實早就下定決心：「這個根本不須要去舉手，我本來就是這樣作的。」（大眾鼓掌…）眞的呀！有不少人是這樣的，他們只是生性比較內斂，但是心中本來就決定這樣。

至於爲何這麼難？正是因爲難信嘛！《法華經》裡面說的，很多都是令人難以信受的。不但如此，我們也說 世尊講的是三大無量數劫成就佛道，以三大無量數劫的實修實證而成就佛道，也很難令人信受。阿羅漢果一世便可以成就，現前可以自我驗證說：我生已盡、梵行已立、所作已辦、不受後有。可是成佛要三大無量數劫，無法在一世之中便驗證。到了末法時代，眾生沒有什麼善根，大多是增上慢者，你告訴他說：「你現在所謂的成佛，全都是假的，你要努力修行三大阿僧祇劫才能成就。」他心裡面先有一個大問號存在，那個問號比他這個身體還要大，爲什麼呢？他心裡面想：「三大阿僧祇劫以後成佛，你在騙誰？三大阿僧祇劫以後的事，死無對證啊！你這一世說了，下一世我又記不得，那你說了也等於沒說，我要找誰去印證？」所以他們不信。現在的眾生善根還好喔！我還能夠度到你們；若是到後末世那最後五十二年，誰知道能度到誰？所以眞的難信。

然後，《法華經》裡面說 釋迦如來國土無量無邊廣大，這也難令人取信，

你要如何去證明 釋迦如來的佛土不可思議？你沒有辦法取信於人。你留在這種五濁惡世的後末世去說這個《法華經》，套一句話說：「其誰能信？」所以，他們被 佛陀授記成佛了，都不敢留下來如實宣講，不願留下來受持。不但如此，菩薩僧的不可思議，以及所攝受的無量眾生不可思議，這要給誰相信？現在那些大法師們就已經不信了！他們心中是絕對不信的，只是不敢站出來明說而已。可是我們信，因爲至少從我們學佛以來，發覺經中所說的解脫道四果的內容，以及佛菩提道中開悟明心證眞如、眼見佛性、三賢位的如幻觀、陽焰觀、如夢觀，全都是可以實證的。

還有一些目前大眾無法實證的，也曾經有人實證過了；就好像有一些你們無法實證的現觀，至少我已經實證了，我也曾把內容說出來了。這已證明說，經典上所說的是如實法，不是欺瞞。可是，諸位能信，是因爲現在諸位都是有善根的人，不是增上慢者，而且會裡也有許多人在聲聞解脫道中，以及在佛菩提道的三賢位中實證了。但是，那些大法師們，他們私底下個個可都還是自認爲很不得了的，只是因爲正覺出世弘法了，所以他們現在閉嘴不說而已，心中還是不服的。爲什麼不服呢？因爲「我本來是開悟聖人的身分，後來被你們正覺剝奪了，是可忍，孰不可忍？」所以，他們到現在還是一樣繼續頑抗，不肯承認自己是未證謂證者。「那麼你說的，《法華經》竟然還要講到海中跟著文殊師利菩薩出來的無量無邊菩薩，你叫我怎麼信？不然你證明給我看吧！」

他們也許會提出這樣的要求，而我們無法為他們證明出來；因為我沒有那個威德請 文殊菩薩把那些菩薩召喚來給他們看，縱使哪一天 文殊菩薩真把那些菩薩們召喚過來了，他們也沒有天眼可以看得見，那你如何能取信於他們？只有 釋迦如來才有那個威德，可以召喚 文殊菩薩來示現。但是我們信，因為我們自從學佛以來所謂的初果、二果、三果、四果，這都是可以親證的，而我們證實了。所謂的明心開悟現觀真如，以及眼見佛性乃至如幻觀、陽焰觀、如夢觀等，也都是可以實證的，因為我們已經實證了，所以我們對佛陀具足信心，一點都不懷疑。但問題是，到後末世的時候，我們信，人家不信。這一些菩薩僧眾那麼多，無量無邊從海中踊出，你又無法叫菩薩僧眾踊出來給他們看，他們也沒有天眼可以看，那他們怎麼信？這五百阿羅漢、八千有學無學顯然也是看到了這一點，所以乾脆說：「我就去他方世界弘揚這一部《法華經》。」因爲他們一定會想：「佛這麼慈悲爲我授記了，我怎能不弘揚呢？」不然就叫作不孝子了，所以不能不弘揚嘛！「但是我要選擇輕鬆的地方去弘揚。」這就是他們的想法。

那麼 釋迦如來的佛土不可思議，也是《法華經》所說，也是《法華經》所顯示的，你同樣也無法爲人證明。當你無法爲人證明的時候，而那些末法時候的眾生善根又是很微少，而且又多增上慢，也都是貪短短一世利養的人，你要如何爲他們演說？然後，這《法華經》裡面說的 釋迦如來的法又是如此不可思議，這個法就包括《法華經》所說的內涵了，是如此不可思議，你也無法讓他們信受。現在台灣、大陸佛教界已承認有第八識如來藏，其實也是因爲我們每年都有人證得如來藏，而我們說出來的法義所證明的道理，以及我們所實證的自受用境界而表現在外的事相，也都顯示有如來藏；然後我們這些實證者寫出來的書，也都跟三乘菩提經典完全相符，沒有矛盾之處，顯示大家實證以後都很有智慧，讓他們無法狡辯，是因爲這樣他們才信受的。

但是人壽不超過百歲，以致《法華經》所說的這一些法現前不可求證，

你只能相信　釋迦如來的開示，無法去求證說「眞的這樣嗎？」眞的無法求證，因爲即使當年你曾經在現場聽聞　釋迦如來演說《法華經》，但你還有胎昧，此世你也忘記了。到後末世那個時候，沒有參與過的眾生更不相信，因爲他連那個種子都沒有，你如何叫他相信？我依前面的《法華經》經文講了這麼多、這麼多不可思議的事，你眞的是無法使他們相信。而現在呢？我只能講給諸位聽。如果不是諸位來聽，我一定會遇到一個局面，就是我每講五分鐘便會走一批人，不斷地走人，就是會這樣子。但因爲諸位有這麼好的善根，對於三乘菩提有這麼好的信力，而我們也有許多人證實這是可證的，所以諸位願意繼續留下來聽我演說。但是到後末世，這可就很難說了。因此，這五百阿羅漢，這八千有學無學，他們的選擇就是到他方世界去講。但是，只有他們這樣選擇嗎？事實不然，因爲別人也是一樣的。那麼別人是怎麼選擇呢？且聽下回分解。

上週《妙法蓮華經》講到一二一頁第二段說完，現在要從第三段開始：

經文：【爾時佛姨母摩訶波闍波提比丘尼，與學、無學比丘尼六千人俱，

從座而起，一心合掌，瞻仰尊顏目不暫捨。於時世尊告憍曇彌：「何故憂色而視如來？汝心將無謂我不說汝名，授阿耨多羅三藐三菩提記耶？憍曇彌！我先總說一切聲聞皆已授記，今汝欲知記者，將來之世，當於六萬八千億諸佛法中為大法師，及六千學、無學比丘尼俱為法師。汝如是漸漸具菩薩道，當得作佛，號一切眾生喜見如來，應供、正遍知、明行足、善逝、世間解、無上士、調御丈夫、天人師、佛、世尊。憍曇彌！是一切眾生喜見佛及六千菩薩，轉次授記得阿耨多羅三藐三菩提。」】

講義：五百阿羅漢以及有學、無學八千人「得受記者」，都是發願要在他方國土廣說《妙法蓮華經》，是已經有人在向 佛表示他們的至誠，說願意在「他國土廣說此經」，好像授記的事情已經結束了，這對大波闍波提比丘尼這位阿羅漢來講，心裡真的不得不急；為何不能不急？因為：

語譯：「那麼多阿羅漢，學與無學被授記了，可是世尊沒有授記我什麼時候成佛，是不是我就被漏掉了？」她心裡面就有一點急，【所以當時摩訶波闍波提比丘尼和跟她一起的學、無學比丘尼六千人俱，就從座而起，一心合掌，瞻仰世尊的慈顏，連眼睛都不眨一下。這時世尊告訴憍曇彌說：「妳們是什麼緣故，以這麼憂愁的臉色來看我釋迦牟尼佛呢？妳們心裡面是不是以爲我不會說出妳們的名字，來爲妳們授記將來成就無上正等正覺嗎？憍曇彌啊！我在前面已經總說一切法華會上的聲聞弟子們都已經授記了，妳如今眞的想要知道授記的詳細內容，我就告訴妳吧！將來之世，妳將會在六萬八千億佛之中成爲大法師，跟妳同在一起的六千位有學、無學的比丘尼們，同樣都會成爲法師。妳就是這樣子漸漸地經歷六萬八千億佛以後而具足了菩薩道，將來就會作佛，那時妳的佛號是一切眾生喜見如來，同樣是應供、正遍知、明行足等十號具足。憍曇彌啊！那時的一切眾生喜見如來以及六千位菩薩們，將會由前一位來授記後一位成就無上正等正覺。」】

講義：這段經文中又以什麼道理在告訴我們？從經文上來看是很簡單的，誰聽了都懂、讀了都懂。這位摩訶波闍波提比丘尼，她也是阿羅漢，她是佛陀應身的姨母。世尊既然示現來人間受生，來應化成佛，當然會取得人際的關係。那麼，悉達多太子出生後不久，親生母親摩耶夫人就過世了。母親過世之後，都由祂的姨母（也就是摩耶夫人的姊姊）來帶領悉達多太子，當然以下還有乳母等等，總共有四位，但主要就是以姨母摩訶波闍波提來擔當養育悉達多太子的母親角色。這位阿羅漢本來是不許出家的，在佛門中，本來 佛陀沒有準備讓女眾出家，可是就因爲這位摩訶波闍波提的緣故，也是由於阿難不斷替她請求的緣故，所以 世尊允許女眾出家；因此，妳們比丘尼們可以出家得要感恩她與阿難，因爲出家不是容易的事。當初 佛陀只收比丘，不授予比丘尼戒，可是摩訶波闍波提帶了這六千個人，她們離開皇宮來求 佛剃度出家，佛陀不許。那阿難，你們知道，他一樣是最多情、最肯幫人，所以摩訶波闍波提就請求他。阿難就來向 世尊請求，第一次請求不准，出去說明 世尊沒有允許。然後她又拜託阿難，又去向 世尊稟告；也因爲摩訶波闍波提是 佛陀的姨母，有養育之恩，所以最後 世尊要求比丘尼要遵行八敬法，依八敬法來出家受比丘尼戒。

大家在這件事情上面一定會去想到一個問題：在出家的戒律裡面，以及當初爲何不讓女眾出家現聲聞相？一定會想到這個問題。佛陀是無上正等正覺，祂爲什麼一開始會這樣施設？後來因爲是養育祂長大的姨母要求出家，然後又是祂最疼愛的阿難堂弟這個侍者，極力哀求才不得不准。這麼困難才准許，一定有其中的原因。佛陀最後有說出來，是因爲讓女眾出家成爲比丘尼，正法住世得要減少五百年，因爲是非一定會比較多。那麼，最主要的是非就是，女眾一般而言是情執比較重，另外也會有婬戒的問題存在。所以，終於不得不剃度祂的姨母摩訶波闍波提以後，就宣告說正法時期減少五百年。

談到這個，就要談到上週我開車經過碧潭時，有一位比丘、一位比丘尼在路上走著，在他們之中牽著一位小朋友。我不曉得那是什麼關係，也許是準備收養作沙彌；可是如果要收養作沙彌，應該是理光頭，也要穿起出家的衣服來嘛！又沒有。也許沒有什麼問題，也許只是因爲要讓他就學，所以不方便穿出家的衣服，但是這樣在路上走著，總是會讓人家留下一些疑惑。所以在聲聞戒裡面是不許抱小孩的，也不許拉著小孩的手在路上行走的。那麼台北縣——現在稱爲新北市，有一家很有名的寺院住持，在什麼區呢？那個區的名字有一個□□的□字，寺名有一個□字。這樣講就夠了，不要講太白。這寺院住持跟比丘尼生了孩子，孩子把住持叫作叔叔，這不但有事證也有人證，也可以驗 DNA，而且都已經在電視新聞上面報導出來了。這都是 佛陀當年度比丘尼時已經預見的。

所以，如果夫妻兩個人後來爲了學佛而出家，把孩子托給親友照顧，反而沒問題；不熟識的兩個人在一起出家，反而會出問題。這是 佛陀所預見的事情，才會在剛開始時不准女眾出家。所以，當初 佛的姨母要出家時，佛陀也不允許；但是終究拗不過阿難的苦苦哀求，也因爲請求出家的人是祂的姨母，從嬰兒時代就一直由她親手撫養長大，這個事情也不能不照顧到，終究還是讓她出家。因此，跟隨她出家的六千位宮女，就是後來跟隨她的六千位比丘尼。

諸位從這裡要瞭解一件事情：在世間法中分派系，或者說在政黨裡面有派系，這都是正常的。在那些大山頭裡面也都有派系，這都是正常的。派系之間鬥得很厲害，有時候二位比丘在大殿裡面，互相辱罵對方時音量都非常大，這還是北部很有名的一個大山頭裡的事。後來有位師姊很有智慧，她走上前去輕聲地說：「二位師父啊！你們罵得再大聲，都不如用打的。」這二位比丘警覺了，因此就散開了，不再互罵，這就是派系鬥爭。但是，在我們正覺裡面有沒有派系？沒有派系；但在沒有派系之中，卻會有這一群人、那一群人比較相應，常常都會同在一起，作什麼事情常常會同進出。這也是正常的，所以不要因爲這樣就說他們是不是在結黨？說他們是不是在搞派系？不是這個意思，而是說人們本來就各有往世的因緣，由於往世的因緣以及這一世的因緣，使得某一些人常常聚在一起，只要沒有結黨謀私或破和合僧的事，都沒有問題。

在前面我也講過，佛世時喜歡神通的比丘們就跟目犍連尊者在一起，喜歡智慧的人就跟舍利弗尊者在一起，喜歡討論空性的、般若的就跟須菩提在一起，喜歡深入經典作廣泛的理解的人，也喜歡實地求證的人，就會跟迦旃延同在一起，各個都有不同。有的人討厭人家威儀不好，希望一切威儀都很好，這些人就會跟優波離在一起，一群人都很注重戒行。紫金光比丘尼與大迦葉有往昔很多世的夫妻因緣，所以也常在一起研討佛法。佛世時就已經是這樣。摩訶波闍波提身邊，常有六千個比丘尼與她同在一起。所以發覺有一些人一群、一群，他們不論去作什麼功德，去爲眾生作什麼事情時都是同進退，這也都很正常；但是不會因此去排斥其他的一群人，這樣就對了。沒有鬥爭，沒有營私，這樣就對了，這就是同修會跟外面各大山頭不同的地方。

別的大山頭裡，他們派系會互相鬥爭，在我們正覺裡面沒有互相鬥爭的事，所以我們不曾有這一派去鬥那一派的事，不會有這種事。那麼以後會不會？等我走了再瞧！但我相信不會，因爲我們正覺同修會是以一個教團的方式來運作，是集體領導的方式共同議論決定來弘法的。我還在世的時候，其實是同修會剛才成立時，我就已經採取教團的方式來運作，然後由大家在親教師會議中討論而作出一個決議。除非那個決議是離譜的，否則我不會否定，那麼就這樣子由大家遵行，可以有共識。依照這樣的方式繼續去運作，就不應該會有派系的鬥爭，因爲畢竟都已經證眞如了；已經轉依眞如的時候，就不應該有鬥爭的事相出現。

所以在正覺同修會裡面，看見某某人他們一群人去作什麼義工、去救護眾生等等，他們都是同進出，這都是正常的，只要不作不同的群體之間的鬥爭，就沒有事情。因爲我們是依菩薩戒來受持的，而且是轉依了所實證的眞如。因此，在我們會裡面要看到我疾言厲色罵人，你永遠都看不到，因爲我們就是以四攝法依律而行，該羯磨的時候就羯磨；羯磨時，主持羯磨的老師們不是以惡心來作，因爲羯磨的目的是幫對方滅罪，被幫助的人也知道自己其實是在接受幫助而不是被羞辱，所以一團和氣。連懺悔也是一團和氣，這就是我們正覺的特色。那麼人家懺悔，你來爲他作證，不論是對首懺或對眾懺，你爲他作證，你也是依照戒律法則，要爲對方保密而不能講出去，所以這事情懺悔完了就結束了，不會在事後被講得沸沸揚揚，這就是我們跟人家不同的地方。而現代佛教界不論哪個大山頭，沒有一個道場有如法在誦戒及羯磨的，當然也就談不上布薩或懺悔的內容被宣洩的問題。

言歸正傳，你在這裡看到說，竟然有學、無學比丘尼六千人跟著摩訶波闍波提。她們是不是結黨？沒有，因爲她們從來沒有評論過僧團中其他的群體。佛陀在世的時候，比丘們也有很多的群體，目犍連尊者是一個群體，須菩提尊者是一個群體，迦旃延、舍利弗等等都各有群體，因爲性向相近，這也是有過去世的因緣所導致的，所以這種現象都是正常的，不要覺得奇怪。那麼「**學、無學比丘尼六千人俱**」，這六千個人跟她在一起，表示這六千人中至少都是初果，也有阿羅漢，所以函蓋了有學位、也函蓋無學的阿羅漢。可是這些人不會因爲自己是阿羅漢，就想：「我一樣是阿羅漢，爲什麼要跟隨妳摩訶波闍波提呢？」都不會這樣子，因爲往世一世又一世累積下來的情分與關係，同樣又在這一世實現，所以她們六千個人並沒有問題。人之成佛很困難，固然是因爲斷我見很難，也是因爲成爲阿羅漢很難。由於明心很難，成阿羅漢也很難，所以要入地就很困難，成佛當然是更難，當然在成佛之道的過程中會有許多法眷屬。但其實也是因爲人往往同樣的錯誤會一世又一世繼續犯，差別只在於：如果有學到教訓，那麼未來世雖然會繼續犯，但是會犯得比較輕微，一世一世進步。三賢位如此，入地以後依舊如此，直到七地滿心爲止，都是這樣。

因此摩訶波闍波提，有六千位阿羅漢、三果、二果、初果人相隨，這些人看見說：「連佛的姨母都沒有被授記，我們是不是也沒希望？」所以這摩訶波闍波提一站起來，那六千個人會跟著站起來，當六千個人同時站起來時，確實很壯觀。諸位聽這《法華經》前面講的，動不動就是幾億人，也許現在覺得六千人沒什麼，可是六千人眞的很壯觀。我們現在週二講經，多了一個講堂變四個（編案：此書出版時，台北是五個講堂坐滿了人同時聽講），坐滿了也不過是一千多人，不會超過一千三百人，大約就是一千一百多、一千二百多人，如果你們這樣一千人同時站起來，我都覺得很壯觀。她們是六千人，你說如來是不是一定要看一下她們？當然要看，而且是大眾矚目。那麼身爲佛陀，當然會知道她們站起來是爲什麼，不必等她們開口。

諸位就在這裡學一下，假使有人自稱成佛了，那麼你接引了多少人來親近他，你們就一起站起來，看他怎麼說？你們不必開口，你們想的，他應該知道，因爲他成佛了一定有十力可以了知你們的心想。阿羅漢的他心通，得要入等持位去瞭解人家在想什麼。諸佛是不用入等持位的，你心念一動，祂就知道了。如果你們站了起來，他還在問：「**你們是要幹什麼？**」你就知道這個是假佛，馬上就知道了；所以不但從法義上你可以判斷，其他方面也行；因爲佛地有許多的功德，「**十號具足**」可不是平白能得的。這時候她們「**一心合掌**」，不是散亂心，一心的時候就容易感應。所以平常你們很多人，我都不會去注意，不論是誰往世跟我有什麼緣，我都不會去注意。可是，去到禪三小參的時候，進了我的小參室，你一定很專注，你絕對不會打妄想，這時我就會感應出來；但有的人往世當親屬距離現在太久了，也就感應不到，實在也沒辦法，因爲我距離佛地還很遙遠哪！

那麼，這時她們「**一心合掌**」而且都站起來，「**瞻仰尊顏目不暫捨**」，世尊當然得要回應，世尊知道她們在想什麼，就當眾告訴憍曇彌說：「**妳們是**

什麼緣故，這麼愁憂的臉色來看我釋迦如來呢？」當然世尊一定知道，可是得要先問一下，應該讓法會上的大眾親耳聽聞而知道。眾生所有的心行都逃不過世尊佛眼鑑照，且不說眾生，即使八地、九地菩薩，或是等覺、妙覺菩薩的所有心行，世尊也都知道。當等覺菩薩們很清楚知道說：「我這一動念，世尊已經知道我在想什麼。」那時的感覺就好像說：「我只是世尊的一個孩子而已。」人家說知子莫若父，這兒子在想什麼，老爸都知道，所以這兒子走上前來，還沒開口，老爸就知道說：「你又要多少錢？」就是這個道理呀！所以等覺菩薩對世尊的感覺，其實就像自己的父親一樣。

那麼如果七地、六地、五地、下至初地，那就當然更別說，感覺上就好像說：自己像個二十來歲的兒子，很多事都得請問五十幾歲的父親；若是三賢位中，就感覺自己似懂非懂，凡事都得要問老爸。可是再往下推，來到三賢位，到了六住以下，還沒有進入第六住的人，在五住位、四住位、三住位或者在十信位，他們的想法卻是不一樣，他們的想法是：「佛懂的，我都知道了。」這個是大家很難想像的，可是我們所見到的是這樣。所以，為什麼證量越高的人對佛陀越恭敬，原因在此；因為對佛陀的境界越發瞭解時，就越發知道自己的不足。可是凡夫動不動就說：「佛知道的，我都知道了，所以我現在已經成佛了。」可是他其實什麼都不懂，連我見都斷不了。不說我見，你問他五陰的內容，他就已經講不全。問他十八界，他也弄不清楚。

你再問他六根——眼、耳、鼻、舌、身、意，他只知道五色根的扶塵根，不知道有勝義根。當你問到意根呢：「意根是什麼？喔！我知道了，意根就是腦神經。」連印順法師都能這麼說，可奇怪的是，意根是貫通三世的，佛教界卻沒有一個人問過印順法師說：「意根若是腦神經，那你來投胎的時候，有帶上一世的腦神經來投胎嗎？有沒有？」奇怪的是，沒有人問他這一點，我就很納悶！當然，現在佛教界沒有人敢再說意根是腦神經了，因爲如果他再說是腦神經的話，人家會說他：「你的腦神經有病。」

所以當大家都受記了，結果很重要的人物——佛陀的姨母，竟然沒有被授記，因此她們當然會覺得著急。因爲《法華經》已經授記很多人，授記的時間已經過去很久了，現在已經進行到這個地步了，佛陀的姨母竟然還沒有被授記，當然她們一群人的心中有一些急，於是不得不跟著站了起來。佛當然知道，就故意問：「何故憂色而視如來？汝心將無謂我不說汝名，授阿耨多羅三藐三菩提記耶？」把她們心中的所想講了出來，然後就呼喚她的名字說：「憍曇彌啊！我先前不是已經總說一切聲聞都已經授記了嗎？」也就是總授記。總授記就是說，當年在佛世已經成爲聲聞初果而沒有離開法會現場的人，都已經被授記了；只是因爲人數太多，或者由於他們成佛的距離還很久遠，或者他們當時在 佛陀的座下不是重要的人物，所以沒有一一授記。

那麼憍曇彌雖然是重要人物，但她是比丘尼，所以要留在比丘的授記之後，沒有那麼早就被授記。可是 世尊也已經作了總授記，因爲聲聞凡夫們全都離開了；只有凡夫才會不信 佛陀的證境，所以要講《法華經》的時候，因爲 佛陀平常跟菩薩說法的時候，有時候會講一點過去無量劫諸佛的事，後來成爲《本生經》一類的經典。那麼聲聞凡夫們是不信這個的，所以聽說要講《法華經》，也聽說過《法華經》裡面會講到的內容，是諸佛的事情以及授記的事情，那些聲聞凡夫們不能接受，所以五千個人當場退席。那麼留下來的至少都是初果人，他們對 佛陀具足信心而不會退席，顯示他們是有菩薩性的；只是因爲在佛法的實證上面，他們或者已經實證，或者尚未實證而將要實證，但他們有菩薩性，沒有跟著那五千聲聞凡夫退席。這表示他們未來必定會走上佛菩提道，一定也會行菩薩道，未來隨著各人層次的差別不同，將來會如何成佛，是已經確定的，所以佛陀爲他們作了總授記。

假使有人宣稱是阿羅漢迴向菩薩道而乘願再來，那麼這一世不必讀我的書，他自己就可以開悟明心；因爲佛世時一定是我的師兄弟，一定不是小人物，何必要讀了我的《阿含正義》才證阿羅漢果？更何況他其實連聲聞初果也沒有證得？他應該直接閱讀四阿含諸經以後就可以實證了，他一定會自己懂得《阿含經》，因爲他以前親耳聽過世尊開示，在佛世就證果了，只是胎昧所障，所以受生之後仍然如同凡夫；但是他在佛世證阿羅漢果的智慧種子還是在，所以他只要把《阿含經》讀熟了，一定可以自行發起初禪證三果，進而再斷五上分結，不必等到我把《阿含正義》寫出來。

那麼那個時候的阿羅漢，都已經行菩薩道，也都被授記過，即使此世被假大師們誤導了，他應該也可以自己參究出來，不必等到我出來弘揚如來藏並寫了《公案拈提》，然後才說他證悟了。所以授記的事情，在當時是連聲聞初果人都被「總授記」的。佛世已經被授記了，他這一世的開悟明心一定會很快，只要讀了我的《公案拈提》就能悟了，並且還能接受我們的嚴格勘驗。在早期有許多會外的人，讀了我一本《公案拈提》就說他悟了，來見我，求印證，當時我們沒有施設規矩，當時我也很容易見，不管誰來都盡量接見，因爲希望接引人。可是見了那麼多人，只印證了一個至今都還沒有出來弘法的人。這個人開一家便利商店，有時還會匯款來護持。

那麼到後來就開始有一貫道的講師仿冒說：「我就是蕭平實早期印證的人，我離開正覺了，所以我現在開始弘法當開山祖師了。」因此問題就接著鬧出來。但如果是眞正的菩薩僧，也就是說，當時就已在釋迦如來座下被授記的，不論是有學、無學，這一世聽聞到佛門三寶，一定會趕著去歸依，因爲他的種子使然，一定會如此，不會說：「我才不想歸依你們佛教三寶。」而且也會急著求受菩薩戒，不會在宣稱成爲四地菩薩以後還不肯求受菩薩戒，還在歸依一貫道未斷我見、也未明心的老母娘。所以，你們要從一些事相上，有智慧去加以判斷。

那麼這「學、無學比丘尼六千人」以及「總授記」之後，只因爲她們的率領人憍曇彌——就是摩訶波闍波提，沒有被指名道姓授記，因此她們六千人心裡有些慌，想一想：舍利弗、須菩提、目犍連、迦旃延，甚至於當時看來修行好像最差的阿難都已被授記了，而且阿難竟然是最快成佛的人，結果佛的姨母竟然到現在都還沒有被指名授記，大家當然心急嘛！所以世尊把她們急的原因點了出來：「妳們是不是以為我不會跟妳們授記呢？我不是已經先說總授記了嗎？」可是她們既然心中有所疑惑，沒有把握，當然世尊要為她們解惑釋疑，於是告訴她們說：「妳們如果現在想要知道妳們的授記，那麼就告訴妳們吧！將來之世，妳憍曇彌將會在六萬八千億諸佛的法中當大法師。」這個授記妙不妙？妙啊！才只需要六萬八千億佛。有的人是還要供養奉侍無數諸佛以後才能成佛，那些大比丘，你們看須菩提被授記成佛需要那麼久，而她只需要奉侍六萬八千億諸佛，就能「漸具菩薩道」而得圓滿。

諸位也許還記得，除了阿難尊者以外（因為阿難尊者是往昔跟佛陀同時發心學佛的，那是他的本願要護持諸佛，所以看來修證好像比較慢，但其實他會很快成佛，那是另一回事），最肯利樂眾生、最肯接納眾生的就是迦旃延，他成佛最快；但他的證量，看起來不會是師兄弟之中最高的；在十種第一的十大弟子之中，其他九個人看來都比他行；除了優波離，其他人看起來都比他行；可是大家成佛都比他慢，這是為什麼？因為他肯攝受眾生，眾生若有過失，他也願意包容，因此他成佛也就很快。

那空生須菩提就不一樣了，每天住在空性境界中，什麼事都不作，繼續保持著不少瞋的習氣種子。所以你看，難陀尊者要去跟那五百比丘尼說法，他就故意挑時間，挑舍利弗尊者要去為她們說法那一天，提前時間先去為比丘尼們講法。知道哪一天是須菩提要去講的，他就避開，恐怕須菩提萬一生氣了，把他丟到他方世界去，他害怕呀！不敢得罪。舍利弗尊者心量大多了，去到現場看到有人在說法時，一看是難陀，他就不聲不響直接回道場去了，那一天就讓難陀把法講完，不打擾他。可是難陀尊者看見什麼女人，他都喜歡，所以他就想方設法要去為那五百比丘尼們說法。

而且，難陀尊者每天都提早出門去托缽，因為想要看女人家穿著清涼的樣子；因為印度女人通常早上起來，都是偏袒右肩在後院裡洗洗刷刷作事等等。那時刷牙都要用柳枝，把柳枝一頭搗碎了，剩下細細的纖維，就好像我們用牙刷那樣在刷牙、洗臉等等，那時都只隨便把身子遮一遮，有些都是露肩露背的，他就喜歡看女人們這樣。所以他也會想方設法要去跟五百比丘尼說法，他見什麼女人都愛，是這樣留存著深厚的欲界習氣種子，可是他成佛依舊比須菩提快很多倍。諸位有沒有注意到這一點？你如果生在那個時候，看到難陀尊者時，你可能會說：「哎唷！這個阿羅漢有一點『不似鬼』。」（台語，意為不正經。）你們內地來的人聽不懂。我解釋一下，語音直譯叫作「不似鬼」，也就是四不像的鬼，是垃圾鬼、骯髒鬼的意思。這樣聽懂了呵！可是他竟然比須菩提早很多倍時間成佛，因此從表相上來看是不準確的。如果你們在當時看見難陀的行爲，一定會想：「這難陀尊者一定會比須菩提慢很久、再慢很久才能成佛。」其實不然，因爲他那個貪欲的習氣種子在，一天到晚喜歡跟女眾混在一起，一定不會得罪女眾，大家也都會比較喜歡他，所以他攝受的人一定比較多，而須菩提難親近；也就是他攝受的佛土會比須菩提多出很多倍，成佛當然就快。

所以憍曇彌她成佛也快，你看她一個人能夠攝受了六千人；在這一世喔，一世就攝受六千人，所以她成佛也會很快，只要再經歷、供養、奉事、隨學六萬八千億諸佛，將來會在這些如來座下當大法師，也就是那時候她已經很善於說法了。那麼，跟隨她的六千位有學、無學位的比丘尼們，也跟她一樣會當法師；因爲她們心性相同，心性相同的人就很容易在一起，心性不同的人不容易在一起；這六千個人就跟著她一樣，未來都會當法師，都能為人說法。每一個人每一世都攝受很多人，將來六萬八千億諸佛過去之後，她們攝受的眾生就更多了，那很難計算，現在最大號的、最強的電腦，大概也不容易計算。所以，她們在經歷六萬八千億諸佛之後，奉事供養受學度眾，漸漸就具足了菩薩道，然後作佛，佛號就是「一切眾生喜見如來」。光看這個佛號，就知道她成佛會很快——「一切眾生喜見」。假使一切眾生惡見，那她成佛就要像須菩提那樣，就是很慢、很慢；所以被授記的人之中，成佛最慢的是須菩提，因為他每天住在空性中，很不容易親近。

所以諸位在這上面，應該學到實用的佛法；雖然這只是佛菩提道中的次法，不是三乘菩提的直接內容，可是這個次法很重要。你們如果出去到會外，遇到某些道場學佛的居士或者法師，你們就觀察他們下巴高不高。如果他們看見你的時候，下巴是抬很高的，而且腰是直挺挺，胸部還往上挺，你就知道這個人將來成佛很慢、很慢。但是你不必為他授記，只要放在自己心裡面知道就好了，然後你就跟他奉承幾句話：「師父啊！你修行一定很好。」這樣就好了，不要再多話；多話就變成妄語了，所以只要這樣讚歎他就夠了，然後他未來世就成爲你的徒弟。你讚歎了他，而他未來世會成爲你的徒弟，因爲他的修行一定很慢，這叫作高下立判。

很多事情，他們都不知道；表面上看來，他是在攝受對方，其實是被對方所攝受，可是他自己完全不知。有時候師父一直罵徒弟：「你這麼笨，如何、如何、如何，」老是罵：「寺裡面給你的單銀，你怎麼自己都不懂得留著，老是送給窮人，然後每天到晚在那邊喊窮。」徒弟說：「對不起啦！師父，對不起啦！師父，我盡量改啦！我盡量改啦！」可是下個月領到單銀，遇到別人有事，他又布施出去了，然後又挨師父罵，他又道歉。這看來是師父攝受徒弟，其實這個師父是被徒弟攝受的，因爲他未來世見了這個徒弟，就會知道說：「這個人沒有私心，我可以依止。」因爲下一世，這個師父重新投胎再來時全都忘光光了，變個年輕人，遇到這個往世的徒弟，就被徒弟攝受了，就想：「這師父對我好好。」不曉得是以前被他罵得半死的徒弟，他都不知道，於是他被攝受了。所以很多事情，在表相上都看不準的。

在正覺學法，你要有智慧去看，不要只看表相；也不要看現在這一世，要看本質，以及看未來際會怎麼發展，這樣你來正覺學法才有大利益。正覺以前教的都只是「法」，不太教導「次法」；正因爲我以前沒有教「次法」，所以才會有那三次的法難。如果我一開始就先講「次法」，然後再給他們「法」，就不會有法難的事情。但是我要附帶幾句話說：那法難對我們是好的，不是壞事；因爲如果不是法難，我們沒有名義寫出更勝妙法的書籍來，佛教界想看到〈略說第九識與第八識並存……等之過失〉、或者讀到《燈影》那一類的書，其實是看不見、讀不到的，因爲沒有名義可以寫。

所以一個人在行菩薩道的過程裡面，一定要記得這個「次法」，也就是說，要跟大家廣結善緣；吃得眼前虧，你就攝受了一分佛土；看來你是吃虧了，可是未來世他就被你攝受了。除非你不信因果，才會說：「未來世，我又看不見，我怎麼知道你講的是眞的？」如果這樣想，就表示他還不是久學菩薩，對因果還不能深信。

言歸正傳，波闍波提比丘尼將來成佛時的佛號是「一切眾生喜見如來」，沒有一個眾生不喜歡看她。這個由來就是因爲她在因地就是非常慈悲，願意攝受一切眾生，誰有困難，她都願意幫忙；因爲這個緣故，所以她攝受佛土就很快；佛土具足了，就是她該成佛的時候了。那麼，一切如來成佛同樣都是十號具足，沒有哪一尊佛欠缺十號中的任何一個名號。如同我以前說的，不管誰說他成佛了，你就用這十號來檢驗他。諸位可能有人注意到一點，就是 佛陀不論授記什麼人成佛，不論說到哪一尊佛時，都一定會具足講出十號，沒有一號遺漏，顯示這十號的重要性。也就是說，不管誰成佛的時候，這十號功德一定都具足，如果缺了一個功德，就不可能是佛。爲什麼提到往世一切諸佛，提到現在十方諸佛及未來佛時，講出佛號的時候一定會一一講出這十號？因爲這是諸佛必須要圓滿具足的條件，就好像諸地菩薩，他們之所以成爲諸地的摩訶薩；或者三賢位菩薩，他們之所以圓滿三賢位，都有一定的現觀實證內涵。同樣的，諸佛一定有這十號，這十號的內涵都是必須具足圓滿。

那麼憍曇彌，世尊除了爲她授記佛號以外，還特地說出了她十號具足，最後才總結說：「憍曇彌啊！這位一切眾生喜見佛以及六千位菩薩，將來是轉次授記成佛的。」也就是說，憍曇彌成佛以後宣講《法華經》時，會爲大眾授記，將來在她之後是由誰接著來成佛，就從這六千個人裡面去作授記，這叫作個別授記。公開的授記不是密授記，授記有顯授記也有密授記，顯授記有二種，密授記也有二種。世尊這時是重新再作一次顯授記，但是那六千人的次第成佛，是由憍曇彌成佛後捨報時，再作個別授記，就由後面的諸佛個別作授記；是先由憍曇彌所成就的「一切眾生喜見如來」先作下一位當來下生成佛的授記，然後由下一尊佛再作次一尊佛成佛時由誰來成就的授記；每一尊佛都是在講《法華經》的時候，再來授記誰是下一尊成佛的人，她們就這樣次第成佛。當然，那時的眾生是很有福氣的，因爲六千如來次第成佛。我們賢劫之時就覺得好幸福了，有一千尊佛在一劫之中次第成佛，我們就覺得好幸福，可是他們那個時候是六千尊佛次第成佛。

這些授記的開示，佛陀爲我們說完了，我們要能夠體會出 佛陀的用意在哪裡。所以，每一個人被授記的時候都有他的因緣，而憍曇彌被授記最主要的，就是她可以廣結善緣，攝受跟她有關的人。如果她當初出家的時候，私心中想：「妳們不要這麼多人跟我一起出家，到時候佛陀一定不准，妳們先五十個人跟我出家，其他的人能否出家，以後再看因緣。」就表示她有私心，但她就是要跟這六千個人共進退，所以這六千個人就死心塌地跟著她。如果不是她來求佛，再加上阿難尊者的幫忙，這六千人是不可能出家的。單單阿難尊者來求也不可能，還得要是她的身分是　佛陀的姨母，是親手撫養　悉達多太子長大的人。這個恩德，佛陀也不能不理會；譬如我們台灣人有一句話說得很好：**「生的請一邊，養的恩情卡大天。」**（台語）意思就是說，出生我的父母先請到一邊去，養我長大的父母比天還要大。這樣你們內地人聽懂了？就是說，養育拉拔自己長大的養父母恩德，遠超過親生的父母。憍曇彌從悉達多太子出生七天之內，就開始親手撫養到長大，不斷地照顧，一直到出家爲止。所以，憍曇彌這位菩薩捨報的時候，佛陀以人天至尊的身分，親自去抬棺（註）及供養栴檀香之後才荼毗。（註：《增壹阿含經》卷五十〈大愛道般涅槃品　第五十二〉：「時，五百鬼聞天王語已，即往至栴檀林中，取栴檀薪來至曠野之間。是時，**世尊躬自舉床一腳**，難陀舉一腳，羅云舉一腳，阿難舉一腳，飛在虛空，往至彼塚間……」）

一般學佛人的想法會說：**「佛陀是人天至尊，她不過是個阿羅漢，憑什麼讓佛陀去爲她抬棺供養？」**但　佛陀就是親自去抬棺供養她，與其他幾個人共同來荼毗，因爲這不但是回饋以前養育的恩德，同時也是在教育學佛人不可以說：**「因爲今天我開悟了，我是聖人；當我回到家裡，父母應該供養**

我。」不是這樣作人的，父母還是父母，你開悟了是聖人，但父母比你更大，他們是堂上的二尊活佛。到底是聖人大？還是活佛大？當然活佛大，因爲他們二老有個佛字。若不是他們的生養，哪來這一位聖人？所以該孝順的還是要孝順，該奉養的還是要奉養，不應當爲了學佛就剋扣父母的錢糧，那叫作大逆不道，心行顚倒；連人的格都失去了，還能夠成就菩薩的格嗎？如果沒有菩薩的格，就別說成佛了。

有些人學佛是顚倒的，可是不能怪他們，要怪末法時代的大小善知識。因爲善知識一天到晚講：「我們道場裡面沒錢了，你們要趕快來護持，不然道場要關門了，你們要依止誰？」信徒有人說：「可是我現在眞的沒有錢，我每個月能夠供養三寶的就是這麼多。」但師父不管，逼到最後，弟子們只好想方設法從每月供養父母的供養金裡面去剋扣下來，轉來供養三寶；可是堂頭和尚知道時也當作不知道，他只要錢越來越多就行。

大師們爲了達成他們的目標，根本不理會在家弟子們有沒有錢，但他們的目標很荒唐：「我要當全球建寺院最多的人，我是全球第一。」「我的寺院蓋得最高，因爲我的證量最高，所以我的寺院是天下最高。」「我的醫療作得最好，我的弟子眾全球最多，而且我努力國際化，這些方面我都是第一。」「我在佛學學術界作得最好，交流最多，我是佛學學術第一。」可是，這些第一的本質究竟是什麼？都只是世間法，與佛法無關，也跟證法前應該具足的「次法」無關。正因爲這樣走偏鋒，逼得弟子們要努力去勸募錢財給寺院，往往就不顧父母的生活有多麼困難，都還是減少給父母的月例。這就是善知識們的過失，使得他們的弟子無法攝受眾生，反而讓家中的父母生起煩惱。未來世他的弟子弘法時，想要度這一世的父母可就度不動了，因爲這一世父母在下一世才一見到他，就有不好的種子流注出來——厭惡。爲什麼厭惡？因爲上一世心裡面就是想著：這孩子是不孝的。那他們學佛能度得了前世的父母嗎？度不了。

你們有些人往世是我的父母，爲什麼今世願意被我度？因爲我總是孝順。我往世孝順過你們，所以你們是逃不掉的。從表面看來是父母攝受了孩子，其實卻是孩子攝受了父母；所以你們學佛時要學會看眞相，不要只看表相，表相都是意識一世裡的事情，都只有一輩子。但成佛是三大阿僧祇劫的事，要攝受的眾生無量無邊，不應該每一世去跟父母、親友結惡緣，應該每一世都結善緣。那麼這樣子，你成佛的速度就會快，因爲你攝受的佛土多，而佛土就是從眾生來的。你不可能將來只憑自己的力量去建立佛國世界，要靠著被你所攝受的這一些人來共同成就；不然你將來成佛的時候，座下既沒有大菩薩與小菩薩，也沒有比丘、比丘尼、優婆塞、優婆夷，全都沒有，只有一個人成佛，然後說法時也沒有人要聽，於是成佛之後馬上得入涅槃。但事實上，佛法永遠沒有人是這樣成佛的，所以攝受眾生很重要。

從摩訶波闍波提被授記的事情中，你們要看到她這一點；她有六千個有學、無學位的比丘尼跟隨她，這六千位比丘尼願意跟隨她，是因爲她心性好，願意包容、願意攝受大家，願意努力幫助大家；未來世中，這些人也都會攝受許多人，那麼她攝受眾生—攝受佛土—的速度就很快，當然很快就能成佛。所以種種辛苦都有代價，在法界中，凡是付出的一定有回收，只是那個回收你看不看得到而已，所以她只要經歷六萬八千億諸佛便因爲「漸具菩薩道」而成佛，這是很快的。然後她成佛了，接著由前一尊佛授記當來下生的次一尊佛，就這樣一直授記下去，六千個人在同一劫中相繼成佛。這不但是她們的福報，同時也是眾生們的福報。當她這樣子包容眾生、攝受眾生的時候，她座下的六千位比丘尼當然會跟她一樣，同樣是包容眾生、攝受眾生，大家都同樣能夠攝受非常多眾生，這樣她成佛才會快。

所以有很多人對我很好奇，總是說：「奇怪！人家發動法難要把你推翻，每一招都要正覺同修會瓦解，你爲什麼都不生氣？」也有人奇怪說：「爲什麼你還要讓他們回來繼續當親教師？」我說：「我當然要讓他們回來，我若是能夠讓他們回來，他們的謗法、謗賢的大惡業就消失了。」因爲回來的意思就是一定要羯磨懺悔，當然他們的惡業就消失了；然後我想，他們眞的肯回來的話，這些人就永遠不會再改變，可以利益多少人？從世俗法來講，只要他們回來了，我不但少了一個敵人，而且我還多了一個幫手；一出一入就是二個人，我爲何要那麼笨？所以不需要生氣。

因此，第三次法難時，不是最嚴重的一次嗎？我說：「不！我還是給他二週的時間，請人傳話過去，請他考慮：趕快回來，一切都不追究，還是繼續任你的親教師。」但是有的人，不退轉的因緣沒有成熟，他就沒有辦法，面子拉不下來。拉不下來的結果，他確定要走自己的路，確定要否定正法到底了，我只好公開對他授記了，對不對？我就先授記說：「接下來會有兩條路讓他們走，第一條路就是去創造新的佛法，可是他們新創造的佛法，其實是落回意識去，不會有第二個法；他們所謂的佛地眞如、初地眞如，不論他們說什麼眞如，所謂的證眞如，一定是落回意識這一條路。可是這一條路不會走很久，他們最後一定會走第二條路，這第二條路就是偷偷回歸到第八識阿賴耶識來，承認阿賴耶識就是如來藏心，承認眞如就是阿賴耶識的所顯性，等於否定自己離開同修會時的主張；但是不公開講、不宣布，偷偷回來第八識正法中，繼續弘法而不會回來正覺。」果不其然，就是被我授記好了，他們後來的發展一點都不差。

但是，他即使沒有再回來會裡，我們也要攝受，不要去起瞋心；只要他捨報前，懂得對眾懺悔滅罪也就夠了，千萬別起一個惡念說：「他將來一定會下地獄。」不要這樣想，應該寫書詳細說明他錯誤的所在，還要告訴他：「以前你作這個事情，死後會下地獄，一定要趕快懺悔滅罪。」他未來捨壽的時候早就弄清楚了：「原來我們以前的說法是錯的，還是蕭老師的對。」他就懂得懺悔。懂得懺悔以後，未來世仍然會是我的徒弟。他既是我的徒弟，跟他一起離開的人會不會跟著回來？會！所以我的佛土並沒有失去，只是暫時被海水沖開了，稍微漂離一點，可是下一世又會再回來。

大家一定要像我這樣子來作，包容不是只在世間法上包容，不是在鄉愿的方法上面包容，而是在法上去包容他，次法上也要去包容他。針對他而作法義的辨正，不是在辱罵他、羞辱他，而是在加以針砭，讓他覺得心裡很痛，痛徹心扉以後就會醒過來：「原來我錯了，錯得太厲害。」於是他幾年以後願意轉變，讓他有機會懺悔及回歸正法，懺悔之後捨報就不會下墜惡道中，那麼未來世就會比這一世改善了。這就是你們應該要學的包容。

還有一點就是不記仇，他們有一個習慣就是記仇。有一位師兄知道他否定第八阿賴耶識，說這第八識不是如來藏，不是眞如；這位師兄就去跟他辨正法義，辨正了十一個鐘頭，弄到頭昏腦脹。師兄回來以後這樣說。那是因爲剛破參不久，人家可是當老師當好幾年了，所以這位師兄有很多經論都還沒有讀過，當然會被他弄得頭昏腦脹，辯論不能勝利，最後師兄向他說：「我回家以後，會再跟蕭老師報告。」結果被他制止：「你不許報告，你回去若是敢跟蕭老師報告今天討論的內容，我就要告你：我以前是在某某工會當理事的人，我懂得怎樣告人，你以爲我是當什麼？」恐嚇哦！所以這位師兄回家以後也不敢報告辯論的內容。只把辯論的過程講了，內容全都不敢講出來。那麼這樣一來，未來世到底是誰攝受誰？未來世這位師兄看見他的時候，種子流注出來是會排斥他的；可是他籠罩了這位師兄，他心裡面對這位師兄是不會排斥的；因爲師兄接受他的恐嚇了，所以他心中並沒有惡感。那未來誰會攝受誰？答案就清楚了。

這個次法的理解，你要用在修道生活上面。你要怎麼樣攝受有情，你攝受得越多，將來成佛就越快。當然攝受不一定是直接攝受，也有間接的攝受。比如說你寫書出來，或者發行月刊出來，那麼好多人剛開始是存著質疑的態度想要找碴，然後會寫文章上網去罵你，這個事情是可以預料的。我在很早就預料過，但是我反而跟許多位老師們說：「不要去厭惡在網站罵我們的人，因爲那些人才是我們要度的人。」爲什麼呢？因爲他們爲了罵我們，不能不讀我們的書，一定得讀一遍、讀二遍、讀三遍。我倒想起你們大陸毛主席有一句話講得很好：「講一遍，人家不信，你講一百遍、一萬遍，人家就信了。」對不對？他有這麼一句話嘛！同樣的道理，我說的正理，那些罵我的人不信，讀一遍不信，二遍不信，十遍不信，當他們讀上一百遍以後，他終於眞的瞭解我書中說的法了，那他要找碴，越是找碴的結果，他在法義上就越精通；因爲他後來將會發覺這個法跟那個法，二個法之中有什麼關聯；而那個法跟另外一個法，這二個法又有什麼關聯，他最後終究會貫通起來。當他貫通起來的時候就被我洗腦成功了，然後他就信我的法了！即使嘴上不信，心中已經信了。

只要心中信受就夠了，不必這一世就來會裡跟著我修學，那他未來世就會成爲佛門中的龍象，因爲他這一世爲了找碴的緣故，不斷閱讀我的書，已經建立了很多的正知見。那麼只要他捨報前懂得懺悔就夠了，不必要求他現在懺悔，因爲時間多的是。這一世過去了，還有下一世；而他又不是明天就要捨報，他可能還活上二十年、五十年，他的時間多得是，只要捨報前懂得公開懺悔滅罪就夠了，我眞的不必擔心他；然後他下一世就會成爲正法中很好用的人，因爲他該建立的知見都建立了，第八識儲存的正法種子都存著，所以下一世一談到這八識心王的法，一談到明心見性，談到如來藏，他就會相應了。

那麼這樣你也間接攝受了佛土，雖然他這一世是不斷罵你的「惡人」，但你一樣得要攝受他。所以寫書很重要，趁著現在台灣出版書籍很自由、沒有管制，我要盡量寫越多越好。因爲寫出來許多勝妙法以後，等到五十年後，我會成爲佛教界公認的大師；雖然那時我已經不在這一世了，但我將來會成爲佛教界公認的大師：「哎呀！五十年前這某某大師如何、如何、如何……。他弘揚的法義太勝妙了，如何、如何、如何……。」那麼這一世很努力在罵我的人，未來世讀了我的書，他也會信受說：「這是某大師講的。」可是未來世的我當面爲他說法時，他可能還是不信受。就是這樣啊！我古時候的著作，都還有出家人奉在案上每天禮拜，可是我本人轉生了過來爲他講解，他們都不信（大眾笑……）所以，我就想起來說，我一定要多寫、多出一些書。他們在這一世不信，但下一世的他們會信受，我只要他們下一世願意信受就夠了。

所以，憍曇彌在「次法」上是那麼成功攝受了六千位比丘尼，這一點，諸位要學著：廣結善緣，少結惡緣，盡量包容。那麼在戒律上，如果你遇到誰有過失又是不得不舉發的；因爲你若不舉發，那你也犯戒，所以不得不在布薩前舉發，但是要當面對他舉發，不要暗裡到處去講。當面對他講了，你爲他作證，讓他在佛前懺悔；懺悔過了，絕口不提，這件事情就過去了。那麼這樣，你跟他的緣就變得很深了，因爲他後來會發覺，你在幫助他滅罪，不是在揭他的瘡疤，他就心存感激，那你這個緣就結得更深了。你這個緣結得更深的結果，就是未來世互相攝受，誰先成佛就會利益對方，所以這個「次法」要學。那麼，這一段經文顯示出來的「次法」，諸位懂了；可是，還有一位很重要的人物，目前還沒有被作單獨的顯授記，所以她也會出來請求。

經文：【爾時羅睺羅母耶輸陀羅比丘尼作是念：「世尊於授記中，獨不說我名。」佛告耶輸陀羅：「汝於來世百千萬億諸佛法中修菩薩行，爲大法師，漸具佛道。於善國中當得作佛，號具足千萬光相如來，應供、正遍知、明行足、善逝、世間解、無上士、調御丈夫、天人師、佛、世尊。佛壽無量阿僧祇劫。」爾時摩訶波闍波提比丘尼及耶輸陀羅比丘尼，并其眷屬，皆大歡喜，得未曾有，即於佛前而說偈言：「世尊導師安隱天人，我等聞記心安具足。」諸比丘尼說是偈已，白佛言：「世尊！我等亦能於他方國土廣宣此經。」】

語譯：【這時羅睺羅也已經是阿羅漢了，羅睺羅是佛的兒子，是世尊出家前當悉達多太子時候懷上的兒子。羅睺羅的母親耶輸陀羅，就是悉達多太子的妃子，後來世尊回來度淨飯王以後，她出家成為比丘尼。這時候她心中想：「世尊為大家授記，可是就沒有說出我的名字來。」佛陀立刻知道了就告訴耶輸陀羅說：「妳在未來世百千萬億諸佛法中修菩薩行，會成為大法師，然後因為度化眾生而漸漸具足佛道。在善國之中將會作佛，佛號叫作具足千萬光相如來，應供、正遍知、明行足、善逝、世間解、無上士、調御丈夫、天人師、佛、世尊，十號具足。佛壽有無量阿僧祇劫。」這時摩訶波闍波提比丘尼以及耶輸陀羅比丘尼，以及六千眷屬都大大歡喜，心中不曾這麼歡喜過，於是在佛前說了二句偈：「世尊是人天導師，安隱了諸天以及一切人眾；我等聽聞了世尊的授記，心中很安心而且覺得很圓滿具足。」這時二大比丘尼及六千比丘尼說完這首偈以後，接著又向世尊稟白說：「世尊！我們也可以在他方國土廣為宣揚這部《妙法蓮華經》。」】

講義：在這裡，諸位有沒有瞧出什麼名堂來？羅睺羅是世尊出家六年後才出生，這也有他個人往世的因緣；人家懷胎十月就出生，他偏要在母胎裡待六年，諸位想想好不好過？但他往世造業的因緣，就是這一世會這樣受報。他的母親耶輸陀羅後來也出家成為比丘尼，當然也是證得阿羅漢果。當大家被授記了，耶輸陀羅心裡面想：「我是世尊出家前的妃子，世尊唯一的兒子羅睺羅是我生的，竟然沒有單獨為我授記。」她心中有些哀怨。阿羅漢還有恩愛的習氣種子存在，所以她對 世尊有所哀怨的習氣種子還是會流注出來。她只是不會在身口等行為上表現出來而已，所以她在心中想著，並沒有講出來，她這樣想：「世尊在為這六千個人授記的時候，偏偏就不把我的名字講出來授記。」她為什麼會這樣想？因為她本來是 世尊出家前的妃子，那關係非同小可。既能當 佛陀出家前的妃子，往世一定有很大的因緣，那麼她心裡面這樣想也是正常的。

佛陀當然知道了，就隨即告訴她：「妳在未來世要供養受持百千萬億諸佛，」這可不是摩訶波闍波提要供養的「六萬八千億佛」，而是「百千萬億諸佛」，世尊說：「經過百千萬億諸佛之後，在這個過程之中廣修菩薩行，必須要當大法師不斷為人說法，才能漸漸具足佛道。然後在善國中就可以作佛了，」也就是說，不是在我們這種五濁惡世中成佛，「那時候妳的佛號名為具足千萬光相如來，」為什麼成為具足千萬光相？諸位想想看，她得經歷「百千萬億諸佛」以後才能成佛，那要修多少福德？要攝受多少眾生？於是她的光相就特別不同；因爲有她的特殊之處，所以成爲「具足千萬光相如來」，世尊說：「妳那時同樣也是應供、正遍知等十號具足，佛壽無量阿僧祇劫。」這表示她將來成佛時不是人間的境界。那這意味著什麼？意味著她所攝受的眾生非常之多，而她攝受眾生很多的時候，也表示她所修集的福德是無量無邊，所以種種形形色色的眾生無不攝受；她經歷過這麼多佛，表示她未來得要先經歷 佛陀的姨母等人所成就的六千尊佛，與這六千人比較，她是最後一位成佛的人，而且是更久以後，只是沒有跟她點明「妳是最後成佛的人」。這表示什麼？波闍波提比丘尼這六千尊佛轉次授記成佛，她不是與大家相連在一起最後成佛，而是有間隔性，所以她才要經過「百千萬億諸佛」。

但她爲什麼會這樣？是因爲她的情執很重，重得不得了，當然也會跟很多眾生糾纏不清。世尊初成佛時，好像是遊行人間六年後才來到淨飯王宮殿門口，回到祂的人間祖國，於是淨飯王邀請祂進宮受供。耶輸陀羅那時還沒有出家，她還在打妄想：「我這個夫婿雖然成佛了，但我要想辦法把祂拉回來。」因爲她不知道佛是什麼境界，她想：「只要我想方設法把自己打扮得很漂亮，香水弄香一點，再加上兒子去努力，我再弄個小手段，祂就會回來我身邊當我的丈夫。」她那時候根本不懂佛法，所以她又弄了個歡喜丸，裡面當然有古怪；然後就叫羅睺羅——那時羅睺羅好像六、七歲了，教他說：「你把這個歡喜丸拿去給父親，自己去認你的父親。」

這孩子在母胎中六年才生下來，有人懷疑耶輸陀羅偷人，才會在 佛陀出家後六年生了這孩子；佛陀為了證明耶輸陀羅的清白，把所有跟隨祂的比丘變化成跟自己一模一樣，看起來大家都一樣，到底誰才是他眞正的父親？但羅睺羅拿著歡喜丸，憑著直覺，直接就走到 佛陀面前；這叫作父子連心，因為他與 佛陀有過去世的因緣，一直累積到這一世來，那種子流注出來時就會相應，因此他直接就認出來，雖然從外表看起來大家全都一樣、模樣全都一樣，但找著找著就走到 佛陀面前供養，佛陀當場也就接受了。

佛陀當然知道那歡喜丸裡面有古怪，可是 佛陀習氣種子已經斷除淨盡了，春藥不會有作用，當然吃了沒事，耶輸陀羅因此就只好死心了。連這樣都沒辦法，只好死心了，所以後來信服才會出家修行成為阿羅漢。但因為信力不是很具足，所以她得要跟隨著憍曇彌比丘尼繼續修學菩薩道，所以她最後成佛要經歷那麼久，得要百千萬億諸佛座下去修菩薩行，還要為人說法；當她為人說法的時候，自己信心也會增長的。那你想，她這樣久以後才會成佛，她成佛時將會攝受多少眾生？當然很多。攝受那麼多眾生，她要怎麼樣一一去教化？她的壽命當然得要很長，所以「佛壽無量阿僧祇劫」。所以凡事都有兩面，從無盡長的時間來看，就沒有絕對的事了。講到這裡，時間又到了，只好下週再談。

上週《法華經》講到一二二頁第三行，講到「佛壽無量阿僧祇劫」。有人覺得說：「明明釋迦如來在人間就只有八十幾歲，為什麼耶輸陀羅將來成佛時的佛壽無量阿僧祇劫？」除了不是在人間成佛以外，也因為諸佛如來並不是以人間的應身或化身作為壽量。如來的壽量有幾種不同，從化身來講，化身就有可能是幾萬歲或者幾十萬歲，就看所化出去的化身，在那個世界的眾生壽量是多少，這就已經不一定了。那麼應身也是一樣，應身如來的示現，譬如 釋迦牟尼如來是應身如來，那麼當人壽八萬四千歲的時候，祂在那時來示現成佛，那麼祂的壽量就是八萬四千歲。如果在人壽百歲的時候來人間示現應化，那就是百歲之內，這就是隨著眾生的福德來示現祂的壽算，所以諸佛如來的壽量是不一定的。

但是諸佛還有莊嚴報身，諸佛的莊嚴報身是在色究竟天宮裡，那麼你就從四王天往上去計算。但那也只是世間眾生的壽量，因爲從四王天往上去，直到非想非非想天，也只是世間眾生的壽量；諸佛的莊嚴報身壽量可就不一樣了，我記得經中有說，釋迦如來莊嚴報身七百阿僧祇劫，那麼到底是幾歲？諸位算算看，我不會算。這就是三大阿僧祇劫所成就的功德。那麼整整七百阿僧祇劫之中，又繼續利樂無量的眾生，因爲成佛以後利樂眾生的事，還是沒有休止的，又會增加多少壽數？有很多人以爲說：「**成佛以後就不必度眾生了，只要最後示現入滅就沒事了。**」不是的，是要繼續度下去，永無休止的。所謂的過去佛，是依應身八相成道的現象，而說祂們叫作過去佛，其實示現入涅槃以後，還要繼續在同一個三千大千世界的其他小世界中利樂有情；要在其他的太陽系小世界中繼續示現八相成道的事，不斷地利樂有情永無終止，所以還得要在無量世界中繼續度眾生，每一尊在人間示現的應身佛都是如此。請問：七百阿僧祇劫中繼續度眾生、繼續利樂有情，祂的莊嚴報身應該壽量要再增加多少？這就是另一個題目。

那麼，你如果依這樣來說的話，莊嚴報身如來的壽量到底是多久？就是這一句：無量阿僧祇劫。那麼再來看看法身佛，法身佛是佛地的無垢識，那當然是無窮無盡。每一個人的第八識，未來也都是無窮無盡；即使成爲阿羅漢入了無餘涅槃滅盡十八界，他的如來藏在無餘涅槃裡面壽量還是無量無數，你沒有辦法計算祂的壽數。接下來，如來的法身還有另一個，因爲如來都有他受用法身和自受用法身。那麼如來變化出來的他受用法身，就是隨著諸地菩薩的不同而所見各有不同。這個法身是屬於自性上的法身，這個自性上所化現出來的他受用法身，是具足四禪八定、五神通的諸地菩薩才能夠看見。可是還有另一個自受用法身，那是諸佛互相之間才能相信的，不單單是無垢識自體，那你說說看，到底諸佛的壽量是多少劫？是多少阿僧祇劫？眞的無法計算。

所以「佛壽無量阿僧祇劫」，這是不必懷疑的。但是不知道的人由於少聞寡慧，才會有所懷疑；因爲他只看這一世，他只看到每一個人只有六個識，所以認爲 佛陀入滅以後就是灰飛煙滅，因此才會主張說：「佛陀已經入滅了，那麼佛陀法身常住的說法，只是後世的遺法弟子們對釋迦如來的永恆懷念，才會編造出來的說法。」然而，這種懷念會是永恆的嗎？所以說他們這些話叫作自語顚倒；自己說話都顚倒了，可是他們自己還不知道。他們對佛菩提的所知所見，層次差太遠了，我們如果為他們說明這個道理，反而會招來一頓訕笑：「《法華經》那種神話，你也相信？」可是從實證者來講，當你有無生法忍時，你當年也親歷了 佛陀那時示現的境界，安住在 佛陀座下，就知道這都不是神話。而且當你本身有了如夢觀以後，你會看到很多往昔的事情，看到往昔的眷屬與你之間，也看到往昔的眷屬各人都有自己的經歷；當你有機會看到時，你會覺得實在是不可思議，再加上無生法忍的智慧，那麼《法華經》所講的內容你就會信。

所以，信與不信之間是有不同基礎存在的，也就是說，他們的智慧還不到那裡，自然就不信。當年 佛演說《法華經》的時候，你是否曾經參與？以及你自己的如夢觀所見的狀況如何？如果都不曾看見過去世的事情，講不出一個具體的事實，又沒有無生法忍而說不出個所以然，然後竟敢宣稱他有了如夢觀，宣稱他已經是四地菩薩，那都叫作大妄語。像這樣的附佛法外道，捨報後下地獄如箭；就好像往下射的箭一樣快速，而且不會終止。如果仰天而射，速度慢，而且不一會兒就會掉下來，可是往地獄射箭是一直往下去的，要到達阿鼻地獄才會停止。所以有很多事情，不知道的時候是不能亂講的，證量也不能自己去隨便編造，然後隨便誇耀，這個很重要。那麼經典也不能隨意評論，除非你有道種智的智慧，能夠辨別那是不是僞經。如果是僞經，當然你可以公開說那是僞經，但不能隨便指責其他的經典是僞經；因爲你要有理由提出來，而且那個理由是正確的、讓人無法推翻的，這樣你才可以公開主張，否則的話就成爲謗法。

那麼上一週講到最後這一句，當羅睺羅的母親耶輸陀羅比丘尼這樣想，而 世尊爲她說明，最後說她將來的「佛壽無量阿僧祇劫」。這時摩訶波闍波提比丘尼以及耶輸陀羅比丘尼，以及她們身邊的眷屬六千人，「皆大歡喜，得未曾有」，因爲 佛陀已經爲她們的首領——這二位大比丘尼，爲她們授記將來可以成佛了。那麼，因爲這個緣故，她們也覺得說：「我們跟隨這二位大比丘尼也跟對了。」因此就在 佛前說偈：「世尊是人間和天界一切有情的導師，能安隱天人，我們這一群大眾聽聞到世尊的授記，所以心中非常安祥，覺得很安定而滿足。」那麼這裡就來說說「導師」二字，其實我不應該被稱爲導師，當年再三推辭，但是推不過大家的好意，因爲親教師們提出的理由很正當；這是幾年前的事了，親教師們看我不同意，最後說了一句話：「眾生相信『導師』這二個字，如果您不讓我們稱爲導師，那您寫再多書出來，眾生也不太相信。爲了利樂那一些眾生，讓更多的眾生相信老師您寫的東西、相信您說的法，您就委屈一下有何不可？」我說：「這不是委屈，這是高抬。」然而說到最後，就在親教師會議裡面，最後也只好答應了。那就立刻在書中全面修改，改的速度好快，然後也確實達到諸位老師們想要獲得的目標——使學佛人快速接受了義而且究竟的如來藏正法。

所以「導師」的意思是什麼？是說有能力將導眾生往正確的方向去，並且還有能力幫隨學的眾生次第實證，而不是只有一個證初果或是只有一個明心開悟，這樣才能稱爲導師。可是，世間法中也可以有導師，他會引導你在某一方面的技藝達到最顛峰，甚至登峰造極，再也無人可以超越你，那叫作世間法的導師。可是，導師也可以有一種很特殊的功用，就是將導眾生下地獄，那叫作地獄導師，也就是那一些六識論者，動不動就說：「大乘非佛說，菩薩不如阿羅漢，因爲佛就是阿羅漢、阿羅漢就是佛。」甚至說：「菩薩連成佛都成不了，所以菩薩遠不如阿羅漢。」

還有一種導師，就是專門在誤導別人的導師，他是將導別人向大妄語業前進，所以動不動就向隨學的人自稱：「我是黃蘗禪師再來。」「我是百丈大師再來。」結果他自稱是黃蘗、自稱是百丈大師再來，竟然都還斷不了我見，他所謂的開悟明心，也是眞妄不分落入識陰中。那黃蘗跟百丈，在別的世界如果有機會可以回來，一定會痛棒一頓給他。所以導師有很多種，因此我想一想說：「導師有很多種，我是屬於這一類的導師，他們也確實可以稱我爲導師。」好了，最後我就接受了，因爲我們有法可以幫人家實證，而且不是明心就算了，還可以悟後次第實證，一步一步往上走；而這個名銜抬出來以後，眾生也會更快獲得法上的大利益，所以最後也就接受了。可是，我沒有去觀察或者去統計，到底改了名稱以後，信受的眾生有沒有多一點？究竟又是多了多少？想來應該會多一點。

那麼，這裡說世尊是導師，這導師意思就是說，可以將導眾生邁向佛菩提道一直到成佛，所以等覺菩薩還得要依止於佛，只有到妙覺位，在法上才不必繼續依止於佛，因爲他已經智慧圓滿、福德圓滿，他已經可以在未來下生人間，示現給眾生看：一個人類，平平凡凡的人，修行以後也可以成佛；所以在最後那一世，他明心又見性了，然後四智圓明而成佛，他是來人間獨自示現修行成佛的。因此，除了妙覺位—也就是最後身菩薩—以外，等覺以下菩薩都還要依止於佛。所以，佛是這些大菩薩們的導師，更何況凡夫性的天主天人以及人類？所以 佛陀當然是三界導師。

釋迦世尊是三界—特別是指這個娑婆世界—的一切人天導師，當然有能力安隱人天。安隱人們，大家知道是什麼道理，但安隱天是什麼意思？是說當 佛陀出現在人間的時候，諸天都很歡喜。諸位也許想，怎麼可能諸天歡喜？應該是只有幾個天歡喜吧？事實不然，而是每一層天界的天人們都很歡喜，只除了一種天，叫作無想天；因爲無想天的天人只剩下色陰和意根存在，什麼都不知不想，全無所緣，一個個都好像死人一樣坐在那邊不動，所以他們沒有意識在活動。當他們沒有意識在活動的時候，他們會有歡喜嗎？不會嘛！他連捨受都沒有，更別說喜受、樂受。但是其他的諸天都會歡喜，因爲佛陀不是只有講三乘菩提，佛陀也說人天乘，既然有講人乘、天乘，就表示還有一些人，是實證三乘菩提因緣還不具足的眾生，他們會跟人乘或天乘相應。那麼他們如果跟天乘相應，修學天乘之法，將來欲界天、色界天、無色界天的天人就會越來越多，所以諸天歡喜，心得安隱。

特別是忉利天，因爲忉利天往往會有阿修羅來跟他們打仗。打仗的原因可能是爲了女人，也有可能是爲了某一個別的原因。你們也許有人覺得好奇怪：欲界天人還會爲女人打仗？會啊！釋提桓因跟阿修羅王之間就是這樣，爲了阿修羅王的女兒舍脂夫人，就曾經打過一場戰爭。如果 世尊在人間說了天乘的法，那麼很多人修學五戒十善，將來往生忉利天的天人就會很多，釋提桓因的天眾越來越熾盛，阿修羅王就不敢來跟他打仗，他的忉利天中大眾就得安隱。其他欲界諸天也是一樣，那麼更高的天界，例如有人修禪定實證而生到色界天乃至無色界天去，天眾熾盛，天人安隱，所以耶輸陀羅等人讚歎說：「世尊導師安隱天人，」當然也可以安隱人類，因爲只要 世尊住持在人間，就不會有重大的災患發生，這就是 佛陀的福德力所加；因此也許有時可能由於眾生的業力而鬧點小饑荒，但不可能有重大災患。因爲當人類如果福德很薄，會有重大災患的時候，諸佛就不可能來人間示現，以諸佛的福德也不可能領受那樣的大災患，所以 世尊在人間也會安隱人類。

因此，她們讚歎的這一句話是如實語，接著又稟告說：「我等聞記心安具足。」因為　世尊的授記都是如實語，如今已被授記，雖然目前還沒有能力去觀察將來自己是否眞的這樣，但是經由追隨　世尊修行的實證過程中，可以證實　世尊永遠都是說如實語，因此知道　世尊的授記是絕對可信的。這一些比丘尼們說完了二句讚偈以後，也發願說：「世尊！我等亦能於他方國土廣宣此經。」她們說：「我們這一群人也能夠在他方國土廣為宣揚這一部《妙法蓮華經》。」就是不在此土演說，都因為此土眾生信根不夠、信力未發，所以導致慧根不足、慧力未起，大多數人都無法信受；那她們如果勉強要講此經，自己的威德又不夠，眾生是不是要毀謗她？甚至於來打殺她？這是有可能的，若是怕被打、被殺，就不要在這個娑婆世界對五濁眾生演講，只好到別的世界去講。

諸位今天看到我在這裡講，有沒有想到我可能被殺？也有可能啊！但是，我只要不提前講這一部經，特地留到現在才講，就不會有這個問題。我弘法以來總是有我的次第，也有我對當時外在環境的考量，以及對未來的考量，所以我在前面先把三乘菩提都鋪陳出來，整個佛法的脈絡也在《宗通與說通》講完了，也把佛法的二個主要道列表給學人一目了然。而眾生認為我作不到的，我也作到了；例如有時候在網路上，會有人嘲笑說：「哎呀！這蕭平實不懂密宗。」那我就寫《狂密與眞密》。後來有人在網路上就說：「這蕭平實究竟是何許人？竟然他也懂密宗！」提出這句話來。我說：「蕭平實不必是何許人，就只是一個人類嘛！」於是又有人講：「他懂這些，可是他不懂阿含啦！」不懂阿含？我們就寫出《阿含正義》讓阿含專家讀。還不是給普通人讀，是要給阿含專家們讀。然後談起般若，我想，講一部《金剛經》、《實相般若波羅蜜經》也夠了，可以作為代表了。我講出來的般若系經典，跟他們講的或註解的都不一樣，讓他們來看看有沒有道理？其他中觀的部分，讓親教師來寫就夠了；寫出來一定很勝妙，是他們讀都不曾讀過的妙義，這樣就夠了。

他們讀了以後，看看說：「這正覺裡的老師們寫的就這麼妙了，如果蕭平實來寫中觀又會怎麼樣？」他們會這樣想：「這表示蕭平實一定也懂中觀。」所以，我就可以講《法華經》，不必再講中道觀行的法義了。《法華經》如果先講，一定是不行的；我如果在當初講《楞伽經》的時候，改為講《法華經》，將會怎麼樣？不必等人家來罵我，會裡的一群人早就走光了，因爲都沒辦法相信；事實上眞是這樣，那時會裡的大眾一定不會相信。所以，要講什麼經、出什麼書，一定要有因緣，要隨順因緣來講、來寫；這就是你要對現實環境觀察以及對未來加以判斷，然後作出你的決定。

所以，《邪見與佛法》請打字行打好了，我卻整整擺了一年，當時我覺得還不適合出版，要等《宗通與說通》出版了，才能出版《邪見與佛法》。因爲你要有個整體性，要有完整佛法的體系演述出來，我把佛法的義理寫在這本書裡面；而諸宗的地位是什麼，我都一一作了教判，讓佛教界看一看有沒有道理？然後我再把《邪見與佛法》印出來，他們讀了當然很震驚，但一定會回頭再去看看《宗通與說通》的內容，然後想：「我要不要寫書評論他？」一定要這樣子作。所以我們《宗通與說通》在台灣出版後，再出版《邪見與佛法》並沒有問題；可是在大陸，因爲我的書在那邊並沒有普遍，也沒有依照順序出版，所以大陸大部分大師與學佛人並沒有讀到《宗通與說通》，剛好有大陸的同修讀到《邪見與佛法》時，心想：「這麼好的書，佛法的道理講得好清楚。」於是發心趕快印了二千冊，所有寺院都寄，那些寺院的大法師們，都要求信眾把書收集起來公開焚燒，爲什麼呢？因爲他們都沒有讀到《宗通與說通》，不曉得佛法的本質，於是誤以爲《邪見與佛法》是邪書，因爲裡面所說的法義太深，他們無法接受，因爲自古以來沒有人把涅槃的本質講得那麼清楚，他們聞所未聞就誤以爲是邪書。

所以《法華經》得要現在才能講，當《法華經》講完了呢，我就可以接著講《佛藏經》了。因爲《佛藏經》把大部分末法時代現在的大法師都給罵翻了，所以《佛藏經》將來出版也要排在《法華經》之後。這都是要有一個順序的，否則你講《佛藏經》以後印出來，那些大法師們讀了，會覺得很刺耳，然後心如刀割，會對我生起大瞋的。那裡面的內容太刺激，所以要等《法華經》講完以後才能講那部經，否則會外那些法師們會很難過，會對我很生氣，也許也會暗中對 佛陀起瞋。但是，如果《法華經講義》印出來了，大家讀過以後覺得說：「哎呀！佛道眞的難思議。」然後，《佛藏經》所講的那一些，他們就會信受，心中可能就不會起瞋了。否則《佛藏經》演講了，他們也不會信受的。

因此，我現在如實講解《法華經》，會不會像經中說的那樣危險？不會！

別擔心！將來《法華經講義》出版了，也不會有危險，因爲前面該讀的，他們已經先讀了，而我所已經解說的《法華經》中隱含的正理，也都是眞實的；既然所說是眞實的，他們在經文表義、文字表相中，看不出來其中的眞實義涵，蕭平實能夠如實講了出來，然後他們深入加以思惟，結果會發覺：「必然是如此的嘛！只是我們以前不知道而已。」然後，他們就會相信說：「這個蕭平實果然不是浪得虛名，而是有實證的，證量不是我們所了知的。這種有實證的人，我如果要害死他，未來世的果報會怎麼樣？」這是他們一定要考量的，所以我就不會有危險了。

當然，我也不必去挑釁說：「來啊！你們來殺我啊！我不怕死啊！」如果這樣作，就不是菩薩，因爲是在賭氣。菩薩是要含攝一切人的，不管他們以前作錯過什麼，也不管他們作錯的事情有多麼嚴重，只要他們肯改變而回到正法中，那麼我還是應該要攝受他們，讓他們按部就班修學；只要他們的能力是夠的，未來有因緣時我還是要用他們來弘法，這樣才是菩薩。不能夠像一般人那樣記恨：「這個人以前犯過什麼過失，永遠不用他。」不能這樣子，只要願意改過，你就用他。你就慢慢看，看他現在的階段適合作什麼，如果作了一段時間，好像可以再往上提升再作更重要的事，你就再慢慢把他換個職事，要這樣才對。

所以，不能夠故意去招惹說：「我料你沒這個膽量殺我。」他被你激將起來的時候就想：「好啊！你敢笑我！」這一氣憤起來，一時不忍作了殺業，那你不是害他嗎？你死了只不過是一條命，可是他下地獄去會多麼慘，得要受苦多久才能回來？何苦害人呢？所以，作什麼事、說什麼話，是應該要有智慧去作、去說，不該只是站在自己的立場，而是站在眾生的立場來想。你可以不怕死，但是你會不會害慘他？你死了，不過是少活二十年，最多就是少活這一世！何況已經活了那麼久了？但是害慘他，會害多久？那一下去可就不得了，他可就難以承受啊！所以不能去刺激人家，只要就法論法就好了。因此，我說《法華經》不會有問題，諸位也不用擔心。

言歸正傳，雖然他們已被授記的五百、八千……等阿羅漢或三果以下迴心的菩薩們，都不敢在此土演說《法華經》，是因為他們知道《法華經》的實際內涵，因為他們是現場參與的；但是他們知道在 佛陀入滅後，想要繼續在這裡如實講解《法華》而不只是依文解義，不只是作科判而已，將來不是被打就是被殺，因爲眾生不能信受。所以他們這六千人已經是第三批人，說要在他方國土才爲人演說《法華經》，不在娑婆世界演說。前面五百阿羅漢被授記的，是要在「異國土」演說《法華》，有學、無學八千人得授記以後，也是要在「他國土廣說此經」，就是不在娑婆說。現在這第三批的六千人，依舊是要在「他方國土廣宣此經」，她們就不想要在這裡演說。這表示什麼？當你演說《法華》時，如果是依文解義就沒問題；可是你如果要把《法華》中隱含的眞實義講解出來，你將會有危險，除非你有智慧把應該被度的人先度成功，使他們先有實相般若了，也把所要演講幾部經典的順序安排好。當你在三乘菩提的實證上面，以及你在人天乘的實際證量上面，已經顯示給大家看，也有許多人得度而可以爲你證明了，那麼眾生才會眞的信受你，這時你如實演說《法華》時，他們就會信受。

即使我講解的《法華經講義》將來整理成文字出版了，人家剛讀的時候也難免有所懷疑；但是讀久了也深入思惟過了，他們也會開始信受。因爲前面的三乘菩提、人乘、天乘，我們都已經顯示可以實證的內涵了。例如人乘、天乘，以前常常有人自稱得初禪、得二禪等，更多的是外道狂言說他們已得四禪，可是他們有誰把初禪前的未到地定境界講出來？都講不出來；他們又有誰能把初禪的實證境界與修證原理講出來？教內教外都沒有。那麼二禪以上就更別說了，所以從初禪如何轉入二禪，也沒有人敢講，就空口白話說他們已得二禪、已得四禪，甚至於還誇耀說：「你們蕭老師才只有講初禪、二禪的修證，但我們早就得四禪了。我們是先得四禪，再來修初禪、二禪的。」意思等於是說：「我們家是先生了曾孫，再來生孫子、兒子的。」就好像這樣嘛！

他們就好像建築空中樓閣：「我是先蓋了第六樓，然後再來蓋下面的二樓、一樓。」可是竟然也有愚癡人相信。不管怎麼樣的邪說謬論都會有人信，因為五濁惡世的眾生之中，有許多人是愚癡的；但我們已經把如何修證未到地定及初禪、二禪的經驗與過程都講出來了，而且也把如何修證未到地定及初禪、二禪的原理，也都說明清楚了。所以，我們不是只有顯示三乘菩提，人天乘的法，例如天界的法中，求生欲界天的人應該行善事，而我們也行善事；那麼色界天的境界該如何才能在死後上生其中，也就是應該修得禪定，那禪定又該怎麼得：初禪該怎麼得，得初禪而想要轉入二禪時該怎麼轉，我們也都依實證的經驗而詳細演說過了。所以你看，佛陀講的人乘、天乘以及三乘菩提，我們都顯示出來了；當我們都已經具足顯示的時候，再來演說《法華》，並且正法根基已經鞏固了，此時來演說《法華》，即使是如實演述也不會有危險，因爲眾生會信受，也是因爲你說的有道理。所以，諸位別擔心，我不會有危險。

大陸西藏，眼下我是不會去的，西康也不會去，不是因爲他們放話說要殺我，而是因爲緣還沒有成熟；最主要原因則是我這個身體，我很怕高山症。那個地方，我不可能去，連一天都待不了。低氣壓來了，我都覺得難受而難以入眠了，這還是待在台灣呢！西藏那麼高的地方，那個氣壓更低，我根本沒辦法承受；所以我目前是不可能去的，那邊的危險也就跟我無關。何況現在那邊的藏胞生活是很好的，不像以前；他們也不一定就信佛教，他們現在年輕人都努力在改善西藏家庭的生活。他們現在西藏年輕人是這樣，所以在拉薩布達拉宮前作禮拜的都不是年輕人；老一輩的藏胞已經被達賴等人思想改造了，沒辦法救轉了，可是年輕的一輩都在努力賺錢、發展經濟。而且，他們年輕人動不動就上網，從網路上都可以看得出來：達賴喇嘛率領的西藏密宗四大教派到底是怎麼回事。所以即使我現在去，也不會有危險；因為還有一個安全保障，我去的時候公安單位一定會跟隨，看我去那邊是幹什麼事情？那麼，監視的時候不就等於是保護我了嗎？對不對？所以也不會有危險。但是目前我還不想去，最主要是因為高山症，就是氣壓太低了，我沒辦法接受。因此，如實演說《法華經》是不會有問題的，因為我先度了諸位實證《法華經》中說的「此經」如來藏，而我們也把講經的次第都鋪陳好了，現在大家都可以看得出來：正覺的法，本質是什麼？證量到哪裡？佛教界都可以從我們的書中看得出來，我就不會有危險。

現在已經跟以前封閉的時代不一樣了，以前提婆菩薩被殺，其實是聲聞部派佛教那些六識論者去殺的，而他們冒稱為外道。但是當年提婆為何會被殺死？是因為還沒有把整個佛道的內涵顯示出來，也還沒有把提婆自己的證量完全顯示出來——還沒有全面的顯示，並且還沒有度得很多得法弟子，正法的勢力還太小，就開始以如來藏妙法破斥部派佛教聲聞人的凡夫說法，所以那一些六識論者膽子就變大，想說提婆菩薩是不懂佛法的。這是因為提婆專講唯識如來藏妙義，他的師父龍樹專講般若中觀；而般若中觀的義理，部派佛教的聲聞人用六識論去解釋，往往表面上也可以套得上去，就像現代三論宗的印順一樣套用龍樹的《中論》一般，所以他們就把龍樹強拉了去當他們的祖師，也沒有徵得龍樹的同意。

可是提婆看見這個現象以後，他就專講如來藏圓成實性的義理，六識論的聲聞人無法再套用，都套不上去。套不上去的結果，他們的名聞利養全部受損，心中當然無法接受，於是就把提婆給刺殺了。提婆翻譯成中國話叫作什麼？就是聖天。龍樹已經往生去極樂世界了，可是提婆沒有去極樂世界，他們把提婆殺死了，提婆未來世還是會投胎而擁有五蘊，還是會繼續來人間廣破部派佛教的六識論。所以菩薩不怕上帝，不怕什麼人，更不怕外道：「被殺了以後，我再去投胎，再換一個新的五蘊來，你就不認得我了，那我又可以繼續弘法。」所以，諸位不必擔心這個事情，因此我們就在此土娑婆世界宣說此經，不會有問題。這樣子，諸位是不是很有福報？（大眾答：是。）對！因爲此經的眞實義很少人能講，你要找一個人來講這部經的眞實義，難！知道的人，當他整個局面—內在外在環境—還沒有安排妥當的時候，他也不敢講，因爲講了《法華》就沒有辦法繼續弘法了，他的弘法大業就會中斷，因爲會被刺殺。

所以你看，這二位大比丘尼，都是跟在 佛陀身邊最親近的人，一位是佛陀的姨母，一位是佛陀出家前的妃子，而耶輸陀羅出家前生的兒子，後來出家也成爲阿羅漢了，也是已被授記成佛的聖者，那你說，耶輸陀羅的身分重要不重要？很重要！可是她與憍曇彌—摩訶波闍波提—二個人，竟然也說：「我們也能夠在他方國土廣宣此經。」那麼，佛弟子之中，究竟有沒有人敢在這裡如實演說此經呢？來！請張老師繼續唸下一段經文：

經文：【爾時世尊視八十萬億那由他諸菩薩摩訶薩。是諸菩薩皆是阿惟越致，轉不退法輪，得諸陀羅尼。即從座起，至於佛前一心合掌，而作是念：「若世尊告勅我等持說此經者，當如佛教，廣宣斯法。」復作是念：「佛今默然，不見告勅，我當云何？」時諸菩薩敬順佛意，并欲自滿本願，便於佛前作師子吼而發誓言：「世尊！我等於如來滅後，周旋往返十方世界，能令眾生書寫此經，受持、讀誦，解說其義，如法修行，正憶念，皆是佛之威力。唯願世尊，在於他方遙見守護。」即時，諸菩薩俱同發聲而說偈言：「

唯願不爲慮，於佛滅度後，恐怖惡世中，我等當廣說；
有諸無智人，惡口罵詈等，及加刀杖者，我等皆當忍。
惡世中比丘，邪智心諂曲，未得謂爲得，我慢心充滿；
或有阿練若，納衣在空閑，自謂行眞道，輕賤人間者，
貪著利養故，與白衣說法，爲世所恭敬，如六通羅漢。
是人懷惡心，常念世俗事，假名阿練若，好出我等過，
而作如是言：『此諸比丘等，爲貪利養故，說外道論議；
自作此經典，誑惑世間人，爲求名聞故，分別於是經。』
常在大眾中，欲毀我等故，向國王大臣，婆羅門居士，
及餘比丘眾，誹謗說我惡，謂是邪見人，說外道論議。
我等敬佛故，悉忍是諸惡；爲斯所輕言：『汝等皆是佛。』
如此輕慢言，皆當忍受之。

語譯：【這時世尊顧視八十萬億無量數諸菩薩摩訶薩。這一些菩薩們都是不退轉位的菩薩，他們都可以爲大眾演述不退法輪，而且已經得到了諸法的總持。他們就從座位上起身，到了佛前一心而且合掌，心裡面這樣想：「如

果世尊有告訴我們、指定我們應該要受持演說這部《妙法蓮華經》的話，我們將會猶如佛陀的教誨一樣，廣爲宣揚《法華經》所說的妙法。」想完了以後心裡面又這樣想：「佛陀如今默然無所指示，沒看見佛陀有教誡我們，我們應該要如何呢？」這時八十萬億那由他菩薩摩訶薩們，爲了要恭敬隨順釋迦牟尼佛的意旨，並且也想要自己來滿足演述此經的本願，所以就在佛前勇猛說出自己心中的所想，而這樣子說出誓言：「世尊！我們在如來示現入滅度以後，將會周旋往返於十方世界，能夠教導眾生書寫此經，並且受持、讀誦，而且爲大眾解說《妙法蓮華經》的眞實義，教導大眾如法修行，而且正確憶念此經，這都是釋迦牟尼佛您的威德力所加持。我們只誠懇地祈願世尊，在他方世界弘法度眾的時候，遙遙地觀察我們護持此經的事情而守護我們。」這時候，諸菩薩們又同時發出聲音而以偈頌這樣子說：

「我們只求世尊不要爲這一部經是否能繼續弘傳而作思慮，在佛陀滅度以後，恐怖而邪惡的世間中，我們將會廣說此經；

雖然知道會有許多沒有智慧的人，以惡口來辱罵或者大聲指責，以及用刀殺害、用棍杖打擊，但我們都會把它忍受下來。

在惡世中的比丘們，他們的智慧是偏邪的、心是諂曲的，沒有證得的境界竟敢說他們已證得了，他們自我的慢心是充滿的、具足的；

或者有末世比丘在安靜的無人處修苦行，穿著出家的衣服在空閑處安住，自己宣稱是在修行眞正的佛道，而輕賤於人間正法菩薩的這一類人，貪著於利養的緣故，才爲白衣們來說法，因此而被世間人所恭敬，猶如三明六通的大阿羅漢被世人所恭敬一般。

這一些人心中懷著惡心，總是常常在想念世俗的種種事情，但是卻在嘴裡假說他是眞正在修遠離行、修苦行，他們最喜歡去向人家說出我們這些菩薩們的過失，而這樣子說：

『這一些在爲人講《妙法蓮華經》的比丘們，都是貪著利養的緣故，所以才會講出這一種外道法的論議；他們自己創作了這一部經典，虛誑地迷惑了世間人，其實只是爲了求名聲廣大通聞四方的緣故，而爲人家演說這一部經典。』

這一些惡世比丘們常常在大眾之中，想要毀辱我們演述《法華經》的緣故，就去向國王、大臣、婆羅門、居士們，以及其餘的比丘眾們，誹謗而說我們的壞話，說我們是邪見的人，說我們是在宣講外道所說的種種議論之法。雖然如此，我們這些菩薩們敬順於佛陀的緣故，我們全部都會忍受這一些惡事；我們會被這些人所輕弄毀謗說：『你們全都成佛了。』像這樣的輕慢之言，我們也都會全部忍受下來。」】

講義：當摩訶波闍波提以及耶輸陀羅和她們所率領的眾人，都說將來會在「他方國土」廣爲宣演《妙法蓮華經》。他們三批人都說完了，世尊就改看那「八十萬億那由他諸菩薩摩訶薩」，就是他方世界來的這些大菩薩們，因爲這也是釋迦世尊所度的弟子，這些大菩薩們都已經到了不退轉地。這個不退轉地，有可能是四地菩薩，有可能是八地菩薩，也有可能是十地菩薩，因爲他們都能夠十方世界來來去去，他們都能夠轉不退法輪。諸位想一想：能夠轉不退法輪，那究竟是幾地？眞正的位階到底是什麼？在這裡爲大家定義出來：「得諸陀羅尼。」也就是說他們已得到總持了。請問：得到總持的菩薩到底是幾地？是九地。因爲得陀羅尼的只有九地菩薩，所以原來這「八十萬億那由他諸菩薩摩訶薩」，都是九地以上的菩薩。只有得陀羅尼，也就是得總持的菩薩，他們才能具足四無礙辯，就是法無礙、義無礙、詞無礙和樂說無礙，所以他們能夠「周旋往返十方世界」，有大威德，也就不簡擇什麼樣的國土了！不論什麼樣的國土，他們都可以去爲眾生演述《妙法蓮華經》。

於是他們從座位上站起來，因爲世尊已經看著他們了，總不能夠假裝沒看見，對不對？世尊都已經看著他們了。如果我講了某一件事情時，是一直看著你，你應該知道這個事情是你該去作的，對不對？世尊看著他們，因爲現在是講誰要在娑婆五濁惡世演述《妙法蓮華經》的事。既然世尊看著他們，他們當然知道了，於是就來到佛前一心合掌；一心就是心無雜念，專精於這件事情上面，他們在佛陀面前合掌。九地菩薩會笨到不知道佛陀的意思嗎？當然絕不可能嘛！在人間，凡夫都沒有那麼笨，何況九地菩薩？譬如那些大山頭的大法師說：「最近經費老是不夠用，不知道該怎麼辦？」他座下那些慕名而來的大企業老闆弟子們一聽，就知道意思了，自然不能默然無語，當然要開口說：「師父！別擔心，我下週送二億元來。」對不對？世間人都沒那麼笨了，何況是九地菩薩？

如今世尊正說到誰要在後末世爲大眾演述《法華經》，結果前面三批人都說要在「他方國土」去講，於是世尊看著這些九地菩薩們，當然他們就知道世尊的意思，所以一心合掌，心裡面就這樣想著：「如果世尊告訴我們、命令我們，要在此土受持這一部經，也要為人演說這一部經的話，我們就遵照佛陀的教誨，廣為眾生宣說此經。」但是心裡面想完了，世尊沒有表示意思，沒有直接要求他們要這麼作，於是這些菩薩們心中就想：「佛陀默然。我們心裡面這樣想，世尊一定知道，可是佛陀竟然默然沒有說話，沒有告訴我們、叫我們該去作，那我們應該如何？」這個念頭一轉，當然就懂了：「我們應該自己去作，因為世尊看著咱們，就是要咱們去作。世尊不是環顧全場，而是單單看咱們，咱們當然應該要去作。」所以就心裡面想說：「我們自己本來發的願也是這樣，世尊也看著我們，顯然是要我們去作，我們就應該當眾說出來。」

這裡面就有二個意思了，第一、「佛今默然」，佛沒有指示。有很多事情，你在弘法時 佛陀都不會跟你指示，就是說，菩薩有了智慧以後，該作什麼、不該作什麼，你作哪些事情，該有什麼樣的順序，有輕重緩急，自己應該有智慧去判斷、規劃，所以 佛陀不會跟你指示。除非你特地去問了，否則 佛陀就是讓你自己決定，諸佛從來都是這樣的。你決定要作什麼，決定了以後，自己去承擔那個果報；不管是善業果報、惡業果報或無記業果報，就是自己作了、自己承受，這樣才是菩薩。阿羅漢就不一樣，阿羅漢不論什麼都要問佛陀，就好像「子入大廟，每事問」一樣！孔老夫子對於不懂的事，他就請問別人，這是好學，也是謙虛啦！但菩薩跟阿羅漢是不一樣的，阿羅漢是因爲對很多事情不太知道，所以定性聲聞的阿羅漢，什麼事情都要問 佛陀。但菩薩是要繼承如來家業的，有無生法忍，當然要自己決定、自己去作；除非遇到某一些事情，你很難決定，才去問 佛陀。這些菩薩們，當 佛陀看著他們，他們已經知道 佛陀要他們幹什麼，卻還在那邊等待 佛陀開口；佛陀當然不用開口，所以 佛陀默然。因此說，「佛今默然，不見告勑」，這才是正常的。

接著，這一些菩薩們「敬順佛意，并欲自滿本願，便於佛前作師子吼而發誓言」。這個「發誓言」有什麼作用？是要告訴大眾：「佛陀很看重此經，所以才會指定我們這麼多的九地菩薩要來弘揚這部經典。」所以這部經典不是一般的經典，而是最重要的經典，才要這麼多的菩薩，而且都是九地以上的菩薩來演講這一部經，這在表顯這一部經的重要以及它的義理之勝妙。因爲這一部經，如果能夠有機會，有那個環境，有那樣的信眾可以信受，那麼這一部經典講出來，就可以使正法久住。爲什麼如實說出來可以使正法久住呢？因爲大家聽完了，就知道說：佛的境界不可思議，不能隨便想一想就說：「我知道了，我已經成佛了，佛的境界跟我是一樣的。」就不會這樣亂講。

我相信諸位聽《法華經》聽到這裡，已經瞭解以前自己對佛陀的認知是相差很多的。以前我們再怎麼樣推崇說「世尊是人天至尊」，大家也只是一個印象，就是「人天至尊」，可是實際上很多事情都不知道；但是聽完這部《法華經》就知道了：佛陀眞的不可想像。所以，假使今天有誰說他成佛了，你就知道那一定是凡夫，一聽就知道是凡夫。有誰宣稱說他比 佛陀的境界更高，你就知道那一定是地獄人，一聽他開口就知道了。這表示他根本就不懂佛地的一點點境界，因爲眞正知道一些些的人都不會那樣講。

那麼這些菩薩怎麼發願？他們發願了，這個願眞的叫作「師子吼」，因爲沒有人敢像他們這樣講，但他們敢當眾來講。敢這樣講的人只有二類人，一種是無知者，一種是他眞的有那個本事，是別人所及不上。無知者也敢說：

「我敢在五濁惡世演講《法華經》。」可是他講的結果就是依文解義。如果他知道《法華經》的眞實義理是如此，他還敢講嗎？一定不敢；因爲他知道自己依文解義講出來以後，人家會質疑。他首先要考慮的是：「當人家質疑的時候，我能不能夠爲人解釋清楚，讓人得以信受無疑？」他一定要考慮這一點，考慮的結果是沒有辦法爲人解惑釋疑，所以就不敢講。那麼，不知道《法華經》的眞實義的人，他想：「這沒什麼啊！這內容看來都很簡單。」所以他就依文解義一番，當然也就敢講；那他講完了，也不會有生命危險，因爲只是依文解義，大家都當作聽故事一樣，就是佛陀的故事；所以他也不會有生命危險，他當然敢講。

因此，這一些菩薩們在 佛前這樣說，眞的叫作「師子吼」，因爲知道《妙法蓮華經》的眞實義，他們是在《法華》勝會現場參與的，是如實了知的，但是竟然敢發願說在五濁惡世也願意講。因爲他們發的願是「十方世界」，不簡擇是什麼樣的世界，清淨世界、汙濁世界，他們並不簡擇，並且願意「周旋往返十方世界」一直講下去，單說《妙法蓮華經》。這就是 文殊菩薩之所作，他們敢效法去作，所以便叫作「師子吼」。他們這麼說：「世尊！我們這些菩薩們在如來示現滅度以後，可以不斷來來往往在十方世界中，能夠教令眾生書寫《妙法蓮華經》，受持和讀誦《妙法蓮華經》，也能夠爲他們解說其中的眞實義，並且教導大家如同《妙法蓮華經》一樣如法修行，還能夠正憶念這一部《妙法蓮華經》，而我們能夠這樣作的原因，都是秉承佛陀的威德力所致。當我們未來世這樣子演述《妙法蓮華經》的時候，在十方世界來來去去演述，我們只祈求一件事情，就是世尊雖然在很遠的他方世界繼續度眾生，請您遠遠看見我們如實地在作這件事情而守護我們，可以讓我們把這部《法華經》從頭到尾完整地演述。」他們向世尊請求的是這件事，這眞的叫作「師子吼」；因爲演述《妙法蓮華經》，就等於把成佛之道的整個過程以及八相成道的最後如何示現諸佛的境界相，如何示現諸佛的四種不可思議，都要如實演述出來，這是很困難的事。

那麼在困難重重之中，他們都發願要十方世界周旋往返不斷演述下去，當然很希望 佛陀「在於他方遙見守護」。他們不是跟隨在 佛陀座下而爲人宣講，是離開 佛陀很遠的，在他方國度而不選擇眾生根器來講此經。定性聲聞阿羅漢們都不敢，他們都依附在 佛陀座下，都不敢走遠；但菩薩們不一樣，菩薩們是十方世界遠行，來來去去無所畏懼。可是，一般的阿羅漢們沒有那個膽子，且不說沒那個膽子，有一個典故諸位都知道，提婆達多去慫恿阿闍世王聚集了一群大象，把大象的象牙綁了利刃，在象尾綁了草與布，灌了油，看見 佛陀入城來托鉢的時候，就把大象尾巴的布與草點了火，那大象痛起來，往前狂奔，向 佛陀奔來；當時跟在 佛陀身邊的阿羅漢們一哄而散，有神通的人就飛到天上去，只剩下一個阿難尊者跟在 佛陀身邊不走，因爲他對 佛有絕對信心。你們看，才不過是一條命而已，成爲阿羅漢是準備要入涅槃的，剩下餘生能有幾十年？他們都還要逃走，只有阿難尊者跟著沒動。你們從這裡來看，阿難的菩薩性怎麼樣？他對 佛的信心怎麼樣？在這裡就看得出來了。可是這些菩薩們發願，不是只有這一世，是要盡未來際繼續不斷講下去，而且「周旋往返十方世界」永不休止，你說這是不是「師子吼」？眞的是「師子吼」。

「唯願不爲慮，於佛滅度後，恐怖惡世中，我等當廣說；有諸無智人，惡口罵詈等，及加刀杖者，我等皆當忍。」他們這樣發誓以後，又重新再講一遍。不是只講一遍就算數，因爲想要教育那些心量還不夠廣大的菩薩們，所以重新用偈再說一遍：「我們祈願世尊不必為了這一部《法華經》是否能更長久弘傳下去而憂慮，在佛陀您滅度以後，恐怖的五濁惡世之中，我們也會來為大眾宣演這一部《妙法蓮華經》，而且不只是依文解義，我們還要很詳細地加以廣說；那時是五濁惡世，會有很多沒智慧的人，以惡口大聲地辱罵，以最不堪的言詞來辱罵我們，甚至還會有人用棍杖來打殺我們，用刀子來刺殺我們，我們全部都會在那個時候接受而安忍下來，繼續演述此經。在五濁惡世中的比丘，智慧是邪謬而且不善的，很諂媚而不直心。」為什麼諂媚而不直心？因為希望獲得世間的財利，所以才需要諂媚於那些大施主。

這在古來的佛教界就很平常了，所以才會有一對諷刺的對子流傳起來，我把上聯下聯都唸給諸位聽：「坐，請坐，請上座；茶，泡茶，泡好茶。」有沒有？對啊！接待在家居士時要分等級啊！普通的小居士、小護持的人來了就說：「坐！茶！」那侍者一聽就懂了，座位不必特別去抹乾淨，也不必請到最大的廳堂、最好的座位。那麼茶呢，就是很普通的茶便行了。如果來的居士是比較護持的，每一次來就奉上十兩紋銀，那和尚就說：「請坐！」又對侍者說：「泡茶！」侍者一聽，懂了、懂了，沒辦法泡雨前，至少也泡個碧螺春吧！如果是大官，每一次來就奉上五百兩、六百兩紋銀，大和尚一聽是他來了，出三門外遠迎；因為早就通知他要來了，大和尚早等著了，於是一接到通報，立刻三門外遠迎，迎進大廳來就說：「請上座！」然後就跟侍者講：「泡好茶！」侍者當然聽懂了，趕快就把雨前泡了來，這就是諂媚心嘛！對不對？

「惡世中比丘，邪智心諂曲，未得謂為得，我慢心充滿；或有阿練若，納衣在空閑，自謂行眞道，輕賤人間者，貪著利養故，與白衣說法，為世所恭敬，如六通羅漢。」有諂媚心時，相對就會有什麼呢？慢心！那小居士來時，大和尚說：「坐！茶！」這就是慢啊！覺得說：「哎呀！你這個小居士不值得我一看。」但是不論如何，終究是來護持的，總要陪著講幾句話。為什麼他要這樣？就是因為名聞利養，這樣的人就是有諂曲，他們的世間智慧是很聰明的，所以叫作「邪智」——都不用心在正法上。他們如果把邪智邪慧改在正法上用功，遲早都會開悟；即使悟不了，至少也得個聲聞初果。成為通教菩薩初果也不錯啊！他們偏不，都只在世間法上用心，所以叫作「邪智心諂曲」。這種人一定會有一個現象，就是「未得謂為得」，還沒有證得到的智慧或定境，他們會自稱已經得到。聲聞菩提沒有得到，也自說他有得；大乘菩提還沒有得到，也說他已經有證得。

因爲這樣子向人家謊稱，眾生迷信，然後就會想：「喔！我師父是聖人。」就得大把大把錢財來供養。可是實義菩薩不看供養，不貪求供養。但是那一類人就會貪供養，他們沒有實證的內涵，又想要得供養，唯一的辦法就是「未證謂證、未得謂得」。你們可以看看那些貪求供養的人，哪個不是如此？明明就不懂公案，偏偏還要講公案、寫公案，目的在哪裡？是要讓人家誤認爲他開悟了。所以不懂禪宗公案也要講、也要寫，顯示說：「你看，我懂公案。」「我懂公案」的意思代表什麼？知道嗎？就是向大眾顯示說：「我開悟了，開悟者就是聖人。」他在顯示這個道理。可是眞正開悟的禪師講什麼？都是說「實際理地無聖亦無凡」，哪來的聖人？

所以你看老趙州，大王派了他帳下的大將軍送了很多銀兩來，老趙州怎麼樣？下座去迎接；因爲大將軍不是那個根性，老趙州非得要下禪床才行，就到方丈室外去迎接他。等到眞定帥王公來的時候，老趙州卻反而坐在禪床上一動也不動，不但不出方丈室外迎接，連下禪床都沒。老趙州很有智慧，告訴侍者說：「貧僧接待壇越，有三種法：末等人來，三門外接；中等人來，我下禪床迎接他；第一等人來，我坐在禪床上接。」上等人來了，只是坐在禪床上迎接了。大王一聽，心想：「喔！原來我是上等人。」所以老趙州有時也不得不委屈一下，爲什麼呢？因爲在古時候官家最大，可是最大的官最好應付，最小的官最難應付，有時得要委屈自己來顧全大局；但他可不是爲了名聞與利養，因爲他的名聲早就傳遍京城了，他還要求什麼名聞？都不需求。利養呢？他又不貪什麼享受，還要貪什麼利養？只是爲了正法的久住，只得變通一下，所以他就使用這個方便。

但是在一般的道場，剛才我唸出來的那一對上聯下聯，可都是常常在運用的，所以坐跟茶之間就有分等級了。在我們正覺同修會裡面，對所有居士們都沒有頒給什麼標章，也沒有分什麼等級。可是在一些大山頭（我們不講明是什麼山頭），他們都把居士們分爲九品。護持他們的居士們都被區分爲九品，所以有一品功德主，二品功德主，三品、四品、五品而到九品。眞的有啊！台灣有二個大山頭就是這樣的。他們二個大山頭的信眾加起來，幾乎等於台灣的一半人口。他們的居士穿著一定的服裝，然後別上不一樣的船帆一類的標章，顯示他們的等級等等，那是區分為九品的。如果來到本山或者去到某一個分院借宿時，寺裡就看你是幾品功德主，依照品級給你住不同等級的房間，吃不同的飲食，這還能叫佛法嗎？然而在禪師眼裡卻是無聖亦無凡。

所以說，在五濁惡世中，佛門有這種現象也是正常的，但我們正覺卻是異類。「異類」這名詞其實是很難聽的話，是說不同於人類；當人類全都成為那樣只看功利時，我們寧願當異類，也不要跟他們一樣。「異類」不是人類，而他們都是人；那我們不是人，是什麼？（大眾回答：菩薩！）對嘛！所以我們不搞那一些等級，即使是大官來上香，也都一樣，一視同仁；法上也一樣，不管誰的官作得多大，想要得這個法，一樣得要二年半的共修，共修完了就能去禪三嗎？還不一定，要跟大眾一樣接受每一組的審核。不會因為他的官大就必定給他先去打禪三，人家作義工，每天累到一塌糊塗，他從來不作義工，各組審核評語都很差，我憑什麼讓他去打三開悟？

我們各組組長也很公平，不會特地寫說：這個人當什麼大官。有時親教師會寫上：這個人以前當過什麼官。然而親教師給的建議是什麼呢？落選。所以我們的親教師也很可愛，真的不是人，真的都是菩薩。我們正覺就是這個立場，所以我們這個法不賣，我們要看學人的菩薩性；只要他的菩薩性足夠，努力護持正法，我們就幫忙。如果菩薩性不夠，假使他哪一天捐了一億元來，看在那一億元的面子上，給他去打禪三鎩羽而歸；我就不幫忙，有本事，你自己闖過去。

現在禪三想要過關很不容易，得要過五關、斬六將，你得要比關雲長更行。我們的法不賣，就是這樣子。所以如果誰說：「我捐一百億元來，你直接幫我開悟，因爲我沒有時間上二年半的課。」對不起！一百億元收了，不會到我口袋裡，入帳以後他還是得要參加禪淨班；還不能缺課太多，沒達到上課的時數標準，依舊不讓他上山打禪三，我也不幫他開悟。「這個條件，你如果願意，我就收你的錢入帳；你若是不願意，我就不收。你如果想要悟很簡單！不用捐到一百億元，你就好好來上課；咱們義工有事，你就努力去作，這也行啊！」這意思就是說，末法時代的比丘們，想要找到像我們會裡這些出家眾這樣的人，眞的很難；會外大部分的比丘、比丘尼們，當你把我的書給他們，他們會告訴你：「我們不讀居士寫的書。」那顯然 維摩詰大士來了也度不了他們，眞的沒辦法啦！龐大士來了，更是沒辦法的。

所以，惡世中的比丘就是這樣「我慢心充滿」，這種未得謂得的事情太多了。在我們同修會出來弘法以前，自稱開悟的人多如牛毛，也有人自稱他是幾地菩薩。我們剛搬來這邊的時候，好像剛搬來才不到二年、不到三年吧！那時候我們福田組長姓詹，曾經有人上門來發什麼？發經典，有人自己寫經典，在經典裡面還封他的弟子是某某菩薩、某某菩薩，顯然他是以佛自居。我們這組長多可愛，你們知道嗎？他一看：「哎呀！這眞的是個凡夫。」然後，他就率眾去對方道場門前發傳單、發書。那已是陳年往事，當年我說：「我們不要理他啦！理他作什麼，時間久了，他就會知道自己的凡夫本質。」所以就沒有繼續再去發。

這種凡夫自居為佛的人很多，密宗是最具體的代表；若是自稱開悟的，在正統佛教中可就太多了。至於以前講什麼實證解脫捷徑之道，你們有沒有聽過？台南的。我說那個不是捷徑，那是繞遠路，而且目的地是錯誤的。他以前也自稱說他得初禪了，因為我從電視宗教台上親眼親耳看見聽見他說的；可是初禪的境界，他為什麼不講一講？如何證初禪的原理，實證的過程如何，證後又會如何，他怎麼不講一講？既然講不出來，卻說他有禪定，佛法中或是世間禪定的法中都沒有這回事！一定要有內容、要有方法，然後告訴大家如何去證，這樣才是實證實說。

所以，這種「未得謂爲得」的事情太多了，在末法時代都是正常的；這一種人一定是自我心中充滿了慢心，否則他們不會這樣作的。也有人住在阿練若，阿練若，諸位有沒有想起來，現在是藍朝了，在以前綠朝時，新竹不是有個很有名的阿練若嗎？有沒有？全台灣最大的官，跑去那邊談事情，記起來了嗎？那是誰住的地方？是釋印順住的地方。阿練若會變成那種談政治的場所，也眞是很奇怪！阿練若是修苦行、或者修頭陀行、或者修寂靜行的地方，不可能接待達官顯要；所以新竹釋印順住的寺院不該再稱爲阿練若了。

那麼，這一句偈中講的修「阿練若」，是修遠離行、修苦行，所以穿著「衲衣」，也就是穿著出家人的補衲衣，住在空閑之處；這種人會有很強烈的慢心，他們如果看見比丘、比丘尼在市區裡弘法，就會瞧不起：「哎呀！你們在那邊就是爲了名聞利養，你們看我多清淨，我什麼都不貪求。」其實他是貪求不到，若是有機會，他比誰都貪。這類人只是故意示現那個清淨的模樣，想要騙人家說：「我是很清淨的。」然後人家來供上一座大寺院供養時，他還裝著說：「不要啦！不要啦！這個我沒興趣啦！」然後人家三求五求、七跪八拜以後，他才點頭說：「好啦！好啦！我勉強接受啦！」其實他心裡面愛得不得了。這種人都是自認為：「我才是行眞道，你們都是修假行。」因此輕賤在人間遊歷、利樂眾生的菩薩們。這類人是不肯來人間利樂眾生的，總是自命清高而瞧不起人。可是這種自命清高的人不在少數，你們有時候去爬山運動時，就常常會看見，而這種人總是會輕賤菩薩。菩薩們都在人間，不會去躲起來只顧著自己；可是這種人自命清高，會輕賤一切菩薩們。而這種人貪著利養故，與白衣說法。他既然不求任何世間法，自命清高，那人家來了，又何必為人家說法，不理人就好了。「我什麼都不要，我是阿羅漢。」阿羅漢灰身泯智，什麼都不求，就是等著入無餘涅槃，他卻又要為那一些在家居士們說法，目的是為了求取恭敬。初學者什麼都不懂，當然會當作他是三明六通大阿羅漢，因為他口氣很大。很多人第一次來聽我講經，覺得我口氣好大，可是我覺得我的口氣一點都不大，因為我說明心才只有七住位而已，眼見佛性也只不過第十住位，口氣哪裡有大？但他們都是說：「一明心就是初地、八地、九地。」或者說就是成佛了，那麼到底誰的口氣大？

我只是講話不婉轉、直來直往，因爲既然要學眞實法，眞實法並不會像他們那樣委委曲曲的；眞實法是很簡單的，對就對，不對就不對。如果所講的內容是錯誤的，雖然是天王老子講的，我也說他錯了；如果所說的法是對的，即使他的身分是乞丐，我也說他對。我這樣叫作不會作人。

可是那一些人都不一樣，他們與白衣說法的目的，只是爲了求得恭敬。求得恭敬的目的是什麼？是名聞與利養。只要名聞，利養就跟著來。名聞之後不受利養，這個眞是難哪！沒有名氣而沒有利養，那是他應該得的果報。可是名聞之後，不受利養，這個眞不容易，在人間，像這樣的人是不容易找到的。所以說，他爲白衣說法，當然會誇口高推證量，白衣不懂，當然就會相信。也許有人懷疑說：**「眞的可能嗎？他隨便誇口，人家就信喔？」**信啊！怎麼不信？現成的例子，那一些佛教大山頭，各個家業都那麼大，當年有一個人不是海外學人嗎？當年海外學人歸國可眞不得了，所以他被任命爲國防部長，結果呢？竟然去信那個「清清楚楚、明明白白、處處作主」的錯悟者，全然相信那個意識與意根的境界，竟也說那叫作開悟；他後來還被某小姐引到密宗去，還把他兒子送去學密，然後又叫他兒子娶了個空行母作妻子，你說他有智慧嗎？他還是理工博士欸！當過國防部長，後來也當過監察院長。你看，我不會作人，又再講起這件事情來，可是我這麼說是要他覺醒，是想救他。意思是說，連他都會被矇，何況是一般的白衣。

因此，這一類高推自我證量的人，或是以修苦行、清淨行自居的人，其實貪著利養；爲白衣說法之目的，就是爲了取得恭敬與利養。如果人家對待他，就好像對待三明六通大阿羅漢一樣了，他的利養心就生起來了。因爲一般人聽說他是阿羅漢，而且是大阿羅漢，心想：「喔！這眞是不得了，是人天應供，連天主都要供養他。」於是大家就大把銀子、大把銀子送來供養他了。

「是人懷惡心，常念世俗事，假名阿練若，好出我等過，而作如是言：『此諸比丘等，爲貪利養故，說外道論議；自作此經典，誑惑世間人，爲求名聞故，分別於是經。』」這一類貪著利養的人，心中一定懷著惡心，心中常常想念世俗事：我的寺廟能不能多蓋幾間？我能不能多收一些信徒，成爲全球信徒最多的大師？我能不能多養一些出家弟子？我的寺廟能不能蓋成世界最高的，成爲世界記錄？都是在世俗事上，大家都要追求第一。台灣佛教界就是這樣子：我利樂眾生，規模世界第一；我的寺廟最高，世界第一；我搞學術研究，我是世界第一；我蓋寺院，全球蓋最多，我是第一。諸大山頭都各有第一，可是這個第一沒有任何實證佛法的本質，都只是世俗事。然後，堂頭和尚住在某某山、某某山、某某山，都是在山上，假名「阿練若」。

他們心中懷著惡心，「好出我等過」；誰敢出來演講此經，誰就要被他們毀罵。《妙法蓮華經》是講什麼？前面有講過啊！「此經」就是如來藏。只要誰敢出來講如來藏妙法，在他們眼中就是邪魔外道，就罵：「專講外道神我。」我們二十年來，就是這樣被罵的。所以這一種人一定會抵制正法，因爲這種人一定跟正法無緣——緣缺而無法證得如來藏；結果竟然有人敢出來講如來藏，然後依著如來藏講《金剛經》、《法華經》，他們當然要罵，所以這些人「好出我等過」，專門會講我們正覺這些宣講「此經」的菩薩們的過失。唉！時間又到了，今天講到這裡。

禪三又結束了，總算是又過一關了，因爲我稍微有一點年歲了，不敢說老啦！因爲現在都說「人生七十才開始」，我當然不能說老。不過，以前五十幾歲時，禪三都可以陪著諸位，那時往往陪大家參到凌晨一點、兩點，現在的體力眞是沒辦法了！

這回禪三兩個梯次，總共打出十個人來，都超過我師父的想法。因爲如果要依 克勤大師的說法，凡是不能紹隆佛種的人，他是不想度的。就是說，被他看上了，是他願意度的人，一定是將來可以獨當一面、住持正法，他才願意度，所以他不會度很多人證悟。沒想到我每年總共四個梯次禪三，總是幫他收弟子，總是要強塞一些弟子給他。但他也不得不接受，因爲他既接受我，就得接受你們啊！他也是無可奈何！但是，在祖師堂向 世尊告假的時候，我看到 世尊對這兩梯次禪三，在我每一次告假回家時，都是很歡喜。所以我當然心安理得，不管 克勤老和尚怎麼想。

我不管他接不接受，反正我度了這些弟子，他就是得接受。總之，正法弘揚需要人，如果沒有人，法是不能傳的。所以儒家有一句話講得好：**人能弘道，非道弘人**。這應該是儒家講的吧？（編案：《論語》〈衛靈公篇〉。）總之不會是墨家講的啦！因此我們還是要每年繼續辦禪三，好在二〇〇三年以後，都有監香老師幫我分擔小參了。早期辦禪三時，我是一個人從第一天小參到最後一天，那眞的要有很好的體力。如今我也漸漸接近七十歲了（編案：這是二〇一一年四月所說），現在是沒那個體力陪諸位熬夜參禪了，不過，總是有所變通，讓監香老師分憂解勞，諸位的小參進度已經加快了，那麼我也就輕鬆多了！好！閒話表過，回到《妙法蓮華經》來。

上週講到一二三頁第二行。那麼，今天要從第三行說起。也就是說在末法之世，懷惡心的人是很多的，並且這裡講的，這些菩薩們講的懷惡心者，是末法最後那一、二百年的比丘們，心中多懷惡心，想的都是世俗事，不是爲法。不必說到那麼遠啦！單說現在就好。現在眞正爲法的比丘其實也不多，在同修會外是很少數的；他們若眞正爲法的話，擠破頭也要擠進正覺來。所以有人千辛萬苦飛渡重洋，也是要來正覺的；只有一海之隔的，當然更要來求法，所以有的人乾脆就從大陸搬來台灣住下來了。這就跟那些「懷惡心，常念世俗事」而「假名阿練若」的比丘們截然不同了！

那種「假名阿練若」，自稱是修寂靜行的苦修比丘們，其實爲數不少。菩薩們說那些人「好出我等過」，最喜歡講菩薩們的過失。因爲眾菩薩們演講《法華經》，他們受不了啊！他們總認爲：「阿羅漢就是佛啊！你們菩薩竟然說阿羅漢還不是佛！說阿羅漢距離佛地還那麼遙遠。」他們都不能接受。

而實際上確實是距離很遙遠，因爲阿羅漢縱使迴小向大，被佛陀教化，給予教外別傳證悟實相般若，然後繼續聽聞 佛陀演述《般若經》；在第二轉法輪的般若系列諸經都說完了，他已一一現觀而具足實證，也只不過是入地而已，距離佛地還遠著呢。然後跟著 佛陀第三轉法輪諸經次第漸修，也才能提升到二地、三地等。

所以，那些比丘們都是「假名阿練若」，其實他們心中想的都是「世俗事」。他們不能安忍於菩薩們如實演述《法華》，因此就誹謗說：「這些說《法華經》的比丘們，全都是貪著利養的緣故，講那些外道所論議的種種說法，所以自己編造了《法華經》一類的經典，來誑惑世間的人；他們都是爲了求名聞的緣故，用這種別人沒有聽過的經典來演述，所以都是爲了求名聞。」就這樣子毀謗。

但這種事情其實也很平常。現在距離末法最後五十二年，都還有九千餘年啊！但是這距離法滅都還有九千餘年的今天，已經可以看見「大乘非佛說」的說法四處流傳了！穿著大乘比丘的法衣，受了大乘的菩薩戒，卻來否定大乘法，這眞是很奇怪的事！他們是受了菩薩戒與比丘戒，並不是沒有受菩薩戒的南傳小乘法師；而且當他們受三壇大戒的時候，最後、最重要的戒，正是菩薩戒啊！他們也都知道那是千佛大戒而不是一佛所制的一佛戒啊！但是卻在書中公然把菩薩戒說成別解脫戒，卻把只能受持一世的聲聞戒說成是成佛之道中的正解脫戒。

然後又公開否定大乘法，說大乘經典是後人僞造的，認爲大乘經典裡面所說 佛陀遠勝於阿羅漢的說法，是在毀謗阿羅漢，都不瞭解阿羅漢不破所知障，更不能斷盡所知障，也不曾滅除煩惱障的習氣種子。不必到未來正法即將壞滅之時就已經是這樣了，是現在末法時期開始不久便已經是如此了！那我們出來弘揚正法，把三乘菩提的相同處和相異處，條分縷析，用一本書又一本書從不同層面作了很多說明、辨正，最後他們終於閉嘴，不再公開指稱「大乘非佛說」了！這倒是好事，表示說，他們至少還有世間法上的聰明，知道對正覺的說法還是不回應比較好，因爲越回應就越顯得他們的無知。所以，晚近大約七、八年來，那些六識論的聲聞人——披著大乘僧衣的聲聞人，才開始不再主張「大乘非佛說」。

「大乘非佛說」，在日本也有呼應者，印順並不是最早提出來的人；但在近代台灣，這種邪說應該是釋印順最早講的，在釋印順之前可能是呂澂，這是從根本法上在中國內部企圖推翻中國傳統佛教。日本人後來也呼應了，他們找到這個題目時，認為說：「這個題目蠻新鮮的，我如果用這個題目來寫，可以在學術界佔有一席之地，並且可以提升日本的學術地位；未來可以跟歐美學術界平起平坐，脫離中國佛教的蔽蔭。」可是我說，日本佛教永遠脫離不了中國佛教啦！它永遠是中國佛教的附庸。因為日本人只會模仿，沒有在實相法上自己去實證的能力。

他們是擅於模仿的，他們在世間法上也是從模仿起家的。但是中國人就有這個智慧可以自己實證啊！日本卻是作不到。所以，往世我也曾經有一世生在日本，但是生在那裡也沒有用，因為日本人很喜歡作一些事情，就是要留下寶貝或什麼東西等等，已經變成一個習慣或傳統；所以他們把白隱禪師小參室裡面小參的內容都筆記下來，可是他們捨壽走人的時候沒有燒掉，於是被人家看見了，把勘驗的表相內容流通出來，日本的了義正法就沒辦法弘揚了。日本正法就從那時中止弘傳而在最後消失了。

那麼我生在日本那一世，看著當時的景況說：「在那個戰亂的局面，其實也不適合繼續弘傳，我還是回中國去，比較順當一點。」但是中國當時其實也沒有什麼機會可以弘揚，因爲蒙古歷代皇帝貪淫無道，全都信奉西藏密宗的雙身法。然後好不容易到了明朝，朱元璋的年代終於回到正法了，可是皇帝傳了幾代以後，又開始信密宗、搞雙身法了。因爲皇帝後宮女人太多啦！自然就會有佞臣去巴結，就來傳這個東西，讓皇帝可以每天玩女人又有合理的藉口；於是找了一些喇嘛來，傳給皇帝這個東西，於是如來藏法又被打壓，又沒辦法弘揚了。

接下來是滿清的時代，以前陳履安在競選總統的時期，有時候會講一些話，我想可能是他身邊的人故意放話的：「清朝的皇帝都是菩薩再來。」那意思是說「陳履安也是菩薩再來，所以要以眞心來爲眾生服務」，他那時候有一句話很有名，他說：「我如果選上了總統，一定會用『眞心』爲大家作事。」他當時等於在暗示大家說：「我已經證悟眞心了。」可是他懂眞心嗎？他認爲識陰離念靈知就是眞心。怪不得後來被孫小姐牽著走，就走入密宗裡去，多可惜的一個人！所以，他想要單獨見我，我不想單獨見他，拒絕了！還眞拒絕對了。

這意思是什麼呢？是說末法時代眞是千奇百怪，什麼事情都會有。那些六識論者以大乘僧人自居，但他們一直都說「大乘非佛說」，所以大乘經典他們是不信的。可怪的是他們受了大乘戒，也穿著大乘法衣，也把他們的五陰住在大乘教寺院中，卻來否定大乘法。那我只好說他們叫作獅子身中蟲，而他們的作爲就開始使得大乘佛教在寺院中很難生存了！因爲台灣是如此，大陸也幾乎是如此，甚至大陸還有人出版日本人寫的《修剪菩提樹》，公開來否定中國傳統大乘佛教，不知是什麼心態。不過大陸是還好，因爲有禪宗的傳承在，而禪宗永遠都是堅持大乘佛教，至少還有個表相說：「**我們承認大乘，我們認爲大乘佛法才是正確的。**」只是悟錯了而已，至少都不否定大乘佛教；在這一點上面，大陸是遠強過台灣的。如果台灣不是因爲正覺出來弘法，早就被釋印順等人改變成爲披著大乘法衣的聲聞法，早就是這樣了！後來我們經過二十年的努力，終於扭轉回來，終於使台灣佛教又如實回歸大乘法，這就是諸位的功德，因爲不是我一個人能作得來的。

那麼同樣的，如果要如實演講《法華經》，那些六識論的聲聞人—披著大乘法衣的台灣佛教聲聞人—專門主張大乘非佛說的聲聞人，他們就會跟你說：「唉喲！那種神話你也會相信哦！」說《法華經》裡 世尊所講的只是神話！可是你們聽我講《法華經》這麼久了，我說出許多內涵是沒有人註解過的，那麼現在講出來了，你們能夠理解、能夠信受，而且我說的也都沒有問題！你們可以把我說的法義前後對照，發覺都是正確的啊！這些法義徵之於如來藏妙義，徵之於第一義諦，徵之於成佛之道的所有內涵，《法華經》中所說的以及我解釋出來的，都沒有違背！而且還顯示出其餘經典所未曾說的三世諸佛世界境界相。所以，這根本不是後人編的嘛！如果後人能夠「編出」這種經典，而 釋迦如來不能「編造」這部經典，那麼後人顯然比 釋迦佛更有資格稱爲佛！而且還要稱爲「佛上佛」，因爲所說的內涵已超過他們所知道的 釋迦佛了！其實並不是他們所認知的那樣，這本來就是 釋迦佛所說的經典；只是他們不懂，連依文解義都作不到，更不要說理解其中的眞實義了！才會覺得這些都是神話。

所以呢，我們有些老師很高興說：「導師啊！您講這部《法華經》，好欸！聞所未聞，妙哉！妙哉！」我說：「你別稱讚我，我還期待克勤老和尚來講《華嚴》哩！他講的《華嚴》才是一絕，天下無人能比啊！」眞是這樣啊！

他講的《華嚴》，沒有人能夠那樣講的，太精采了！可是什麼時候有機會聽他再講《華嚴》？有時候，我就會在心裡面埋怨說：「您什麼時候再來講《華嚴》？」可是不曉得他到哪裡去了？有時候禪三告假，我就會跟他埋怨。但是，無可奈何啦！反正，也許他有任務，被 佛陀派到哪裡去了，不知道。一個三千大千世界裡，有那麼多的小世界需要人呢！

那你們得要趕快增長道業，足以被 如來委派到某一個星球去，要這樣作。因爲被委派去沒有佛法的地方，你得要有入地的智慧才行；如果沒有入地的智慧，被人家一問就問倒了，那你能夠住持哪一個星球的佛法啊？末法時代的現象就是這樣啊！很多人自稱是八地、九地，也有自稱是三地、四地的附佛法外道；可是人家才一提問，他都沒辦法回答，根本答不出來。那提問的人都還沒有開悟喔！只是讀了我的書而已，都還沒有被我印證開悟欸！但那個自稱四地的菩薩，被我的讀者一問，他就答不出來，只能顧左右而言他。這就是末法時代的現象。

這種事情不是現在才有，是古代就有了！而且未來世還會繼續有。但是我們要努力把正法的書籍推出去，只要能推廣出去，民眾的佛法水平提高了，那些假名大師再也籠罩不了別人，這種現象就會漸漸消失，這就要靠諸位的努力了。雖然努力是很辛苦的，但是心裡面要建立一個正確的知見：功不唐捐。那麼你就會覺得這一世的辛苦是值得的。想一想喔，自古以來叢林——叢林就是指參禪的禪宗，少小出家是個小沙彌，終於長大受具足戒了，學了禪宗的法，努力辛苦參禪，一生參禪到老，最後參到死，都沒有結果，這樣的人比比皆是！但是你如果能夠在實證的正法中努力一、二十年，拼過去了——明心了，不但是斷三縛結還明心了。這麼一來，即刻超越第一大阿僧祇劫的三十分之六，進入第七住位中，這很划得來啊！所以眞是功不唐捐！而且這個開悟明心的種子會世世留存在你心中，無量無數劫一直不斷地增長。所以這個是很重要的事，因此不要怕辛苦，要努力爲眾生多去作事。

好！現在回來說末法時代講《法華經》，如果你不是依文解義，而是如實演述，講出來的都是眾生聞所未聞的內容，那麼那一些「常念世俗事」的惡比丘們，他們就會毀謗；因爲他們是「假名阿練若」的假清修、假苦行的人，心是不直不眞的人，爲了名聞利養的緣故，總是「好出我等過」，都是很想要四處去舉出演講《法華經》的菩薩們有什麼過失。所以如實演述《法華經》中的密意，被毀謗時都是正常的。我是有心理準備的，將來如果整理出來以後出版了，也許又會有一批人開始在網路上罵我。但那是正常的！那時也就顯示佛教界還有許多人是「未得謂得、未證謂證」，他們的所作所為都是為了名聞利養的緣故。

但是我得要先講這部經典，因為未來世有沒有機會再講《法華經》，這很難說；趁現在有機會講，而且有機會可以印行出來流通，就得趕快講。只要印出來了就可以有書本留存下來，現在這一世的學佛人假使不信，沒關係啊！只要印行出去以後，未來世人家會說：「欸！這是蕭平實講的，你怎麼可以不信！」那未來世如果我再投胎出世時，也許叫作李平實（大眾笑…），我可以引述蕭平實講的：「你們看！古德蕭平實就是這麼講的啊！」然後大家就信了。所以我們應該要這樣子作，因此無論如何，我們都得要講、要寫、要留存下來。

我在往世寫的論，和弟子們為我寫下來的語錄等等，現在大家都還在引用啊！我自己也來引用（大眾笑…）那就有一些效果了，對不對！只是他們沒智慧，那個死文字他們信，（大眾笑…）我這個活在眼前的人說的，他們卻不信，那也無可奈何，因爲眾生本來就是這樣的啊！我們瞭解到這一點，所以無論如何要把它講出來、寫下來，留到未來世去，因爲未來世的眾生會相信我。這一世的這些大師們不信我，但這些假名大師們轉生去未來世就會信我。他們全都信受了，眾生就有福報，至少跟著他們修行不會走錯路。證或不證且不提它，至少大家不會走錯路，這眞是好事。

所以趁著現在，即使會外那些大師們不信受，我也要講，然後要把它記錄下來，再整理出書，那圖書館就有這些書籍留下來；縱使市面的都燒光了，中央圖書館的藏書還是留著，未來總是會有人去發掘出來。未來世你們還是會去把它挖出來，那麼大家就有福了。所以即使眾人不信，我還是得要講，因爲可以留給後世的人拿來作根據。我們如今不是把《成唯識論》、大慧宗杲的語錄等等拿來作根據，大家不就信了嗎？對不對！可是如果單單我這一世講的，他們還是有很多人不信，因爲他們的根器就是只崇拜古人，但古人來到現在想要教導他們，是他們沒有辦法接受的。所以這種崇古賤今的事情是會永遠存在的，但是我們不要顧慮後果，如果顧慮後果，那你就什麼事都別作了。

《法華經》這八十萬億那由他菩薩們，他們就是不顧慮後果：「只要正法可以流傳，那我就去作。」不顧慮自己的利害得失。所以佛教界有很多人笑我傻：「你出來救護眾生，不肯與大家和稀泥，那你一定吃力不討好，對你並沒有利益啊！你出來救護眾生，一定要說出哪些人錯在什麼地方；那些人所度的眾生就被你救了，可是被你救的那些人不會感激你，他們也許會說：『蕭平實講得對，還好我沒有走錯路，我終於到正路了！』但他不會感激你啊！」看來我眞是個傻瓜！因爲他們慶幸自己回到正路了，可是他們師父的法錯了，名聞利養少了，徒眾漸漸少了，都是會對我很生氣，而離開他們的那些徒眾也不會來正覺修學的。

當他們的徒眾開始流失了，日子就會難過了，當然得要私底下不斷有小動作在運作，不斷抵制我，就是會有這樣的現象。但是他們的徒眾因爲我們的緣故，佛法知見水平大幅度提升了，也都不會感激我。我也不求人家感激，只要他們能夠離開錯誤的道路，提升佛門四眾佛法的水平，這就足夠了。眞的足夠了！因爲我不看重這一世，只要他們接受了我所說的，佛法知見普遍提升了，道業水準跟著提升了，他們未來世自然會是我的徒弟，我不必一定要這一世收他們作徒弟啊！成佛的時間是三大阿僧祇劫，我急什麼呢？只要大家在這上面想通了，這些就不必顧慮，只要能夠利益他們就行，不必等待他們這一世會怎麼樣擁護正法來作回報，完全不必等待。何況我們不求財、不求名、不求利、不求眷屬，何必去顧慮那些？只要正法可以因我們而久住於世就夠了，菩薩就是這樣。

所以那一些「常念世俗事」的惡比丘們，「常在大眾中，欲毀我等故，向國王大臣，婆羅門居士，及餘比丘眾，誹謗說我惡，謂是邪見人，說外道論議。我等敬佛故，悉忍是諸惡；爲斯所輕言：『汝等皆是佛。』如此輕慢言，皆當忍受之。」那也沒關係，我們還是繼續如實講解，他們要罵我是邪見、是外道，不管他們怎麼罵，咱們該講的繼續講，這就是菩薩應該作的。我們也曾經被人在網路上匿名責罵說：「你們正覺宣稱開悟，開悟就是成佛，那你們正覺是自認爲成佛了嗎？」而我們正覺在大陸，一直都是被海峽兩岸那些悟錯了的大法師們聯合抵制，他們常常去向大陸主管宗教的單位毀謗，說我們是邪教，說我們破壞禪宗正法，說我們講的法是外道自性見等等。他們聯合說服那個單位，不許我們的書籍在大陸出版，阻止了我們復興中國佛教大業的進展，因此我們前幾年開始在《正覺電子報》刊載〈公開聲明〉，證明我們才是眞正的禪宗，接受任何大法師們前來作公開的辯論。我們將會把那篇〈公開聲明〉連續刊載下去，直到我們的書籍可以在大陸全部出版而不受該單位和大法師們的抵制，否則我們復興中國佛教的大願是沒有成功機會的。

但他們的無根毀謗，如果對正法的弘傳沒妨礙，我們就忍受下來，例如網路上有很多的毀謗，我們大多不予理會；但大法師們去向主管宗教的單位誣告我們，不幸的是該單位也相信他們的誣告，那我們就得回應，才能消除我們復興佛教所遭遇的抵制力量，我們不要畏懼大法師們聯合運作的大勢力。所以說，這八十萬億那由他菩薩發的願是我們應該學習的，一點都不要畏懼。我看見今年農曆過年前後整整一個多月，大家這樣全省到處去破達賴喇嘛，全省到處都看見我們的人掃街分發文宣；這眞是令我欽佩啊！因爲常常有人打電話來說：「啊！我在台南接到文宣，現在台北也有。」也有人在美國，現在來台北聽經時也說：「這個傳單我在美國也有接到！你們講得太好了！」也有這種事啊！所以說，諸位之所爲功不唐捐。因爲這個現象表示：

眾生開始從實質上去理解「密宗不是佛教」的事情已經成功了。那麼我們每年都來這麼一回聲勢浩大的教育行爲，教育佛教界、教育大眾，至少再十九年，讓密宗離開佛教，或者他們得要摒棄外道法而回歸正統佛教的正法，再也不要四處淫人妻女了；如果達賴喇嘛率領的密宗不肯回歸佛教正法，他們至少得要離開台灣佛教。這算是正覺的初期計畫，還有中程計畫，以及最後階段完成的計畫，我們就一步一步來實行。

好！你們看這八十萬億那由他的菩薩們，被那些懷著惡心「常念世俗事」的比丘們毀謗，但他們一點都不動心。被罵爲外道，被罵爲邪見，這都是弘揚了義法時的平常事啊！我已經被那些凡夫大師的徒眾們罵二十年了，不是嗎？那些大師們，他們不敢寫在文字上，是因爲怕我回應，所以就口頭上不斷地罵：「那個邪魔外道，那個邪魔外道……」就這樣子罵。可是到最後反而經由法義上的挑戰，我們顯示出正覺所繼承的佛陀法教，是如何勝妙與廣大。因此他們現在不敢再罵了。現在有一個現象，假使有人到某個大山頭，問那些基層的比丘、比丘尼們說：「師父啊！我怎樣可以開悟，您能不能幫幫忙？」他們會怎麼說？他們的直接反應是說：「你去正覺。別說是我說的。」

（大眾笑…）現在就變成這樣了啊！但這個其實是二〇〇三年楊先生他們退轉時引生的功德。

因爲他們對第八阿賴耶識眞如正法，作了一連串的否定，都是私底下對會內的學員們廣作否定，想要把學員們都影響去追隨他們，卻都不肯提出他們所否定的內容，當時還眞沒有資料可以評論，一時還眞無法回應他們；後來他們的那些說法，有一位比丘尼（我判斷是比丘尼，不是比丘）寫了那一封沒有地址、沒有名號的長函寄來；表面上看來是在質疑正覺，其實她的目的是把楊先生他們所說的那一些內容寄來給我；因爲楊先生禁止他們的人說出來，他們所說的法都不許讓人知道。我們說的法是可以公開的，而且印出來公開流通，但他們否定我們而說的所有法卻不許讓人家知道，好像他們才是密宗喔！（大眾笑…）因爲都不許說出來。所以我們是顯宗，他們是密宗。

可是那位比丘尼寫來時，我發覺字裡行間都可以看得出來，她表面的質疑其實是善意，就是在告訴我們「人家質疑你的是什麼內容」，那我們就有證據，也有機會把《燈影》寫出來。從此以後，台灣佛教大勢底定。所以有時候，我常常會想說：「**那楊先生他們應該是逆行菩薩吧！**」（導師說著笑了起來……)眞的啊！正覺同修會的法教，今天在台灣佛教界的地位，如果不是他們出來否定質疑，使我們有機會公開回應出書流通，來教育台灣佛教界的所有人，那我們是沒有辦法作到的，因爲我將是師出無名。

如果要寫《燈影》那種法義的書，我沒有名目可以寫。我主動寫出來時只會讓人家生起煩惱說：「這蕭平實眞愛現。」只會這樣啊！但是當他們有這封質疑的信來了，當他們正式質疑的時候，那我們就師出有名，可以把法義講得詳細一點，也就是把我在增上班所講的那一些法義，拿一些出來對他們作一個回應，台灣佛教界的大師、小師們讀過以後，才稍微懂得：佛法原來是如此博大精深，不是我們想像之所能知。因此正覺在台灣佛教界的地位也跟著大勢底定。剩下的就是密宗的問題，主要是達賴領頭的那些附佛法外道，其餘都不足爲患。這樣說來，當年楊先生他們大力否定正覺的阿賴耶識如來藏正法時，我們歡喜忍受下來，還眞是作對了呢！

只是達賴率領的密宗在台灣發展了二十來年，已經盤根錯節。而且他們是一個利益共同體，達賴有自己的組織，也有喇嘛們的一些外圍組織，最外圍的則是爲了賺錢而弄了一些密宗的精舍，販賣密宗文物的店鋪，成爲達賴喇嘛的最外圍組織。據說，最外圍的組織跟喇嘛們是三七分帳，中圍的組織跟喇嘛們是五五分帳，達賴自己的組織則是全部歸他自己，這其實都是假借佛法在作生意。最外圍的那一些專賣密宗文物的店家，會號召一些密宗信徒共修，就會定期邀請喇嘛來台，爲信眾摸摸頭、灌灌頂；唸一些咒語以後灑灑水，就說他已經爲大眾灌頂了，然後摸頭「加持」時供養就奉獻上來了。收了供養金以後，等信眾走了，就是三七分帳：店家分三成，喇嘛分七成。如果是中圍的密宗組織，那就是五五分帳，雙方各分一半，那都是在作生意，都與佛法無關。所以你們看外面有一些密宗的精舍，或是所謂的佛堂、道場、佛學中心等等，其實都是在作生意。那就是「**常念世俗事**」！現在罵我們正覺的人，大約就只剩下密宗那一些人，因爲正統佛教的法師們心中還相信謗法、謗賢聖的因果，而密宗那些人都被達賴等人洗腦了。但是我們還得繼續作，按著計劃一步一步來作。

「**邪見**」，什麼是邪見？最主要的邪見，是錯把五陰、錯把意識等等生滅法當作是眞如或佛性，那就是佛門中的大邪見。如來藏妙法是萬法的根源，這個第八識如來藏又名眞如心，能生有情眾生的名色，能生山河大地，才會有眾生與三界境界的存在，祂才是宇宙萬法的根源，才是實相。這也是世尊在三乘菩提等三轉法輪諸經中所說的正理，結果這樣的妙法竟然被他們說成是外道的論議。而弘揚這個法的菩薩會被罵成是「邪見人」，罵成是邪魔與外道！然後，他們以邪魔外道之身，用意識、身識的境界廣傳雙身法，廣傳所謂的樂空雙運、無上瑜伽，卻反過來說他們才是正法，然後罵別人的正法是邪魔外道，等於是罵　如來也是外道，因爲我們弘傳的正是　如來的第八識妙法。

但他們就用這個手段，藉著似乎是在摧破邪說的手段，好像是在破斥邪魔的作爲，來讓人覺得他們是眞的菩薩。他們其實是反穿皮襖裝羊的狼，卻來指責救護羊群的羊王是狼；所以末法時代這種現象是很平常的，一點都不奇怪，這都是我們意料之中的事。不僅僅是這樣，這八十萬億那由他菩薩摩訶薩們，他們早就料到：「那一些人會去向國王、大臣、婆羅門、居士、以及其餘比丘眾，誹謗說我們是『邪見人』，所弘揚的正法是『外道論議』。但是我們不怕，我們因爲恭敬於佛的緣故，所以我們對那些輕慢之言語，全部都會忍受而繼續弘揚此經。」

佛既然希望我們弘揚《妙法蓮華經》，我們就應當要忍受這樣的種種惡事。忍受這些惡事時都會有一個現象，就是會被嘲笑：「為斯所輕言：『汝等皆是佛。』」以前不是也有人在網站上罵我說：「這蕭平實，竟敢宣稱開悟了，看來好像他成佛了！」最末法的時候，弘揚《妙法蓮華經》的眞實義，人家就會諷刺說：「因為你成佛了啦！所以你能講那麼妙的經典啦！」就是嘲諷的意思，這是很正常的事喔！不希奇喔！說這種話其實是尖酸刻薄，意思是在罵人家說：「你這個人是大妄語。」因為只有佛能講《法華經》，你憑什麼跟人家講解《法華經》？所以也可能有人會說：「你成佛了啦！所以你能講《法華》，我沒意見啦！」就這樣子。這眞的是很尖酸刻薄，聽到耳朵裡面，嘴裡都會生起口水來，因為很酸（大眾笑…）對不對？是！但是這些菩薩們都不害怕這些情況，被人家嘲笑、毀謗，他們都無所謂。

「如此輕慢言，皆當忍受之。」確實應當忍受，否則的話這《法華經》的妙義無法弘揚流傳，最後眾生就認為《法華經》所講的諸佛境界，只是個神話。但明明那不是神話，只是自己知不知道那個境界而已。所以菩薩只要親歷了那個境界以後，就能在末法之世把當時如來宣演《法華經》的過程與意涵講述出來。如果有菩薩入地了還不能如實宣演《法華經》，只能依文解義，那他就是大妄語人。所以末法時代有很多外道是不懂這個的，他們很輕易就開口：「我是四地菩薩、我是五地菩薩；我的某某弟子是初地，某某弟子是二地，你們正覺算什麼？」他們很輕易就開出這種大口，咱們可不敢，爲什麼呢？因爲這不是可以隨便亂講的話啊！

那如果自稱他是四地菩薩或第幾地的菩薩，還有人去大陸宣稱自己是百丈再來，可是《法華經》的玄義根本都不知道，甚至於連基本佛法都講錯了，這樣的入地菩薩未免也太怎麼樣？諸位說說看，太輕浮啦！入地菩薩對於經義是應該如實理解的，像《法華經》看來文字這麼明白、淺顯的經典，其實它的妙義是很廣大深奧的。如果現在已經成爲四地、五地的菩薩了，當時一定是已經親歷《法華》勝會的境界，那一定是已被世尊授記的人，轉生到這時節來，才可以說他已經入地了，否則怎麼可以說他已經入地了？如果依文解義，當然也沒問題；但是如實宣演的時候，那個祕密宗旨宣演出來之後，你要能夠經得起考驗，佛法可不能標新立異、譁眾取寵而說欸！事實一定是這樣的。這就是說你往世有親自經歷過法華勝會，你心中的種子還在，到時候你就能夠為人講出來。也許你們想：「這部《法華經》，可能老師已經研究很久了。」其實沒有！我只是把它斷句一遍而已，然後就拿去印刷了，還不曾閱讀第二遍。

那麼接下來呢，我今天要講什麼，我大概都是在還沒上座講經前，在小參室裡面先讀一讀，想一想我應該要說什麼，然後就上座了，就這樣啊！以前曾有人說我經論讀好多哦！其實很慚愧，我對經論讀的很少！比那些哲學教授們讀的還要少。不過我講解過的經論就是已經讀過了，因為我講完了。都是這樣。《成唯識論》也是一樣，我也是答應你們要講以後都沒有去讀，當我準備要講的前一週，才請出來讀一讀，然後說：「啊！我懂其中的道理，這我可以為大家講解。」然後就開始講，也沒去作什麼研究。這是憑什麼？憑往世轉生過來的種子，然後上座之後，我現在要講什麼，那種子流注出來時就直接告訴諸位。所以我不是像人家寫了好多東西，上座以後就照著稿子來講。我手裡就只是經文，直接依照經文來講解。

所以說，飯可以亂吃，話不可以亂講，特別是果位的事。但是有人造下那個業，我們該怎麼辦？要救他們，我們得要救他們，只是什麼時節因緣容許我們有機會去救他們。因此我們還會有人常常去大陸推廣正法，只是在台灣都不宣布。什麼時候要去，我們也不宣布，臨時去了直接就作了；能救多少人算多少，否則復興佛教的腳步就永遠沒機會邁開來，這也是因爲我們還有很多往世的同修們，依然留在大陸還沒有來相會；他們未曾東來，現在我們得要西去相會。你們是幸運啦，先生到台灣來與我相會，那麼下輩子呢？還要往西邊去投胎，與我一起延續復興佛教的任務。因爲到那個時候，我相信西邊已經很適合正覺弘法了。

我的所見是這樣，而這個趨勢是不會改變的。那麼這也是大家應該先作好的心理建設，特別是有年紀的老人家捨報時，如果佛陀來了，或者是觀世音菩薩來了說：「欸！你來，到中國某某地方投胎。」你可別說：「我不要到中國出生，我是台灣人。」（大眾笑⋯⋯）那你就夠笨了！有時候有一些政治人物喜歡問人家說：「你認爲自己是中國人還是台灣人？」我說：「我不知道欸！」「你這麼笨，竟然不知道！你這麼有智慧怎麼還會不知道？」「對啊！我眞的不知道。」因爲以前在天竺，然後生到中國去，上一世住在浙江、江蘇，在那邊生活，死後生到台灣來，下一輩子又要去那邊出生，又要到大陸去了。那你說，我到底是台灣人還是中國人？我要說是中國人也不對啊！因爲再往前推，我是天竺人，那如果再往前推很久很久的話，可能連地球人都不是。你們要有這樣的觀念，我們信的是佛，什麼哪一國、哪一省、哪一縣，互相在競爭，那都是意識的境界，只是短短的這一世的事情；我們不要被他們影響，更不要被一神教那麼短見所影響。

一神教的教義是很短見的喔！他們都只看這一世；本來只有兩個兄弟分家，由於只看這一世，因此分家以後互相鬥爭，哥哥說：「我的神才是眞神，神跟到我這邊來了。」那個弟弟則說：「神是跟到我這邊來了，哥哥家的神是假的。」所以他們一神教才會常常諍論眞神跟假神，有沒有？他們到如今還在爭論誰家的神才是眞神，而且說是唯一的眞神，說對方的神是假神。演變到後來，傳教者已不知道當初的情況，就指責一神教以外的宗教所供奉的神也是假神，接著想要把其他宗教的神全部打成假神，想要統一全球的宗教成爲一神教的天下。可是我說老實話，他們的神才是假神，爲什麼呢？因爲不可驗證，因此近代哲學界常常質疑說：「上帝在哪裡？」一神教徒們卻無法舉證出來上帝在何處。

但　佛陀的存在是可以驗證的，而且佛陀所說的教法，二千五百多年來也都是可以重複驗證的，這才是眞實嘛！不像一神教的教義，處處自相矛盾、自相牴觸。但是佛法的弘揚，到了末世之時的現在，只能仰賴諸位推廣延續，否則中國文化中的佛法文化，在西洋宗教文化侵略之下，恐怕不久就會被消滅了；所以諸位肩膀要硬一點，如果現在還不夠硬，你要努力鍛鍊，讓自己夠硬，能夠幫著一起來挑起如來家業，這個擔子咱們大家得要一起挑。我們來造這個共業——善淨的共業，那這樣子，我們大家未來世就綁在一起了，是不是？（有人回答說：是。）不要只想拉我的衣角啦！（大眾笑⋯⋯）用繩子把你們和我綁在一起不是更好嗎？用這個善淨共業的繩子綁在一起最好。

那未來世也許我不會出來弘法，也許我在菩薩僧團中就靜靜地待著，這樣陪著大家也很好啊！因爲我這個人生來沒什麼大志，你們知道嗎？我讀高中時是怎麼想的？我那時的想法很單純，因爲我那時學針灸，學得還不賴，我的想法是說：「我這個人，生來就是個沒有用的人，學校的書沒興趣，讀不好，老是愛讀一些奇奇怪怪的書，賺錢當官都沒興趣；將來學校畢業了，去當兵回來，看能不能弄個小磚房，只要四公尺見方就行了，有誰需要治病我就幫他們治，就這樣過一生。」心裡老是想著我來人間究竟是要幹嘛？無心於世間事，從小便無大志。人家都立志說：我要當工程師，我要當醫師……，我從來不曾立過志。沒想到後來證悟了為幾個人說法，說到最後被你們推出來，也真無可奈何！又找不到什麼法師願意接納我傳的法，為了佛教正法的永續流傳，只好成立正覺同修會。二○○一年本想退休交給你們去弘法，卻又被一致反對；二○○三年楊先生他們離開了，公開質疑我們正法，我想：若沒有我直接出來應對，可能正法團體就被解散了，於是只好繼續挑下去，現在就是乾脆作到底，要把佛教正法努力復興起來，就得要破斥達賴等人的假藏傳佛教，想要復興真藏傳佛教覺囊巴的如來藏妙法，如今也就越來越忙，弄到都沒有自己的時間了。但，這個大業終究不是我一個人能單獨挑起來，得要諸位一起來幫忙。

言歸正傳，這八十萬億那由他菩薩們，他們沒有想要自己作什麼，他們想的是 佛陀在想什麼、佛陀希望什麼？他們想的是這樣喔！所以他們沒有想自己，他們想的是：「佛陀希望我們弘揚《妙法蓮華經》。佛陀看著我們，雖然沒有講話，我們就可以瞭解佛陀希望我們把《妙法蓮華經》的眞實義永續流傳下去，不要斷絕。」這樣眾生對十方諸佛有了仰信，接著就會崇信，具信了之後發起了五善根，就可以開始努力修行；修行久了有五力，就能共同來救眾生。這就是 佛陀的想法。因爲如果沒有把《妙法蓮華經》的眞實義如實地宣演出來，眾生不能瞭解，依文解義的結果是覺得經中說的這些事情不太可信。那你如果能如實宣演出來，大眾就會信受了，就可以紹隆佛種，這就是我們應該作的事。接下來這些菩薩們後續的偈中又怎麼說呢？

經文：【濁劫惡世中，多有諸恐怖，惡鬼入其身，罵詈毀辱我；
我等敬信佛，當著忍辱鎧，爲說是經故，忍此諸難事。
我不愛身命，但惜無上道，我等於來世，護持佛所囑，
世尊自當知。
濁世惡比丘，不知佛方便，隨宜所說法；惡口而顰蹙，
數數見擯出，遠離於塔寺。如是等眾惡，念佛告勅故，
皆當忍是事。

諸聚落城邑，其有求法者，我皆到其所，說佛所囑法。

我是世尊使，處眾無所畏；我當善說法，願佛安隱住。

我於世尊前，諸來十方佛，發如是誓言，佛自知我心。

語譯：【這八十萬億那由他菩薩摩訶薩們接著又繼續說：

在五濁與種種劫的惡世中，會有非常多的恐怖事情發生，常常會有惡鬼進入那些懷著惡心的比丘們身體之中，然後大聲地辱罵毀謗我們；

我們這些菩薩們恭敬信仰於佛的緣故，將來都會穿著忍辱的鎧甲，為了演說這部《妙法蓮華經》的緣故，安忍於這一類的種種困難之事。

我們並不愛惜色身與生命，只珍惜無上正等正覺的勝妙佛道，我們大眾在未來世，都會護持佛陀所付囑的此經，世尊自然是已經知道的。

在五濁惡世的壞比丘們，並不知道佛陀的權巧方便，而作了隨順眾生根基的權宜說法；

他們聽完了三乘菩提的權宜說法後，又聽到了義說的《妙法蓮華經》，便在他們的口中發出了惡聲，面容也是很不悅的模樣，當他們看見有人演說《妙法蓮華經》，大眾就會看見他們不斷地把演說此經的善比丘們擯出道場，於是演說此經的比丘們只好遠離佛寺塔廟。

未來世像這樣的種種惡事發生時，由於憶念著世尊您所告敕的緣故，我們將來都會安忍這些事情的發生。

在各地的聚落、大城或都市中，只要有人求見《妙法蓮華經》如來藏妙法，我們都會去到他們的所在，演說佛所付囑的此經如來藏妙法。

我們是世尊的使者，我們處於大眾之中全然無所畏懼；我們到那時將會善於演述《法華經》的妙法，願世尊您能夠不必擔心，安隱而住。

我們如今於世尊您的面前，也在十方來的諸化佛之前，發出這樣的誓言，佛陀自然已經知道我們心中所立下的誓願。」

講義：「濁劫惡世中，多有諸恐怖，惡鬼入其身，罵詈毀辱我；我等敬信佛，當著忍辱鎧，爲說是經故，忍此諸難事。」「濁劫惡世中」，濁就是五濁，劫則是疾疫劫、飢饉劫……等。在這種五濁惡世裡面是有很多恐怖的事情隨時會發生，並不是科學越發達，經濟越好轉，人類就會越好，往往物慾橫流導致災難頻傳。像諸位這樣子省吃儉用、把錢財用來護持正法，並且還出來當義工，這是很難看見的。然後回到家裡還得努力修行、作功夫，又得來講堂聽經上課增長智慧，這在佛教界是很少見的。你如果去到各大山頭，無論是什麼大山頭，大眾聚會之處都是一片喧嘩，像我們這樣子，大家靜靜地作義工，不然就靜靜地作無相念佛功夫，不然就是好好地讀書，像諸位這樣很多人聚在一起卻很安靜的道場，眞的很少見，但這就是正覺的門風啊！因爲這個門風就是 佛陀當年的門風。

佛世曾經有諸比丘尼剃度出家後，有一天來到 佛陀的住處，她們很吵，佛陀呼喚她們，要爲她們說法，但是她們竟也不來見佛；佛要她們離開，她們不離開，佛就自行離開去住別的地方。後來她們被國王處置，不得不來見佛，但 佛陀不接見她們，還要求她們離開，因爲她們之前不但很喧鬧，而且不聽 世尊呼喚。爲什麼喧鬧而不聽呼喚的人，佛陀就不接見？因爲這表示她們沒有如實如理在修行啊！她們出家修行只是表相而已。但是阿難尊者太慈悲了，三進三出央求 佛陀接見她們；他最後一次—第三次—請求 佛陀接見那些比丘尼時，佛陀就問他：「你爲何這麼殷勤，連著三次來求我？」阿難尊者就編造一個理由說：「因爲我剛才有聽到佛陀您說『那一些比丘尼僧不聽呼喚』，不接見她們。您既然說她們是比丘尼『僧』，所以我再三請求佛陀您接見她們。」阿難實在太慈悲了，他的人就是這麼好！他不記怨，而且願意隨時幫助人，就是這樣才會很快成佛。佛陀聽他這麼一說呢，也就接見了，而且還吩咐她們說：「妳們不該這麼喧鬧，而且不聽話，我叫妳們來聞法或離開，妳們都不肯來聞法也不離開，從此以後要改過。但妳們見過我了，離開時還是要循著原路回去，在回到妳們的道場中途，要先去那個五通居士的住處結夏安居，聽他的教導好好修行。」於是她們遵照 佛陀的話，就離開了。回去道場的中途，先到五通居士那裡；那五通居士就供給一切，讓她們在他那裡結夏安居，並且每天爲她們說法；當她們結夏安居結束時，每一個人都證初果。

你們看！就因爲阿難尊者這麼慈悲，三度請求 佛陀接見她們，佛陀作了這個指示，於是這些比丘尼才能夠去依止那個五通居士。那五通居士爲她們說法，其實他就是個菩薩，每天爲她們說法，直到解夏時，她們每一個人都證果了。那你想，她們在還沒有人教導正法以前，吵鬧不吵鬧？吵啊！一大群人說說笑笑的，眞是很吵。可是這種吵雜的事情在 佛陀時代就有了，但她們聽受 佛陀告誡以後，大家就不敢吵了，懂得安靜了，然後聽從五通居士的教導，專心在法上用功，等到結夏安居結束時，個個都證果了；然後她們再來求見 佛陀時都不吵鬧了，全都很安靜了。那麼「濁劫惡世中」你到處去參訪，所看見的道場全都是這樣，因爲人心浮動，不曾靜止下來。劫濁，是什麼緣故稱爲劫濁而導致「多有諸恐怖，惡鬼入其身」？必定有它的緣故。因爲劫濁就是具備五濁，五濁的起因就是見濁——先有邪見充滿於心中，知見不純淨，然後才會具足五濁。我們在這裡就不詳細解說五濁，因爲我在《楞嚴經講記》裡面會有詳細解說，是因爲 佛陀在《楞嚴經》有詳細開示，我已解說在講記裡面了，等諸位讀了就會知道。五濁之中最主要的就是見濁，是因爲知見不純、不淨，才會引生其他的濁，然後具足五濁。這種事情不只是外道法中才有啊！在佛門中就已經如此了，所以大法師們往往把外道說的那些邪見當作是 佛陀所說的法義，然後反過來把 佛陀所說的如來藏妙法說是外道說的自性見，所以知見已經污濁了！如今他們所說的佛法根本不是佛陀的所知與所見。

都因爲見濁，所以眾生就有種種煩惱而污濁，後來則是引生在解脫道上的煩惱，以及對於法界實相的無明障礙，都構成了煩惱濁。也就是所知障與煩惱障中構成了煩惱濁。這個煩惱濁眾生無法打破，無法遠離，結果就是個個自以為是，互不相讓，引生出來的結果就是眾生濁，於是眾生心中不清淨。當眾生不清淨的時候，世界就不清淨，壽命就跟著縮短；當眾生煩惱開始轉化清淨的時候，眾生身心就清淨；眾生身心清淨時，壽命就跟著增長，五濁就跟著開始減少，於是人壽最後可以達到八萬四千歲。妳們有好多人當奶奶了哦！可是人壽八萬四千歲時，妳們現在都還沒有資格出嫁，因為那時女生五百歲才會出嫁，五百歲才剛剛要當新娘。妳們有人現在七十歲了說：「我當奶奶好久了，被孫子吵死了。」到那時候七十歲、八十歲、一百歲，都還算小孩子呢！

彌勒菩薩就是人壽增長到八萬四千歲時來人間成佛，那時的眾生沒有五濁，所以彌勒菩薩今晚出家，明天成佛就開始說法了，大家就會相信。但是在五濁惡世中，人壽短促，卻反而必須要示現六年苦行，這是眾生都作不到的事，然後眾生才會說：「人家是六年苦行才成佛的，怎麼可以不信？」如果釋迦如來是今晚出家、明早成佛，現在的眾生都不會相信。因為眾生有五濁啊！這是五濁惡世。但現在有許多眾生卻誤會了，世尊其實是拋棄六年苦行參究實相智慧才成佛的，不是因爲苦行而成佛的。所以，如果有人堅持要修苦行才能成佛，也是見濁裡的一種。由於見濁產生了煩惱濁，就有了眾生濁。有眾生濁的時候一定也是命濁，因爲命根不清淨。當命根不清淨的時候，生來就得受苦，生存不易，而且成長以後有很多不好的種子現行，想要修行時都有很多很多的遮障。那時整個世界都不平安，就成爲劫濁。這就是五濁最簡單的說法，我是以五濁具足的原因，用最簡單的道理來爲大家說明。

那麼在這種五濁之世，天災地變不斷地發生，才會有水劫、火劫、刀兵劫、飢饉劫、疾疫劫。現在有什麼劫？現在是地震，接著就海嘯，但這還不是眞正的水劫欸！眞正大水來時，是淹到哪裡去？連二禪天都被淹了。二禪天爲什麼還會遇到水劫？因爲他們喜歡禪定，定水滋潤的緣故，有時就會被定水所淹啊！風劫來的時候連三禪天都吹壞了，但三禪天爲什麼還要被大風所吹壞？因爲三禪天人還得要呼吸，既需要呼吸就表示那裡還有空氣，有空氣就會有風災，這是很簡單的道理嘛！

那麼欲界爲什麼會有火劫？因爲慾火焚燒嘛！財色名食睡，人們都貪求五欲啊！特別是淫慾！心中慾火所燒，而且在欲界人間生存時也需要火食，於是欲界就會有火劫。所以，依這道理來看，現在的天災地變，例如日本大地震，九級地震眞是不得了欸！以前台灣中部那個九二一大地震，也才七點九級。啊？是六點九？眾說紛紜。啊？是七點三啊？差一級就是差十倍欸！但因爲那是淺層地震，所以連台北的樓房都會倒塌；在中部發生的地震，竟然連台北都會倒樓。這有點像禪宗公案（大眾笑…），對啊！「懷州牛吃禾，益州馬腹脹」。以後如果有人問你：「如何是佛？」你就說：「南投大地震，台北樓房倒。」（大眾笑…）可是笑歸笑，你要懂我這個密意，因爲這個密意就是《妙法蓮華經》；你們前幾天禪三破參回來的人，這回聽懂了。

這個五濁惡世之中就是這樣子，有種種天災地變，所以現在日本大地震的狀況還不是最嚴重的。但是菩薩要生生世世在人間，因爲要利樂眾生啊！在利樂眾生之中自己道業才能增長。那麼常住人間時，如何免得這些災患親臨自身呢？就是不去造那種共業。所以大地震來的時候，那時候台北是四點幾級嘛！我說：「不管啦！我照樣睡我的大頭覺。」我連動個身子都不想；爲什麼？因爲我心裡面想：「我又沒有會被地震震死的共業，我怕什麼！」

也就繼續睡。所以，只要不去造那個共業，你就不會遭遇那個橫禍，這就是菩薩平常該要作的事。因此，雖然未來世繼續會有這種劫濁惡事、種種天災地變的事發生，但我們心裡不必恐懼。因爲我們在救護眾生，不斷地在培植福德，沒有惡業的共業，所以再怎麼樣恐怖的天災地變之中，沒有惡業共業的人就會繼續生存下來，不受惡報。所以咱們不必怕，繼續住持於人間，把正法好好地流傳下去。

但是，在弘法的過程裡面，特別是在講「此經」——講如來藏妙法——的過程中，會有許多種恐怖事情出現，最主要的就是「惡鬼入其身」，惡鬼進入了「常念世俗事，假名阿練若」的那些惡比丘身中，以比丘身發言來辱罵宣講此經如來藏妙法的菩薩們。所以在末法之世，出來宣講如來藏妙法被罵作邪魔外道的人，才是眞菩薩，沒有被人家罵作邪魔外道的人，並不是眞菩薩。你們看那些弘揚六識論的大師們，有誰被罵過邪魔外道？你找不到一個。

被罵作邪魔外道最有名的就是蕭平實，因爲我講如來藏妙法，所以該被罵。但是我從來沒有生氣過，因爲我知道眾生一定會這樣對我，這是早就知道的。當你伸手到水裡要把那一條狗拉上來的時候，你心裡面就知道一定會被牠咬；那麼被牠咬呢，你就被牠咬著把牠拉起來，然後讓牠自己走開，就是得這樣啊！如果牠聰明，終於知道咬錯了，牠就會繼續跟著你；如果牠笨，就會恐懼地逃掉。所以在人間弘揚如來藏妙義的時候，難免會遇到這些人。有一種人，發覺你救他離開了邪見深淵，他以後會來跟著你修行；可是有些人發覺說：原來你破斥他，是想救他離開邪見深淵；他自己發覺罵你是罵錯了，但是他恐怖你會報復他，於是趕快逃走，永遠不想再遇見你。

當你破邪顯正救護眾生時，眾生會有這兩個現象。你們未來世，或者半劫，或者一劫，或者幾劫之後，你們都會出來當法主啊！現在先要種下這個種子，知道眾生本來就是這個樣子。所以未來被咬、被罵的時候，不要自怨自艾說：「**我是何苦來哉！自找苦受。**」不必這樣，因為愚癡的眾生本來就是這樣的。當你們有了這個認知，出來弘法而又被眾生辱罵，你就不會覺得難過，會覺得這是正常的。

「**惡鬼入其身，罵詈毀辱我**」，這是眾菩薩們早就有心理準備的；因為有心理準備，所以「**我等敬信佛，當著忍辱鎧，為說是經故，忍此諸難事**」。不論什麼樣的難事，都要堅固地穿著忍辱之鎧甲，用這個忍辱鎧甲來接受一切惡邪之見的砍、射、刺，這種境界來時全都要接受，只是要如何避免喪身捨命而繼續講下去，心中卻不會有抱怨。只要有忍辱鎧甲，你就可以存活下來繼續利樂大眾。

「我不愛身命，但惜無上道，我等於來世，護持佛所囑，世尊自當知。」在菩薩道的弘揚過程當中，很多人是怕生命有危險，這是正常的啊！以最早期來講，那時我們不是印《護法集》出來流通嗎？我們出版前七天，剛好桃園縣長劉邦友官邸被滅門，於是諸同修們大家很恐佈：「欸！老師您出門要小心哦！要看看有沒有人跟蹤喔！」我們搬來承德路不久，又印出了《狂密與眞密》的書，那時幹部開會決議，要在我這個講桌前裝設防彈玻璃，他們很擔心欸！我說：「別擔心，是福不是禍，是禍躲不過。眞要是禍，其實也躲不過啦！你們裝了防彈玻璃，我講經時還能看嗎？」那麼到現在也還是安然無事嘛！

被人殺害又不是沒有經驗，往世早就經歷過了！但是爲正法，怕什麼！被殺害了，二十年後仍然是一條……不叫好漢，叫菩薩（大眾笑……）。怕什麼！你們不要說：「哎！那是蕭老師您有被殺過，我們沒有。」誰說你們沒有被暗殺過？（大眾笑…）每一個人在往世都曾得罪過人，都曾被殺害過啊！只是時間太長了，好幾劫、好幾劫以前，你都忘記了！以前還沒有發心成爲佛弟子之前，在世間法上都曾被殺害過；那現在若是爲了正法被殺害，你還怕什麼？不用怕嘛！

你要斟酌的是：**「假使被殺害的可能性很大，那我去冒那個險，值不值得？」**權衡對眾生的利益，如果你利益眾生的事情已經完成了，那時被暗殺就無所謂啊！如果你爲眾生所應作的事情還有許多，而且留著命繼續作下去，眾生會有更大的利益，那你就小心提防一下！但是不必嚴重到要裝防彈玻璃啊！所以，預防是應該要的。因此那種事情不太會發生，比較可能發生的，例如密宗的人弄了個汽油彈往講堂裡一丟，我們倒是要防。所以你看我們每個講堂兩邊高處，都有帶著滅火器的防火菩薩隨時準備著，這樣一坐上去，有心人瞧見了說：**「帶汽油彈去正覺講堂沒有用啦！人家早就提防了！」**他們就不會作了嘛！消防義工都被訓練如何使用滅火器等等。不但講堂裡有，外面的電梯間也有；而我們每個講堂都有如此布置，台北如此，其他的講堂也是如此。只要預防著，人家就不會來作，大家就可以繼續增長道業，所以在末法時代這是平常事。

我們要效法這些菩薩們，他們在 佛前這樣發願：「我們不愛惜生命，只有愛惜無上道。」最愛惜的是無上的法道，只有大乘這個妙法才能說是無上道，聲聞道不算無上道。以前那些六識論的大法師們在印順法師的領導下，不斷地斥責大乘法，不斷地誣告說：「如來藏妙義是外道的梵我、神我。」但今天他們不敢再說話了，我們算是成功了；而我們不必賠上生命，還可以繼續為利樂眾生而努力奮鬥，這樣更有價值。不要故意去挑釁說：「你來啊！你來殺我啊！」（大眾笑…）人家本來不想來殺，也得要來殺了啊！如果這樣去挑釁，也就是犯菩薩戒；因為菩薩戒有一個戒規定，菩薩不許故入難處。

所以，你要忍辱，附佛外道們罵歸罵，但他們的法錯誤咱們繼續辨正下去，無妨讓他們繼續罵下去；我們繼續講，講到他們不罵為止。所以不必愛惜生命，但也不必故意去挑釁，讓人家忍不住來殺害，那也不對啊！所以我從來不去刺激那些外道們，但是我會不斷地說明他們的法錯在何處，為的就是珍惜這個無上道，才要這樣。我們希望把整體佛法更完整宣揚出來，並且都留下了講記，使它具體化，因為這個無上道好不容易才復興起來，不能半途而廢啊！所以我們得要努力繼續去作，再怎麼辛苦都要作；所以這些菩薩們發誓說：「我們在未來世，一定護持佛陀您所付囑，世尊您一定自己已經知道我們的心願了。」

「濁世惡比丘，不知佛方便，隨宜所說法；惡口而顰蹙，數數見擯出，遠離於塔寺。」這在現代都是可以看得見的啊！所以那些大山頭的法師們，只要誰暗中在讀蕭平實的書被發覺了，第一次查到會被警告；如果再被發覺了，會被趕出去——就被遷單了。在寺院裡面都是這樣的喔！那麼遷單，如果是擯出，那是最嚴重的。最常看見的是，例如有一個大山頭，他們在台北道場的比丘尼因爲努力在讀我的書，結果被查到了就立即調到南部去，離台北的正覺遠遠地，他們就是這樣作啊！於是呢，殺一儆百，大家都不敢再讀了。要等到什麼時候才可以讀？回俗家。有人就告短假回俗家，沒日沒夜趕快讀；可是回到寺院來論起法來好像有一點不同了，人家就懷疑她了。就是這樣子啊！這就是末法怪象——出家以後反而不好修行。所以你們出家人離開寺院自己獨住是對的，就是要這樣啊！否則就是要被擯出，無法好好修學正法的。常常可以看見大山頭中認同如來藏法的比丘或比丘尼被擯出，不能住於塔寺中。那這樣想起來，有時還要為那些大山頭的法師們覺得好悲哀哦！

所以你們是幸福的，因為你們都不必被拘束。而這種困境很難解決，因為我們不準備弄個幾百公頃、蓋個幾萬坪大的佛寺，來容納幾千個出家人。因為我們志不在此，我們志在流傳正法，志在整體佛法的完整宣揚。這就是我們要作的工作。所以求名、求財、求眷屬等，都不是我們之所要。因此我們只要繼續把完整的佛菩提宣揚出去，等這一代的人過去以後，下一代的法師們就會漸漸回歸我們所弘揚的正法。現在已經看見一個現象，已經有一個大山頭也開始在講無相念佛、看話頭了。這是好現象，我們就覺得很歡喜；因為這表示他們的信眾有福氣了，不管他們講的對或不對，至少方向對了，總比以前好啊！所以我們就隨喜、就讚歎。雖然他們以前抵制我們，但是因為他們的轉變，我們就隨喜、讚歎。但一般而言，絕大多數的法師們，若是想要真的修學八識論的三乘菩提正法，就難免會被趕出寺院、廟宇。

「如是等眾惡，念佛告勅故，皆當忍是事。諸聚落城邑，其有求法者，我皆到其所，說佛所囑法。」這一種事情不一而足，所以種種惡事都會針對末法之世弘揚如來藏妙義的菩薩們而作出來，因此這都是正常事。那麼這些菩薩們發願說：「猶如以上所說的這麼多惡劣的眾生，我們因爲憶念於佛陀的告敕，因爲憶念於佛陀的付囑，我們都會忍受這些事情。在種種的聚落、城市或都市中，如果有求這個法的人，我們八十萬億那由他菩薩們，散在各處，都願意去爲他們說法；把佛陀所付囑的『此經』爲他們加以宣說。」這才是眞正的菩薩嘛！不恐懼生命被剝奪，只要能夠眞實地利益眾生，那就努力去作。由於在後末世宣揚如來藏妙法是有生命危險的，越到後末世越有生命危險，所以我們現在的景況還算是很不錯的。

「我是世尊使，處眾無所畏；我當善說法，願佛安隱住。」這些菩薩們以 佛陀的使者自居，所以這些菩薩們可以眞正的稱爲「佛使比丘」。以前南傳佛法有一位佛使比丘，是不是？欸！他的書中講的是什麼呢？能不能使人斷我見？能不能使人證如來藏？結論都是不能。不過我們不評論他的名稱，至少他不願意弘傳密宗的雙身法，也就值得讚歎了，只要不造大妄語業，不推廣密宗外道法，我們都隨喜。但是 世尊的使者一定得要「處眾無所畏」，對於身處大眾之中宣說深妙難信的如來藏妙法，而把《法華經》的眞實妙旨宣揚出來，他心中完全無所畏懼；不論是誰加以恐嚇也都不害怕，仍然堅持著繼續宣揚下去。

這些菩薩們又繼續宣誓說「我當善說法」，不論是什麼樣的情況，一定會妥善地把這部依如來藏妙義所演述出來的《法華經》，爲大眾如實演述，而且是勝妙地演述。接著向佛陀祈求說：「唯願佛陀身心安隱，常住於世間。」如此宣誓自己的決心，也是要宣誓給大眾知道：佛陀是早就知道我們的心了，因此說：「我於世尊前，諸來十方佛，發如是誓言，佛自知我心。」這不但是自我宣誓，也告訴眾生說：「事實上，我們已經心得決定，未來無量世將繼續弘揚此經，佛陀是知道我們的。」這也在告訴眾生說：「誰暗中在否定佛陀，佛陀都知道。」但是佛陀從來都不會計較，因爲自然會有因果律實現嘛！佛陀是完全沒有習氣種子的聖者，怎麼可能會去報復？所以不論誰怎麼罵，佛陀都不會來告訴他說：「你不要再罵了，我會處罰你喔！將來因果很恐怖喔！」佛陀不會來講。愚癡的人就放話說：「我罵了那麼久，你們佛教的佛，怎麼都不會來跟我報復？可見沒有佛存在！」佛陀又不是他罵了就會跳腳，只有他們的上帝才會跳腳；因爲無上正等正覺的 佛陀，是已經斷盡習氣種子的聖者，永遠都不會跳起來的，連心動都不動。

「我於世尊前，諸來十方佛，發如是誓言，佛自知我心。」菩薩們發誓完了，作個總結說：「我們在世尊的面前，以及從十方聚集到這裡來的諸佛面前，發起了如是等誓言，佛陀自然知道我們心中的誓願。」外道們都不曉得佛陀的境界，亂罵一通，覺得好像沒有問題；等到知道問題的時候，是面臨死亡的時候，已經來不及，因果律已經實現了！因爲那時已經無法表示意思了，想要補救都來不及了。外道們以及佛門中的當代大師們，連聲聞初果的境界都不知道，更別說佛陀的境界，竟敢隨意否定，膽子太大了！這一品講完了，接下來要進入卷五〈安樂行品〉第十四。

《妙法蓮華經》

〈安樂行品〉第十四

經文：【爾時文殊師利法王子菩薩摩訶薩白佛言：「世尊！是諸菩薩，甚為難有；敬順佛故，發大誓願；於後惡世，護持讀說是《法華經》。世尊！菩薩摩訶薩於後惡世，云何能說是經？」

佛告文殊師利：「若菩薩摩訶薩，於後惡世欲說是經，當安住四法。一者、安住菩薩行處及親近處，能為眾生演說是經。文殊師利！云何名菩薩摩訶薩行處？若菩薩摩訶薩住忍辱地，柔和善順而不卒暴，心亦不驚；又復於法無所行，而觀諸法如實相，亦不行不分別，是名菩薩摩訶薩行處。云何名菩薩摩訶薩親近處？菩薩摩訶薩不親近國王、王子、大臣、官長，不親近諸外道梵志、尼揵子等，及造世俗文筆，讚詠外書及路伽耶陀、逆路伽耶陀者；亦不親近諸有兇戲、相扠相撲、及那羅等種種變現之戲。又不親近旃陀羅，及畜豬羊雞狗，畋獵漁捕諸惡律儀；如是人等或時來者，則爲說法，無所悕望。又不親近求聲聞比丘、比丘尼、優婆塞、優婆夷，亦不問訊；若於房中，若經行處，若在講堂中，不共住止；或時來者，隨宜說法，無所悕求。」】

講義：先來解釋這一品的品名意義，再來語譯及解說。現在是〈安樂行品〉第十四，「安樂行」就是說，身爲菩薩應該行於何行，才能在「後惡世」受持、護持、讀誦、演說這部《法華經》，而不會產生不好的結果，能夠更長久地利樂眾生，這就是「安樂行品」所要說的內容。但是這到底是誰爲大眾請法的呢？就是大智文殊師利菩薩！到這個時節就是他該爲大眾來請求世尊爲大家開示的時候了。因爲這一部經如實演述出來時，後末世眾生大多無法接受。假使這部經的眞實妙義是在以前部派佛教時期出來講，像我這樣如實演講，一定會被殺，這是絕對的。也許有人心存懷疑說：「不太可能吧？」但我告訴你，眞的可能。

我們舉個例子來說吧，例如龍樹菩薩與他的弟子提婆菩薩。龍樹造《中論》，是依於如來藏而寫《中論》，後來他的弟子提婆說：「師父！您這《中論》寫得好啊！假使後世有人用意識境界來解釋《中論》，他一定會被人家所破。」龍樹菩薩說：「那麼我們來實驗看看吧！我所寫的《中論》，如今我就改用意識來解釋，你來破破看！」結果還眞的被提婆菩薩破盡了。用意識境界、用六識論來解釋龍樹的《中論》，是一定會被破斥的，問題只是當時有沒有人能破斥他而已；就像以往沒有人破釋印順（編案：釋印順以意識境界解釋《中論》的法義），但後來正覺就破斥他了，而釋印順終其一生都無法回辯。那麼龍樹是 佛陀早就預記，他捨報後是會往生極樂世界的，所以留下來繼續住持正法的就是提婆了。

提婆繼續弘揚佛法時，他就不是用《中論》來弘揚了！他是用自己的道種智，就是改用如來藏妙法來弘揚，於是部派佛教那些六識論的聲聞凡夫僧可就受不了了，就去把提婆菩薩給刺殺了，然後推說是外道幹的。其實是聲聞法中，也就是部派佛教中的聲聞凡夫僧幹的惡事。但是這並沒有文字記錄，那你問我，我只好告訴你說：「我知道的就是這樣，而我也提不出文字證據給你，因爲無從考證。」除非後來有人發明一部什麼機器，可以把人類第八識含藏的種子給閱讀出來，那就行了，就會有證據了。

所以，若用如來藏妙法來弘揚，那時都還沒有把《法華經》的詳細完整內涵、還沒有把背後隱藏的眞義宣揚出來，只是弘揚如來藏妙法，只是宣講一切種智，就被聲聞部派佛教的僧人刺殺了。你想想看，如果你弘揚如來藏妙法，又加上把《法華經》背後隱藏的眞義顯示出來，如果台灣這時聲聞部派佛教的勢力很強大的話，那我一定會被殺，而且是早就被殺死了！可是我沒有死，爲什麼呢？因爲我先出手處理他們，不等他們來處理我；我是先把六識論的過失一一顯示出來，也把三乘菩提的同異之處一一顯示出來，已經把二乘菩提的聲聞阿羅漢道應該如何修證，把因緣法應該是如何的道理，都給清楚講出來了，應該可以說是「發前人所未言」啊！佛陀的法，傳到一千五百多年前時，連解脫道的修證法理，在聲聞法部派佛教中，大家都已經不知道了，所以我在一千五百年後的今天把它演述出來，他們知道我是個實證者。以前也沒有人講過十因緣與十二因緣的關聯，今天我也把它講解出來了，如實顯示出因緣法來，證明因緣法是可證的。

那麼在這之前我也寫了《宗通與說通》，把整個佛法的脈絡、面貌，都已概略地顯示出來；然後從禪宗的教理與實證層面，爲他們證實第八識如來藏是可證的，不只是名言施設，而且證明每年都會有人實證；我也證明佛性也是可見的，也有一些人親見了，不是單獨我一個人所見，因此顯然也是眞的。那我也把密宗的錯誤講出來，所以我聽說有人在網路講：「欸！這蕭平實到底是何許人，怎麼他連密宗也知道！」我怎麼會不知道！我以前在密宗當過法王，爲什麼會不知道！（大眾笑…）他們在搞什麼我都知道，當年就是被我們用他空見把密宗的密法給破了嘛！不是嗎？對啊！所以他們最後忍不住了，借兵消滅我們的支持者。這就是在我後來轉生以後，會被達賴五世假借薩迦與達布二派打殺而消滅的原因。但我們在這一世就一一把教法與教相加以處理，我先處理密宗的事情，讓達賴等人沒有閒暇來處理我，這就是以攻爲守。於是佛教界整個安定下來，那我們現在來講《法華經》就不會有危險。文殊師利是早就看見這個問題在未來世會存在，所以爲大家來向世尊請示：未來世要怎麼樣來行「安樂行」，才能夠使此經長久住世。這就是文殊菩薩大慈大悲的所在。可是時間又到了。

《法華經》上一週，一百二十五頁〈安樂行品〉的品名釋義完畢了，那麼今天接著要語譯和解釋第一段經文的意思了。

語譯：【這時文殊師利法王子菩薩摩訶薩稟白佛陀說：「世尊！這八十萬億那由他諸菩薩們，非常地難得和稀有；他們由於恭敬孝順佛陀的緣故，發起了大誓願；他們都願意在佛陀入滅後的五濁惡世之中，護持、閱讀、演說這部《法華經》。世尊！菩薩摩訶薩於佛陀入滅以後的惡世之中，應該如何才能為人演說這一部《法華經》？」

佛陀告訴文殊師利說：「如果菩薩摩訶薩，於我入滅以後的惡世想要為人演說這部經典，應當安住於四法之中。第一法、要安住於菩薩所行的處所以及所親近的處所，才能為眾生演說這部經典。文殊師利！如何是我說的菩薩摩訶薩所行的處所？如果菩薩摩訶薩住於忍辱的境界中，心地柔和、善於隨順眾生而不匆促與暴烈，心中很穩定也不驚惶；又加上能夠依於眞實法而沒有任何心行（註：依如來藏境界所見都無任何心行），如此觀察諸法如實的法相，但也不會因此而行於不分別的境界中，這便是我說的菩薩摩訶薩所應行的處所。如何是我所說的菩薩摩訶薩應該親近的處所？菩薩摩訶薩不親近國王、王子、大臣、官長，不親近各種外道梵志和尼揵子等人，也不寫造世俗法中的各種文筆，不讚歎歌詠外道書籍以及順世外道、反順世外道等人；也不該親近各種含有兇戲、相扠相撲以及角力等種種廣作變現的魔術遊戲。也不可親近屠夫，以及畜養豬羊雞狗，和在野外打獵打漁捕捉野生動物等種種惡律儀的人們；有時遇到這一類的人們前來相見時，就為他們方便說法，心中都沒有存著什麼希望。也不可以親近求證聲聞法的比丘、比丘尼、優婆塞、優婆夷，也不應該對他們問訊；若是在寮房中，若是在經行之處，若是在講堂之中，都不與求聲聞法的人同共住宿或休止；假使他們有時前來相見，就隨著方便而為他們演說適合他們的大乘粗淺之法，心中對他們都沒有什麼希望或請求。」】

講義：這時文殊師利法王子菩薩摩訶薩，向佛陀稟白說：「世尊！這八十萬億那由他的菩薩們是非常難有的，」為什麼難有呢？這是說，一般而言，大家都對五濁惡世的眾生有所恐懼，因為在五濁惡世中居住生活的眾生是很難相處的，如果人壽可以增長到五百歲，五濁就減少非常多了。但是百歲人壽時的眾生大多是無明居多，所以心性惡劣的人多，善良的人少；信根少的人很多，信根圓滿的人很少；當你從五根、五力來看時，所觀察到的就是這樣子。所以總共三批弟子，全都是已被授記將來成佛的人，結果都說將來要在他方世界演說此經。但這八十萬億那由他菩薩們不一樣，他們願意在十方世界中，不論是什麼樣的世界，以及此土五濁的惡世，他們都願意演說此經，無所畏懼。所以說，這樣的諸菩薩確實是甚爲難有啊！

眞正的菩薩一定是敬順於 佛，而願意發大誓願。如果對 佛敬順，就不可能違 佛所說。若是對 佛所說的，他偏要反其道而行，這種人，且不說恭敬於 佛，連對 佛都不願意順從啦！佛陀說不應該讓外道法滲入佛法中，佛陀說不應該以表相佛法來驅逐了義佛法、抵制了義佛法，他們偏要。連佛陀的話都不隨順了，心中怎麼可能有恭敬心呢？可是這些菩薩們都不一樣欸！跟那三批被授記成佛的弟子們都不同；那三批迴小向大的菩薩們，他們都不願在五濁惡世來講解此經，也就是不願意在五濁惡世來講解如來藏妙法以及三世諸佛的不可思議境界。可是這八十萬億那由他菩薩就承擔起來，不論這五濁惡世是多麼的難以弘揚這個妙法，他們仍然願意住在五濁惡世來弘揚這個妙法，所以這眞是「敬順佛故」而「發大誓願」啊！

像這樣子願意在後惡世來護持此經，閱讀此經，演說此經，眞是太難得了！因爲這《妙法蓮華經》專講唯一佛乘菩薩藏妙法，這眞的是如來藏妙法。

這如來藏妙理本來就已經很難演說了，而且更要把 釋迦如來如何演述《法華經》等等不可思議的廣大深遠勝妙法，發願在五濁惡世爲人講解說明，這更是難。所以說：「**這些菩薩確實甚爲難有！**」「**甚爲難有**」的主要原因則是敬順於 佛。

以前我也曾跟諸位說過：假使你夢見 世尊來爲你指示什麼事情，雖然那件事情目前看來，也許你似乎是作不到的，你還是別推辭；因爲既然祂老人家叫你作，一定會協助你，讓你有那個能力作到，所以你儘管敬順於 佛，應命而行，都別懷疑。若是沒智慧的人就推辭：「**世尊啊！我的力量不夠，我的智慧也不夠，我擔不起這個重任啦！**」那 世尊只好放棄由你來作了！只好另外找別人，另外有人自己覺得智慧夠、能力夠，就由他來作了嘛！那麼那個人就眞的被加持，就眞的有智慧、眞的有能力了。而你放棄了，就永遠沒有那個智慧、永遠沒有那個能力了。因爲 佛只要看中了誰，說誰可以去作，就表示那個人一定會在 佛陀的威德加持之下，將來具備那個能力，那不就連跳好幾級了嗎？爲什麼要推辭呢？

所以假使能夠敬順於 佛陀，就不必管那麼多，要相信 佛陀，佛陀絕對不會看錯人；只要 佛陀認為你可以，你就可以。所以 佛陀交代你作什麼，你就作什麼，不必去考慮後果。假使覺得說：「佛陀交代我這件事情，我去作了以後好像會沒命欸！」那也要去作！因為如果賠上這一世短短幾十年的生命，下一世可以連跳好幾級，這是把長劫化入短劫，為什麼要惋惜這一世短短的，剩下不過一、二十年的生命呢？所以不應該妄自菲薄，也不應該怕死，因為這個死眞的有價值。漢朝司馬遷尚且說「死有輕於鴻毛，重於泰山」，如果世尊吩咐你去作的事情眞的會死，而你這個死不只重於泰山，那是重於須彌山，是可以讓下一世道業突飛猛進，下一世可能就超越好幾劫的生死，那你為什麼要放棄呢？大不了是早個二、三十年死吧！也不算什麼啦！所以敬順於 佛，才是眞的大心菩薩。

那麼 文殊菩薩這樣讚歎這些菩薩以後，他當然要為這些菩薩設想，因為要求菩薩們在五濁惡世演說這樣的《法華經》，這是很難令人相信的經典，佛陀在世宣講時，當場都有五千聲聞凡夫們退席，何況是五濁惡世 佛陀已經不在人間了？所以 文殊菩薩當然要為大家請求說：「世尊！菩薩摩訶薩於後惡世，云何能說是經？」也就是代替大眾請 世尊開示。在後末世，不是 佛陀還在世時，也不是正法時期、像法時期，而是到了末法時期的後期，叫作「後惡世」。那麼在這種惡世裡面，要怎麼樣才有能力，也才能成功地演說這部《妙法蓮華經》？

這時　佛陀就開示　文殊師利說：「如果菩薩摩訶薩，在後惡世想要演說這部《法華經》的話，應當安住於四個法之中。」這四個法裡面的第一個法，就是安住於兩個菩薩行處以及兩個親近處。這裡講的菩薩摩訶薩，主要是指後末世的出家菩薩，特別是指三賢位中的出家菩薩；也就是說，出家的菩薩又已經證悟了，所以有能力演述《妙法蓮華經》，但是還在三賢位中，因此就有許多事相是須要注意的。這裡當然是指出家菩薩，特別是指現聲聞相的出家菩薩，不是現在家相的出家菩薩。

爲什麼是這樣？在後面世尊的開示中就可以顯示出所演述的對象正是如此的出家人。菩薩摩訶薩在後惡世想要演說這部經的時候，有四個法是他所應當安住的；如果能安住於這四個法中，於後末世演說這部《妙法蓮華經》時，就不會有大問題出現。第一個法就是安住菩薩行處以及親近處，由於第一個部分的法具備了，就可以爲眾生演說《妙法蓮華經》。佛陀又解釋說：「文殊師利！什麼是我所說的菩薩行處？」就開示說：「如果菩薩證悟成爲摩訶薩以後，安住於忍辱的境界中，心地柔和、善良，而且能夠隨順於眾生，並且心性不急躁也不暴烈，而他心中沒有驚懼。」這是第一個部分。

那麼第二個部分呢？就是「於法無所行，而觀諸法如實相，亦不行不分別。」若是具足這兩個法，就叫作菩薩摩訶薩的行處。這個「行」當然是有它的意涵存在，換句話說，當你講出勝妙的、難以令人理解的佛法時，這個實相境界的智慧妙法，眾生是很難以理解的。因爲連阿羅漢都不懂，何況是不懂初果見地的聲聞六識論凡夫們，當然更無法理解，所以當你如實演講出來時一定會被罵，不可能不被少聞寡慧的眾生辱罵；那時你得要行於忍辱，要住在忍辱的境界中——「住忍辱地」。

且不說別的，就說我自己的經驗，我弘法前後二十年了（編案：這是二〇一一年四月所說），在這二十年之中被人家罵邪魔外道，已經聽得很習慣了。眞的很習慣，所以不管誰罵我邪魔外道，我心裡完全不會動個念頭。有一個大山頭，他們一向比較客氣，這五、六年來都沒罵了，但他們以前都客氣地說我是「不如法」，不斷說我宣講的法義是「不如法」。他們不是說我傳戒不如法，是說我所講的法義「不如法」；他們認為這樣毀謗我就不是毀謗妙法，但其實一樣是毀謗，只是毀謗得客氣一點罷了。

所以末法時代被人家罵邪魔外道的人，有兩個可能性：第一、是眞正惡劣的邪魔外道，惡劣到極點了；另一個可能，被罵的人正是菩薩摩訶薩。只有這兩個極端，沒有中間地帶。末法時代被罵為邪魔外道的人，就只有零或一百，沒有中間的一到九十九，這中間的可能性都不存在；所以如果不是眞正的邪魔外道，那個人一定是菩薩摩訶薩，這就是末法時代的標準景況。現前可證明的事實，也確實如此。諸位看那些大法師們大聲痛罵的邪魔外道們，哪個不是邪魔外道？可是那些大法師們也罵我是邪魔外道啊！那我算是什麼？正是菩薩摩訶薩。事實眞是這樣子，因為邪魔外道眞的一眼就能看出來：他們眞是邪魔外道，老是搞外道法。

可是有個眞正的大外道、大邪魔達賴喇嘛，他們卻都不敢罵，反而尊崇為法王。可是又想：「菩薩摩訶薩，大眾都看不出來他是邪魔外道，但是因為法義太勝妙了，咱們大法師會因此失掉了名聞利養，信眾會流失掉，那我們不罵他邪魔外道，要怎麼生存？我們當然要罵。」所以末法時代的菩薩摩訶薩，被大法師們罵成邪魔外道，其實都是正常的。因此我從來沒有生氣過，因為我打從一開始就知道會有這個結果，除非我準備跟他們同流合污，否則他們一定會這麼罵我。

談到這裡，就跟諸位講個祕辛好了，我們最早期寫的書很少，《念佛三昧修學次第》是第二本書。當那本書即將出版的時候，有個大山頭，他們正好打禪七即將結束。他們那次冬天的禪七，解七時是除夕的前一天，也就是小過年；接著大過年，然後就正月初一了。就是在小過年那一天，他們解七了；他們當天派個法師，找了張老師陪著來我家裡，談了老半天，也沒講來意。我本來跟張老師說：「他如果要來請法，我可以接受。如果是要來跟我談事情、當說客，那就免了。請妳先問問，看他來找我的目的是什麼？」張老師問了，結果告訴我說他是要來請法的，我說：「好！那我接見他吧。」

那時的情景我還是記憶猶新。來了以後談上很久，結果卻不是請法，講了一堆話。我習慣上都會尊重「來者是客」，他是客人嘛！就讓他講。結果在我家三樓佛堂裡講了差不多半個鐘頭，我提出來說：「您今天是來請法？還是有事情要來討論？」那法師就說：「我其實是要跟你討論一件事啦！」

我說：「那您講吧！」他就說：「你們都說半年呵，就可以明心又見性，我不相信啦！」我說：「你為何不信？」他說：「哪有那麼簡單？」我說：「就是這麼簡單啊！」結果他就說：「我啊！換作是我啊！我如果三十年後可以明心，就很高興了，不敢談眼見佛性啦！」當時我就像 克勤大師那樣伸手一砍說：「好！就讓你三十年後明心。」（大眾笑⋯⋯）欸⋯⋯現在有幾年了？十五年了哦？（張老師回答說：十幾年了！）喔！那他最快還得再等十幾年！（大眾笑⋯⋯）縱使與我的授記有差異、有出入，最多不會超過三年。如果現在是已經過了十五年，那他最快還要再十二年才有機會明心啦！那眼見佛性，當然也就甭提了。

他當時這麼講，我就說：「信不信由您啦！不過您今天來的目的到底是什麼？我聽起來並不是你所講的要來求法嘛！」然後他就提出來：「師父叫我來告訴你：你既然有那個願，想要弘法度眾，那我們在全台灣有那麼多的共修點，你都可以來說法啊！」我心裡面就想：「哪有那麼好康？」（台語）（大眾笑⋯⋯）你們香港人聽不懂呵！我是說：「哪有那麼好的事情？」我第一個念頭就想：「我講的是如來藏妙法，你們大山頭講的是要放下煩惱的覺知心，是要把握覺知心自我，要當自我，全都是意識心的境界，那我去你們那邊，能講什麼法？我到你們的各個共修點去講法時，如果用你們講的意識法去講，我明知道這樣是在誤導眾生，我要擔因果的啊！我沒辦法講下去啊！那我如果用我的如來藏妙法來講，你們會接受嗎？最後還不是要把我趕走嗎？我已經被你們趕走一次了呀！」

那時我就問他：「那麼，師父提出這個條件給我，一定對我有什麼要求吧？」「有啦！只有一個要求，你那本《念佛法要》不要出版啦！」就是我們後來改名的《念佛三昧修學次第》，本來預定書名叫作《念佛法要》。我說：「我這本書沒辦法不出版欸！」我當時就知道為什麼叫我不要出版了，因為我在那本書後面有講到「虛空粉碎不是開悟」，也有說到「大地落沉不是開悟」。那是他們最尊敬的聖嚴師父講的：「虛空粉碎、大地落沉是開悟的境界。」而我說那全都是定境！而且也還不是真正四禪八定中的境界，通常是在欲界定、未到地定中生起；真有禪定實證的人，偶爾也會在初禪、二禪定境中產生，並不是開悟的境界。我當時想：「原來如此！」這就是十幾年前的祕辛。

你想：我講的是證悟第八識如來藏妙法，那位在大禪師座下的法師，都不能相信歟！我們說明心，他們不相信；又說，像我那麼簡單，自己參一參就開悟明心，又是眼見佛性了，他更不相信；他認為想要明心至少得要參禪三十年才可以。又說苦參三十年能夠明心，還算好的，大部分人參到死都還悟不了的。他的言外之意就是這樣，所以才會對我說：「**如果參禪三十年能夠開悟，我就很滿足了！**」那我當場授記給他三十年開悟，所以他最快也得要苦參二十七年，沒有滿足二十七年，他還明不了心的。但是二十七年到了的時候，他行不行？還得要看他的福德因緣。不過，我看他的福德因緣是還不錯，只是他願不願意來求開悟的問題，這要看他自己了，問題不在我。

所以，弘揚如來藏妙法，在末法時代是相當困難的，眞不是容易的事情歟！越到法末時就越困難。我們現在距離法滅的時候還有九千多年，弘揚如來藏妙法就已經很不容易了，到了「**後惡世**」還會更困難。所以佛陀說，到最後法即將消滅的那八十年時，在人間為眾生演說如來藏妙法，它的困難度，好比頂著須彌山在海水上行走一樣困難。就好比你挑著一擔很細緻的、一碰火星就會燒掉的細草——好像棉花一樣細緻的乾燥細草，挑著進入大火之中行走而不會燃燒起來，就像那麼困難。所以諸位覺得現在弘揚如來藏妙法很困難，但我覺得其實還不算難。

我們現在的情況還算好，還沒有到末法最後剩下的那八十年欸！但即使如此，即使是現在來講如來藏妙法，來演述《妙法蓮華經》，一樣要「住忍辱地」，你如果不能安忍，該怎麼辦？要跳腳嗎？你若是跳腳了，正是那一些辱罵你的人最喜歡的事，他們就是要你氣得跳腳啊！所以常常有密宗的人在網站上亂罵一場，我連看都不看，因為我早就知道他們會怎麼罵了，我何必浪費時間去看？已經知道了還自己去找罵挨，那不是笨蛋嗎？

他們也在猜測說：網路上面常常在指正我們密宗法義錯誤的某某人，他大概就是蕭平實吧？利用那個網名上網來跟我們對罵。有時又猜測是其他的許多人，把一些人的網名當作是我化名上去與他們辯論。當他們在網站上面亂講，說我就是網名某某的那個人時，其實我那時都還不會電腦打字哩！還能上網？有時候也會有人好心說：「欸！你看！網路上某某人又這麼罵你了，我印來給你看。」我說：「哎喲！不用看了！用膝蓋想一想就知道會怎麼罵了！」

所以我常常教導大家說：你要怎麼樣才不會生氣，很簡單！你就是接受，接受就是佛法中說的「忍」。當你接受眾生無理的辱罵時，就不必辯解也不必生氣了。可是要一般人接受眞的很難啊！被無端侮辱了，要他們怎麼接受？但我說：「你要信受一句話，我以前講過很多遍了：眾生本來如此。」或者說「眾生本來如是」。你若是想要期待眾生聽到你演述的深妙法而不毀辱你，那是不可能的事情；因爲眾生大多是愚癡的，大多是本來就這樣具足無明的。就好像一隻雞，牠生來就是要啄米、啄蟲，你叫牠一生都不要啄米、啄蟲，那是不可能的事。因爲雞本來如是！就好像你叫一隻鴨子進了水而不會浮起來，那是不可能的，因爲鴨子本來如是！你是弘揚極深妙佛法的人，而眾生的根器絕大多數是不懂的，當然不會接受你所說的極深妙法，你本來就該接受這一點；那你既然心裡接受了，就不會有氣了。所以不管誰上網怎麼罵，人家來轉告我，我都說：「哎呀！那都是正常的。」因此我從來不曾動過一念生氣或是怎麼樣。

除非對方的毀謗會對正法有負面影響，或者可以用來作機會教育利益學人，否則我連看都不看，更別說是寫書回應對方。所以，你想要在「後惡世」弘揚此經，一定要住在忍辱的境界中——「住忍辱地」。「地」就是境界！就是要住在忍辱的境界中。可是忍辱並不是用壓制的，而是要有智慧啊！你如果有智慧，知道眾生本來就是這樣，也知道你這個法本來就是很深妙的，少聞寡慧眾生是很難以瞭解的，那你接受了、瞭解了，當他胡亂毀謗時，你自然就不會生氣了！當你有智慧來面對逆境時，自然而然就不忍而忍，是不必忍就已經「住忍辱地」了。

可是「住忍辱地」你就都不作事嗎？不行！因為你如果住於忍辱地中，就覺得事事跟你無關，都不處理，那你就是放任那些眾生去下墮惡道中。所以你雖然住於忍辱地，根本不生氣，但也得要告訴他們，讓他們知道自己錯在何處，讓他們懂得自己的說法確實是錯了，又是為什麼錯了，然後他捨壽前可以懺悔，死後免墮惡道。你還得要為他設想欸！所以你該為他解釋的法，還是要為他解釋；不能一舉把他推翻了，就只說：「你這個錯得一塌糊塗，但是為什麼錯？我不跟你講。」菩薩可不能這樣啊！這樣就不是眞忍辱，而是已經生氣了。所以你看我們回應別人挑戰法義時，不但為他們講，還要為他們講得很詳細，要面面俱到為他們說明。為什麼呢？因為不是生氣而寫的，是心存善念想要救護他們，希望他們捨壽時懂得懺悔、免墮惡道。這樣才是眞正的「住忍辱地」。這樣安住時，不但有生忍，也有法忍，這才是眞正的「住忍辱地」。

「柔和善順而不卒暴，心亦不驚；」但是除了如此以外，對於人家來追隨、學法，而他們的慧力不是很好，那你該怎麼辦？不能生氣喔！有的大師動不動就開罵：「哎呀！你這麼笨！我已經跟你講那麼多次了，還聽不懂！」很多老和尙都會這樣罵，對不對？對啊！但是你身爲菩薩摩訶薩，想要爲人講解此經，卻不可以這樣；你得要柔和、得要善順對待不懂的有情；所以講話不能卒暴，行爲也不能卒暴。卒就是匆促之間直接反應出來，一下子就反應出來，於是劈哩啪啦就罵起來。暴就是脾氣暴躁啦！對追隨你學法的人，不應該這樣子。

我聽說有的師父很兇，執行叢林的規矩很嚴格；你作錯了什麼，只是一點小小的錯誤，他就給巴掌，不然就打你香板，甚至還罰跪。才剛處罰完了，打過耳光還在罰跪時，剛好有賓客來了，你還要強行打起笑顏，要代替你師父去接待賓客。那你當時心情很惡劣，還要裝起笑臉幫他接待賓客，這種師父，你們跟不跟？啊？不跟喔！（大眾笑…）你們是命太好，跟了我，我從來不生氣、不罵人、不打人，也不卒暴，我也不曾瞪人。可我老實講，如果他真的有法，雖然他脾氣暴躁，你還是得跟隨他學法。如果那時沒有蕭平實出世弘法，那你就得跟他。如果他真的有法，你還是得跟；但我們有的同修就曾經在這樣的師父座下跟隨過來，對原來的凡夫師父始終不離不棄，直到師父捨壽之前，都繼續跟隨著；後來師父死了，才來到同修會裡。

那你們說，像這樣的徒弟，你要不要佩服？我真的打心眼裡佩服：這樣還能跟下去。行！真的行！所以她來到會裡能夠很快開悟，其實也不是偶然。但是，你如果是菩薩摩訶薩，像她的師父那樣作，那可是違背四攝法的。菩薩在成佛之道的過程中，一時一刻都不能離開四攝法欸！「四攝」還記得嗎？唸一遍（大眾唸：布施、愛語、利行、同事），欸！你看！不但有布施之法，而且還得要「愛語」，講話要柔和，不能動不動就惡口罵人欸！何況是給巴掌？所以說，爲師攝眾眞的需要柔和，要「柔和善順而不卒暴」，才有資格爲眾生演述如來藏妙法，以及演講《妙法蓮華經》。這是因爲這個法太難讓眾生信受，《法華經》所說的，對於那一些愚癡無智的寡聞凡夫們而言，會認爲是天方夜譚。他們會把它當作是一千零一夜的每一夜所講的故事兜串起來的，所以末法時候講《法華經》，是如實講而不是依文解義，也不是單單作科判等等，一般學人是聽不進去的。

所以你如果發願要爲人講《法華經》，不但要「住忍辱地」，而且心地要夠柔和。眾生有所疑，你要能有耐心爲眾生解疑。並且眾生有心要學這個法時，你得要善順；心地要和善，而且要隨順於眾生心中的所想。當他想要親證這個如來藏妙法蓮華時，那你要隨順他，要次第教導他，不要嫌他笨。所以有些人口德不好，不是一般說的講是非、無根誹謗，我不是這個意思，我這裡講的口德不好，是說有的人會跟人家這樣講：「你啊！悟不了就是悟不啦！你去正覺再待三十年，也還是悟不了啦！」我們有的親教師、助教老師，也都曾經被人家這麼講過：「哎喲！人家不會用你啦！你不可能被重用的！不要打妄想啦！」這眞要叫作口德不好。所以我說這樣的人眞的不懂我，哪一天如果有機會呵，我私下跟他恰巧遇見了，就對他講悄悄話：「你眞不懂我的心！」（大眾笑…）結果呢，被他認爲不可能重用的人，我偏偏幫她眼見佛性，再把她派任爲助教老師，後來還當上了親教師呢。也有一些同修被嘲笑以後，還眞的被我派任了助教，現在還正在當助教哩！

所以我看人不是用世俗的眼光來看的，從世俗的眼光來看就是說，他每一週來上課都送給我一些水果，或者一些什麼好吃的食物；不然就是來我眼前晃來晃去，跟我講講話，這樣可能就會被我重用呵。可是事實不然！好多位老師從來不曾到我眼前來晃過，也不曾因爲供了佛，把水果贖下來就拿來供養我，都不曾。但是他們眞的心在正法，我就把他們派上去教課了！因爲我們不看世俗表相。所以很多事情是有一些人所不知道的，他們不瞭解我在想什麼，他們以爲說：「某人跟導師很親近，一定會被重用。」結果我沒有用他，因爲他雖然與我很親近，但他老喜歡攀緣，又有聲聞性，不適合當老師。也有人覺得奇怪：「這個人從來都不跟老師打招呼的，結果被重用了。」

這就是說，口德很重要；因爲有時候一句話把一個人的希望澆熄了，那他就不再抱著那個希望，也不會繼續去努力。也許一個很有菩薩種性的好人才，可能因此就被埋沒。因此口德眞的很重要，別隨意輕嫌人家，將來無法出世度眾生；隨便輕嫌別人，表示他的口德不好，就表示他的心不夠和善，是不能講《法華經》的。

那麼，除了柔和而且和善，還要再加上「隨順」；眾生的心性，你不要一時之間就想要他們改變；你如果一時之間就要改變他，很難度他。比如說，一個生來就是個很急性子的人，你偏要他講話慢慢講，作事慢慢作，走路慢慢走，會把他慾死。你就讓他一點一滴去改，不要一時半會兒就要求他全部改好，那不可能嘛！另外有的人呢，他向來就是慢半拍，可是他願意作事啊！那你一定要他講話作事像機關槍一樣快，也是不可能的。你如果勉強要他作那麼快，他會緊張得很，每天不曉得要死掉多少細胞欸！他會覺得自己學起來好痛苦！所以你要順應眾生的心性，還要看他適合放在哪個位置上，就讓他在那個位置上安住。

我們開親教師會議，有時候有親教師會說：「哎喲！我這個進階班，他們都不長進，如何如何啦！」我知道他是恨鐵不成鋼，但並不是每一個人都一心想要求悟啊！有的人心想：「我只要能在正法裡待住就好了，我不要到那些破法的道場裡去，也不要到常見外道的寺院去，我只是想要這樣啊！我這一世就好好念佛修成淨念相繼，然後我要增長正知正見，死後是要去極樂世界，我又不求開悟啊！老師您為什麼要逼我？」（眾笑⋯）他覺得好難過。那位老師就找他要小參，因為他從來不登記小參；老師要求他小參，他就乾脆不來上課！（大眾笑⋯⋯）那我們爲什麼不讓他安逸地待下來呢？雖然他覺得開悟對他而言是非分之想，那也沒關係，你就繼續利益他，讓他可以繼續作義工、種福田。然後呢，他雖然沒有開悟，可是他有至誠心，也有深心，也許臨命終時他可以符合上品上生的條件；當他知見都熏習夠了，有至誠心也有深心的時候，他往生去極樂世界，很可能那時是坐金剛臺去的，因爲不一定要開悟才能上品上生嘛！所以他在進階班裡面努力熏習，死時去到那邊也許是上品上生啊！那樣也不錯啊！所以，眞的要隨順於眾生心。

有的人很努力要求悟，你也要隨順他，盡量給他機會；雖然他的因緣還沒有成熟，晚一點開悟也沒關係，但是要給他機會嘛！這就是要善順於眾生。然後是不要卒暴。去打禪三時，你們看我像不像禪師？不像嘛！對不對？其實倒是半禪師、半法師。有時根本就像個老爸爸一樣，囉唆到要命。如果是像古時候的禪師，我想你們很多人去打三以前一定會準備很多撒隆巴斯，（大眾笑⋯⋯）因爲這一去不曉得要挨幾棒？報名時也不會那麼踴躍，那我禪三審核一定很單純、很快速，不必一個鐘頭就解決了。可是我們不卒暴，因爲我所度的眾生，不想要卒暴的人。所以如果是德山宣鑑再來，他來到我這裡，可就有苦頭吃了，因爲我不跟他來那一套。

這就是說，你想要講《法華經》，一定要有這些前提，你自己的心性要夠調柔，能夠忍辱；當眾生不信而提出質疑時，你要能夠有耐心，不會覺得煩躁，能爲他解疑，心不卒暴。否則的話，眾生一問，立刻就罵起來：「你急著問幹什麼，後面自然會講啊！何必你現在問？」他就罵了喔！那眾生一聽，心裡就好難過啊：「我只是有疑惑想要解答，師父你就罵我。」他會覺得難過，以後都不敢問了。不敢問，他就不會長進啊！那你要等到何時才能成佛？

除了如此，還得要「心亦不驚」，這樣的心可不容易啊！因爲在末法時代，你專講一切種智如來藏妙法，很有可能被六識論的聲聞僧刺殺。這不是現在才有的事！古時就已經發生過了，然後故意宣稱是外道殺的，其實根本不是外道殺的。提婆弘揚如來藏妙法，又沒有傷著外道，對外道影響不大啊！受影響最大的是誰呢？就是部派佛教那些聲聞凡夫僧嘛！所以，末法時代如實宣講《法華》時生命是有危險的，但是不要驚懼，該講的還是要講。但是，「心亦不驚」不代表你都不作提防。對於安全的事項還是得要提防，如果完全都不作任何的預防，那叫作愚癡。特別是我們不但弘揚如來藏，還講《妙法蓮華經》，並且還論破達賴喇嘛領頭的密宗假藏傳佛教。

現在我們這一棟大樓，外面有些學佛人就叫作破密大樓。（大眾笑…）那新華社記者來台採訪花博，從中山北路那邊拍過來，正好拍到這棟大樓背面，我們的破達賴廣告又流傳出去啦！那是無意之間拍到了，本意是報導花博，結果就貼在他們新華社網上。我們破斥達賴密宗破到這麼嚴重，當然擁護達賴的那些人是很生氣的；特別是密宗文物店那些人，他們是依靠密宗在作生意，而我擋人財路，當然是他們眼裡的頭號戰犯。我今天看到一張相片，有一位師姊眞的夠勇猛，她就像人家賣房子那樣，前面掛一個牌子，後面也掛一個牌子，大字寫著：「**修雙身法的密宗不是佛教。**」她就站在花博的出入口宣傳。哎呀！眞令人感動！眞的有魄力！

所以不怕辱罵的同修們，有的就去發傳單，有的去發〈解密快報〉。有的人甚至就這樣掛著破密宗的牌子站在那邊讓眾生看，眾生一定很驚訝，一定會讀啊！那個效果眞的好！還好她不是頭號戰犯，不然絕對沒命了。這就是「**心亦不驚**」，有那個膽識。有膽識的人，必須要兩個字俱足：「**膽**」跟「**識**」

俱足。不能有膽無識，有膽無識就是莽撞。假使我是頭號戰犯，偏偏去密宗道場門口掛著那個牌子破密，保證被殺嘛！你自己送上門來，不殺白不殺。所以菩薩要有膽識：有膽也要有識，要能分辨清楚，什麼事是該作，什麼事是不該作。

「**又復於法無所行，而觀諸法如實相，亦不行不分別，是名菩薩摩訶薩行處。**」這就是說，除此以外，還要在法上有所實證。如果法沒有實證，公開為人家講解《法華經》，人家聽了會說：「**那些都是神話，你也信喔？還敢出來講！**」人家會這樣說啊！所以呢，除了柔和、忍辱、膽識、善順眾生以外，還要「**於法無所行，而觀諸法如實相**」。「於法無所行」，這只有證如來藏的人才有辦法作到，也就是要證得「此經」；這是因為三界中無論任何法，都是於法有所行，不可能無所行。

把三界任何一界的有情，從他的五陰十八界來看；乃至於無色界有情，十八界只剩下三界，五陰只剩下受想行識，你從他們那麼少的有情成分去看，也都還是「於法有所行」，不可能「無所行」啊！因為他的覺知心住於四空定的境界中，仍然是有緣於定境的行陰啊！仍然是「於法有所行」，不離行苦。如果是在人間呢，十八界具足，當他打坐一念不生，住在離念靈知裡面，那是十八界都有所行的，不是像無色界只有意根、法塵、意識等三界有所行。無色界的天人只剩下意根、意識跟法塵定境，剩下這三個界，十八界的其他諸界已經不見了，可是人間十八界具足；無色界的三界都還算是有所行，何況是人間的離念靈知？正是十八界俱有所行啊！當然就不可能說他「於法無所行」。

於三界萬法中都「無所行」，就只有如來藏眞如境界。只有證得如來藏而現觀眞如以後，才能夠瞭解《法華經》在講什麼；這時才懂得什麼叫作「於法無所行」，這就是實相法界的智慧。有這樣的智慧而觀察諸法的如實相，不是諸法的性空相、如虛相，才符合這段經文說的「菩薩摩訶薩行處」。密宗應成派中觀一天到晚講緣起性空、緣起性空，他們何嘗懂得什麼叫作緣起，又何曾了知什麼叫作性空。緣起不是無因而起，緣起是有因有緣才能生起的；必須是有一個本住法爲因，由這個萬法之因藉著眾緣而生起諸法，否則究竟是什麼藉著眾緣來生起諸法？總不會是眾緣和合就能生起諸法吧？否則就成爲龍樹所破的諸法「共生」而有的了！所以是依於有因有緣而說緣起，不能說是無因有緣就能生起五陰等諸法。

一定是有因有緣而生起的諸法，才能夠說諸法緣起性空；所以應成派的所有中觀師否定第八識正因，所說的緣起性空都是諸法「共生」而有，都完全不懂緣起性空的道理，沒有資格談緣起性空。依他們的論理來講，他們所說的緣起性空，是無因唯緣的緣起性空；那樣根本不可能有緣起的諸法生起啊！連緣起都沒有了，何況能有性空？因爲那些緣起性空所依的法——蘊處界，將會變成「無因生」，或者成爲「自生」，不然就是「共生」，再不然就是「他生」，早就被他們的祖師龍樹菩薩在《中論》裡面所預破了，還敢出來講緣起性空，還敢抬出龍樹菩薩作他們的祖師。好在龍樹菩薩去到極樂世界，不在這裡了，不然早就把他們揪出來臭罵一頓！

所以說，一定要證得如來藏，知道「此經」如來藏了，才有智慧、有能力「於法無所行」，然後可以「觀諸法如實相」。懂得此經的人不是講諸法緣起性空，而是講諸法緣起性空的時候，其實是「如實」的。一切生滅有爲法，不斷地生住異滅當下，卻是如實而不虛。不是蘊處界如實不虛，而是因爲它所依的如來藏如實不虛；才能夠因爲「如實相」的緣故，悟後進修而次第到達佛地。如果諸法都是緣起，所以其性本空，那麼五陰斷壞以後就是斷滅空，斷滅空的主張是有很多問題存在的；既然諸法無常故空，成爲斷滅空之前的這些諸法，又是從哪裡生出來的？是無因生嗎？是自生嗎？是共生嗎？都不可能嘛！除非從他而生，可就跟一神教講的一樣：是被上帝創造出來的。但事實上也不可能啊！而且早被龍樹菩薩在《中論》裡破斥過了。

所以，性空是依於生滅有爲的蘊處界而說，但是「蘊處界有」依什麼而有？蘊處界不可能自生、共生、他生、無因生欸！那些都只是緣而已啊！不可能自生，不可能無因生啦！根觸塵而生六識，那六根、六塵要是眞的能共生六識，有情界可就同於無情一樣了。所以根觸塵而生識，那六根六塵也只是六識出生的藉緣，還得要有根本因共同運作才能出生六識，不可能根塵等二個法藉緣就能「共生」識啊！例如根與塵相觸而生識，這根與塵只是緣，可是根與塵一定有它的所因啊！那就是如來藏。否則，《阿含》中 佛陀說的「有因有緣世間集」，就要改爲「無因有緣世間集」了。所以他們的說法，早就被自己抬出來的祖師爺龍樹菩薩破盡了！但他們竟然能把龍樹菩薩的《中論》給曲解以後亂講一通。

事實上，他們所說的緣起性空都是：於法有所行，而觀諸法如虛相。根本不是諸法「如實相」，是如虛啊！所以他們那些法師都應該叫作如虛法師。（大眾笑…）對啊！他們那樣愚癡，又哪能昭慧？（大眾笑…）只能昭顯愚癡，對不對？我說的沒錯啊！所以這些人都自稱是行於「不分別」，其實本質還是有分別；都是口說不分別，心卻不能行於不分別。

可是講《法華經》的菩薩摩訶薩境界，要比「行不分別」更高喔！是能「行不分別」之後，還要「不行不分別」，這樣才是菩薩摩訶薩欸！你看那些大小法師、大小山頭，他們都怎麼說？他們說：「經中說啊，要證得無分別，所以我們都不分別啊！」大約三十年前，有一位小法師很有趣喔！我們有一位師兄這樣告訴我：…，啊？有一個師姊？不！是師兄，他說：「他跟著那位比丘尼師父學佛時期，那位比丘尼師父過堂時，故意拿一碗狗屎放在桌上，就跟那些菜餚放在一起，大家就這樣吃飯。就要求說：『不可以分別！』我們要這樣練習不分別，想要證得不分別的智慧就要這樣修行。」也真服了她！（導師與大眾同笑…）這樣她也吃得下去，眞是服了！但這眞的叫作愚癡！因爲人修行成佛，如果是要變成沒有能力分別的愚癡境界，乾脆別修行，也別出家，還俗去吧！妳不如去還俗、結婚，每天跟著先生爬山玩水，或者去逛街、消費，每天上館子去享樂。因爲修行以後都變成白癡了，那又何必呢？所以，他們都誤會無分別的眞義了！

學佛的最初階級，就是要告訴你：怎麼樣把心安止下來，所以用五停心觀的方法來修止；這本來就無可厚非，一定要先對治一下散亂心，讓心安定下來發起未到地定，然後才可以好好在實證上面用功。但是用功前要先建立正知見：「無分別心是另一個心，是第八識眞如；而我們覺知心有分別，是生來就有分別的。乃至將來成佛的時候，覺知心還是能分別的，不是成爲無所分別的愚癡人。」要先把散亂心修止而調柔下來，然後以這個能分別的覺知心，去尋找另一個不分別的心；那個不分別的心是本來就不分別的，是另一個心，名爲眞如或是如來藏、阿賴耶識，在這裡就稱爲「妙法蓮華經」，就會生起無分別智，不是要把本來很聰明的覺知心變成笨蛋。

這樣證得了之後，就會生起了知第八識本來無分別的智慧，才叫作無分別智；是證得無分別的第八識境界，而覺知心有實相無分別的智慧生起來。既是無分別的智慧，一定是有分別才能有智慧啊！可是你若是像一般凡夫大師說的有了不分別的智慧，卻是對一切法都要不分別，也都不懂得分別，那就是愚癡，那叫作無分別而且無智。可是菩薩證的是無分別智：無分別但是有智慧啊！知道什麼是無分別的，然後就懂得法界的實相，智慧出生了，這樣就是第二階了。

證得這個法界實相，有了無分別的智慧，而且如實轉依完成以後，不可以說：「什麼都不要分別，我要轉依如來藏啊！所以人家罵我，我也當作聽不懂；人家來我家偷東西，我也當作不知道；因爲我要轉依如來藏，所以我不該分別啊！因此，人家在辱罵佛教三寶時，我也當作不知道。我要有心量，要不分別，不該去分別嘛！」這叫作愚癡。所以呢，菩薩「亦不行不分別」，你要轉依如來藏的本來自性清淨涅槃，是你自己的心性應該如是修行才能成佛；可是你在護持正教、弘揚正法、利樂眾生、救護眾生時，得要有分別心來運作啊！

知道說：眾生這樣會走入岐途，將來死後果報悽慘，你要爲他們分別出來，讓他們懂得如實修行；不能看著眾生正在造惡業，正在謗正法，將來會下墮無間地獄，結果你說：「我不要分別。」那就眼睜睜看著他們死後去下地獄嗎？不該這樣啊！所以這時要行於分別：「不行不分別」，不能夠像如來藏那樣過日子喔！要能夠分別眾生現在所作的事情，會不會導致死後下墮地獄？他們會不會墮落惡道？有的眾生正在破壞正法，但有的眾生其實無意破壞正法，只是無心之過，或是不小心造了大妄語業，這些人你都得救啊！不論他們是善心、惡心，你都得救啊！這時你要把你的分別功能拿出來運用，所以這時不該行於不分別的境界中，不能夠說：「我就住在我的如來藏無分別境界裡面，因為我的如來藏是不分別的，所以我就不分別。」

說句老實話，他們覺知心能夠真的不分別嗎？不行欸！如果真的不分別，應該掉到水溝裡面也不知道，那才叫作真的不分別；並且掉進去以後，還不知道被水淹了，也不知道摔痛了，才能說是真的不分別。可是這個基礎也不成立，因為他走路時就已經是分別了呀！他能夠舉手投足就表示已經分別了。如果他真的不分別，連腳底有沒有踩著土地都不知道，也沒看見、聽見，他如何能走路？如何能舉手投足？真的不分別時，就是睡著無夢的時候；眠熟時走不走路？不走啊！因為意識等六識都不存在而不能分別了。但他們在路上走著，六識都在了知，就不該說是無分別。所以真正的無分別心，是另一個第八識心，不是這一個覺知心識陰六識。菩薩證得另一個心，就是「此經」如來藏；證了之後，現觀祂的不分別，覺知心自己卻不可以不分別；因爲覺知心自己還得要繼續分別，智慧才能增長，然後才能救護眾生，才能護持正法，才能次第成就佛道。

所以「**觀諸法如實相**」，如實相中的智慧不是無分別的；可是如實相的無分別，在你轉依完成之後，爲了佛道，爲了利樂眾生，爲了護持正教，你卻應該如 世尊的教示：「**亦不行不分別**。」不可以每天行於不分別的境界中，如果每天行於不分別的境界中，其實是悟錯般若的愚癡人，不能稱爲菩薩摩訶薩。那麼能夠遵行 世尊的開示，「**觀諸法如實相**」而了知實相法界的「**不分別**」境界了，又能面對救護眾生的辛苦諸事而「**亦不行不分別**」，繼續救護眾生，能這樣子作，就稱爲「**菩薩摩訶薩行處**」。證悟的菩薩就應該這樣行，才有能力與智慧爲人如實演講《妙法蓮華經》。

所以呢，悟後想要爲人如實演講《法華經》之時，第一個部分就是自己的心性要有所轉變：「**住忍辱地，柔和善順而不卒暴，心亦不驚。**」這是心性先要有所轉變。心性不夠堅強的，要堅強起來，不能驚懼；心性暴躁的，不能繼續暴躁，要住於「忍辱地」，要「柔和善順而不卒暴」。心性先轉變，然後第二部分，是法上證悟之後不能老是住在如來藏的無分別境界裡面，因此說，悟後現觀實相法界如來藏妙心「於法無所行，而觀諸法如實相」的時候，卻不可以行於不分別之中，應該「亦不行不分別」；是所悟的實相法界依舊行於不分別，依舊「於法無所行」，但覺知心卻必須以所證悟的智慧，在人間諸法中廣行分別，來爲眾生廣分別諸法，使眾生同樣可以證入實相無分別、無所行的境界，所以悟後應依 世尊聖教：「亦不行不分別。」這就是想要在後末世爲人如實演講《法華經》的人，應該作到的「菩薩摩訶薩行處」的第二部分。

所以當你出來弘法，如實宣講《如來藏經》時，人家問你說：「師父啊！那如來藏到底是什麼？如來藏的體性又是什麼啊？」不可以說：「這個你不該知道，不要問我，我不告訴你。」不能這樣講。也不可以說：「啊！這個距離你的境界太遙遠了啦！你這一世甭想了！」也不能這樣說，否則等於澆熄了學人實證佛法的信心，就不是善知識了！所以，悟後一定要行於分別，去詳細觀察眾生的根性如何，知道他們落在什麼地方，應該怎麼幫忙他們、給他們什麼方便。所以，世尊開示說「亦不行不分別」。

所以說，以前有好多人寫信來罵（這八、九年來就少了，早期很多人寫信來罵）：「你不是證得無分別了嘛！為什麼一天到晚在講誰的法義對、誰的法義錯，那你不是都在分別嗎？」對啊！就這樣罵。我心裡想：「啊！要怎麼為他們說明清楚呢？真的好難喔！」（有人笑…）因為書都已經寫得那麼明白了，他們還那麼講，顯然是讀不懂，對他們真的無可奈何。可是真的不能罵他們啊！只好為他們回信吧！看他們讀了信以後懂不懂再說吧。人家來信了，為免失禮，我總得要回信。所以早期，我對來信還真的回了不少，那卷夾一個又一個，都這麼厚，有三個保存信件的卷夾都這麼厚。因為以前我沒學電腦打字，回信時都是手寫的，但我會用單面複寫紙複寫起來存檔。我寄給他們的是正本，複寫本我就留下來保存，就這樣婉轉回覆眾生的來信。

所以說，「菩薩摩訶薩行處」不容易作到，如果想要出來弘法，自己要先把心性與證量打量一下：自己作得到或者作不到？如果作得到，才可以確定說「我要走弘法這一條路」；如果作不到，只要護法就好，千萬別勉強自己出來弘法。不然的話，弘法的結果反而會跟眾生結惡緣。有的出家菩薩悟後生不了一兒半女——無法幫助弟子開悟，就是因爲心性的問題；他們智慧非常非常棒，就是因爲心性的問題，所以在法上生不了一兒半女啊！於是門庭寥落，正法不能興盛起來。

那麼「菩薩摩訶薩行處」講完了，接著呢，什麼是菩薩摩訶薩的「親近處」？是說「菩薩摩訶薩不親近國王、王子、大臣、官長」，也就是不在世俗的名聞利養等利益上面考量而去親近這些有權勢的人。爲什麼不該親近這些人？因爲親近這些人會有後遺症。你如果親近國王，國王有一天會跟你開口：「你到底悟個什麼？你得要幫我悟啊！若不幫我開悟，我就砍了你。」就是這樣子啊！也許你不怕被砍，但他會威脅：「我砍了你的兒子、砍了你的老父母。」那你怎麼辦？所以親近國王有時眞的不好啦！那親近王子呢？也不好！因爲王子眞的比國王還要差，他一心想著：「老爸爲什麼現在還不死？」另外一心想著又要當賢聖。

對啊！他要當人王，也想要當法王啊！雍正不就這樣嗎？人王當上了還不滿足，還想要當法王。結果呢，他是人王當了，法王也當了，而他這個法王是夜裡常常在修雙身法的，白天又忙於政事，所以他在位沒幾年就死了，才不過在位十幾年。十三年喔？對啊！因為他很勤政，每天晚上又要精修雙身法，你說他不早死才怪！（大眾笑…）就是這樣啊！那麼他死後還能常住人間嗎？不行啊！因為他打壓如來藏妙法，真的打壓得太厲害了。其實是天魔派來的，清朝的皇帝大多是天魔派來的，因為他們往世有修大福德，所以當上了皇帝，但是都抵制正法。所以說，親近「國王、王子」都不是很好啦！除非他們非常努力護持正法，菩薩摩訶薩為了正法久住和利益眾生的緣故，可以被動親近國王、王子。

親近「大臣、官長」也不好。可是禪師們聰明，禪師們一開始就說：「皇上！您若是想要得法，但這個法，佛有規定，一定得要是三寶弟子才行。」先把話講在前頭。那皇帝想要得法，不得不先歸依成為三寶弟子，因為經典也是這樣講的。真悟的禪師都是寧可被砍頭也不願妄傳實證內容的，因此皇帝為了得法，不得不歸依成為三寶弟子了，那他應該會歸依誰？當然歸依證悟的禪師最好。因為法師們沒有開悟，禪師有開悟啊！好，皇帝先歸依禪師以後，縱使把禪師找進宮裡名為供養，其實是圈禁在王宮內。但至少還是他的師父，弟子總不能殺害自己的師父吧？何況那是無間地獄重罪呢。禪師很聰明，就先要他歸依：「你先歸依三寶，還得先成爲菩薩再來參禪。」因爲這是菩薩法，只有菩薩才能得這個妙法，於是皇帝不得不又受了菩薩戒。當他受了菩薩戒，對自己的和尚更不能殺害了啊！

接下來，皇帝的心性若不是具足菩薩性，不管他怎麼請問佛法，禪師就是跟他言來語去、高來高去，就是讓他證不到，但他也不敢殺禪師。你看慧忠國師他們就是這樣，等到捨壽將死，皇帝問起身後的事來，禪師就說：「請您爲我造個無縫塔。」那皇帝很聰明，就說：「請師父您給我一個塔樣。」禪師就「良久」。良久之後才問皇帝：「會麼？」這教他如何會？（有人笑…）可是慧忠國師眞的有爲他處啊！就是難會。慧忠國師就是用這種最難會的機鋒給他。那他會不來，慧忠國師就要走人了，皇帝就央求說：「那您走了，我怎麼辦？」當然也好辦：「我有個侍者應眞，他知道這個無縫塔。」然後慧忠國師就捨壽了。

皇帝身爲徒弟，當然要爲師父好好辦後事嘛！辦完了，把慧忠的徒弟應眞禪師找進宮來，沒想到應眞也跟他來個「良久」。其實師徒早就講好了，不能讓他開悟，因爲那位皇帝的心性還不是眞正的菩薩，眞的是這樣。因爲那些皇帝、王子們，幹過多少大惡業，憑什麼給他們開悟？那種人還給他們證悟，眞的叫作沒天理，諸天都會來抗議欸！所以你們看，在這裡 世尊也交代「不親近國王、王子、大臣、官長」。因爲他們常常仗著權勢作威作福，不是慈愛有情的菩薩。

第二，這個「親近處」還規定「不親近諸外道梵志、尼揵子等」；換句話說，外道那一些出家、在家修行人等，你身爲菩薩摩訶薩，不應該跟他們親近；因爲你若是跟他們親近，就等於認同他們的法義。你是個證悟的人，而你認同他們，眾生就會跟著你認同他們，但這樣對眾生沒有利益。所以菩薩不能跟外道梵志、尼揵子等往來。如果有外道，不管他是什麼牧師、神父，或是一貫道的講師、前人、經理；或如回教的弘法師叫作什麼？啊？穆斯林是信仰者，他們的弘揚者叫什麼？對！叫作阿哄？不管什麼名稱，反正我就是不親近。我不像那些大法師們會跟外道往來，我向來不跟那些人往來。爲什麼不往來呢？因爲他們都不是三寶弟子嘛！既不是三寶弟子，是信仰外道法的大官；我都不想見，不管他們官兒多大。

只有一個情況例外，他們願意大力護法，幫忙我復興佛教、救護眾生，那他雖然不是三寶弟子，我也願意相見；因爲對眾生有利，對正法久住有利。但他們如果不是這樣的狀況，開口說：「哎呀！我仰慕你啦！我送一億美元來供養你。」對不起，不見！我拿那一億美元下來，下輩子怎麼辦？我又不是笨蛋，人家是要來種我的福田欸！這一世收他一億美元，我損了來世多少福德？又不是腦袋壞了。這是很現實的課目，不久就要面對的。那這一億美元又能怎麼花？每一餐花掉一萬塊錢，求各種享受，花完了，下一輩子呢？不是只有一輩子要還欸！可能要把累積的菩薩資糧分掉一半，或者不只一半，因爲下輩子還時不曉得是要幾倍呢！可得要把多劫修來的福德提出來還欸！那是累積多久才能存起來的大福德？何苦來哉！這個算盤要會打啊！對不對？我們每一個人都要揹著算盤，這個算盤一時一刻都不能離開，要懂得算。那眞的划不來！

所以外道梵志、尼揵子等，如果說不指定是供養我個人，可以讓我用在任何正法上，那我就會接受他的供養。如果他規定說：「不行，我只供養你，你不能作別的用途。」我也就不收了。所以如果受他供養，我一定要求一個前提：「這筆錢我可以作任何事，你都沒有異議。」如果他承諾了，那我就接受了！那時我就好用了，要買講堂就買啊！甚至於我們同修會可以擴大學辦獎學金，那時辦的清寒獎助學金，不必考慮成績好，只要品性好，家裡也窮，我就把這些錢拿來布施給這些人，讓大家都知道：正覺教育基金會這麼樂善好施！正覺同修會也是這麼樂善好施！那就行啊！我就接受了！這時我讓他來種福田就可以啊！那我收了他的錢，就拿來廣種貧窮田。種下去以後，這一世當然不會得到回報，但是我種了貧窮田呢，因為我是「施主勝」，雖然田不勝，但我未來世的福德也是無量無邊啊！那麼來我身上種福田的人，來世福德無量無邊；而我種福田出去時，福德也是無量無邊，那就成為對大家都很好的事，何樂不為？

所以有的人沒智慧，人家說：「師父啊！我供養你一百萬元，讓你這一輩子吃喝不盡，都不必擔心吃喝的。」以前曾有人供養師父時，師父問他說：「你這一百萬元，要讓我作什麼？」徒弟說：「師父您每天早上喝豆漿可以用啊！」那愚癡的師父就收了，收了以後怎麼用？這一百萬元他就只能用在喝豆漿上，別的都不能用。（大眾笑…）對！受施時一定要先講清楚：「不論我用去作什麼事，你都接受。」不要限制我只能用在飲食上；像這樣的話，比如寺廟這裡有個地方需要修補，也可拿來用啊！眾僧的僧衣舊了也可拿來換新，都可以用。不要指定用途，指定用途的錢，最好不要接受，因爲很麻煩，那個因果不好處理。那你親近外道梵志，他主要是作什麼呢？他主要就是弘揚外道法；當你去親近他，常常與他會談，不就等於變相承認他了嗎？那眾生不瞭解內情，不曉得你是因爲人情的緣故不得不跟他往來，結果眾生以爲那外道也是修證弘揚正法，於是也會大力供養，就會跟著他學，因此就走錯路啦！所以，外道梵志、尼揵子等不應該親近。這是菩薩摩訶薩應該有的基本行誼。

接著說「**及造世俗文筆，讚詠外書及路伽耶陀、逆路伽耶陀**」。有的人文筆很好，所以他善能寫書、寫文章。可是他的文筆好，用在什麼地方？用來讚詠外道的書籍。他讚歎歌詠外道寫的那些書籍，說內容多麼好、多麼好，這種人你就不能親近喔！只要有誰讚歎說「阿拉也有開悟」、「耶和華也有開悟」，那你就不能跟他親近，因爲他就是這種人啊！他正是「**造世俗文筆，讚詠外書**」，眞的有這種人啊！有一貫道的講師宣稱開悟佛法，也去大陸弘法了，他自稱已經是四地大菩薩，卻對大眾說：「**阿拉也有開悟啊！上帝也**

有開悟啊！老母娘也有開悟啊！」那諸位想一想：他有沒有開悟？這就很清楚了！因爲那些沒有開悟的人或神，他都說是有開悟，顯然他就是沒有開悟，所以分辨不清上帝、老母娘都只是凡夫，還自稱是四地菩薩呢！所以這一些外道，你是不應該跟他親近的；因爲你證悟後，有時或常常跟他親近，人家就會誤以爲他所說的法義，你是認同的；所以當他說上帝有開悟時，等於你認同上帝也有開悟，會變成這樣子。因爲你跟他常常往來，後來你都沒有說他講錯了。

那你如果一天到晚說：「他說上帝有開悟，他是講錯的。」那請問：他還會跟你往來嗎？他就不跟你往來了！所以你悟後跟誰往來，都得要注意。世俗親眷就無所謂，世俗朋友都無所謂，但如果是外道修行者，你就不能跟他親近。如果他的文筆很好，卻寫讚詠外道的書籍，那你更不應該跟他親近。這些人都是你應該要遠離的，因爲你是爲人如實演講《法華經》的菩薩。你若是跟他親近，就等於變相承認他也是有證悟的；這樣一來，眾生就會繼續跟著他修學，然後就跟著走錯路，這些眾生的道業就被耽誤了！耽誤了還不打緊，就怕他們跟著外道大妄語，死後下地獄，卻是菩薩摩訶薩無心之間造成的誤會而導致；推究其因，菩薩摩訶薩還是要承擔這個責任。

接著說讚詠「路伽耶陀」的人，這種人你也不能跟他親近。「路伽耶陀」是指順世外道，他們都隨順世間法。世間人最喜歡什麼？最愛的是求三界有，他們就隨順世間人而容易取得名聞與利養。有一句話說「忠言逆耳」，佛法就是忠言，所以眞正的佛法一般世間人聽不進去，表相的假佛法，一般迷信的佛教徒卻容易聽進心中去。可是順世外道以及佛門中的順世外道大師所講的世間法呢，世間人都很容易聽得進去。世間人最愛什麼？愛三界法。你如果告訴他們三界法常住的話，他們一定很喜歡。例如有人在傳授氣功：「練精化氣，練氣化神，練神還虛，最後當神仙可以飛來飛去哩！」世間人聽了就說：「喔！這眞的太好了！」世間人就是喜歡這個啊！那麼那個傳法的人就是順世外道中的一種。例如有的人講究長壽，他既講究長壽，自己每天努力去運動，又小心於飲食的調養，那我們沒話講，但仍然是順世外道——路伽耶陀。可是如果傷天害理來求長壽，那就不只是順世外道喔！那是造惡業呵！

求「三界有」長存，譬如說地行仙，還有精行仙的修法。地行仙的修法在《楞嚴經講記》裡就有詳細說到；（編案：已經出版。）精行仙的修法，諸位當然知道，就是我們正在廣破的密宗外道，那雙身法就是精行仙的修法；可惜的是密宗所有喇嘛們，還沒有人修成精行仙。那個修法為什麼我說它也是順世外道？因為它既是外道法，也是隨順欲界世間的，所以他們在歐美傳得很快，因為歐美人追逐物欲，都在物欲上用心，沒什麼心靈層次可說，所以貪淫，大家都好喜歡密宗雙身法。

這是因為密宗自稱既能成佛出世間，又能同時擁有欲界世間的淫欲；正是投洋人所好，在西方世界就傳得很快。但我們不想消滅他們，也不可能消滅他們，因為這是投眾生之所好，所以歐美人好喜歡啊！但他們不要再自稱為佛教就行了。如果他們宣稱離開佛教，自稱不是佛教，叫作喇嘛教，我們就沒意見，再也不會破斥它，只要它不仿冒佛教。因為佛教有佛教的「著作權」啊！他們不應該來仿冒這個「著作權」。密宗的修行就是屬於精行仙的修法，所以我說他們是順世外道，但他們截至目前，還沒有誰修成精行仙的境界；因為連達賴喇嘛自己也不懂精行仙的境界，何況能夠修成功？

但密宗的雙身法在中國比較難廣傳，是因為中國人有禮教思想，中國文化中有五倫的觀念，除非唯物論繼續風行。如果哪一天胡錦濤找我去說：「欸！你來幫我把密宗趕出中國。」我說：「行！」我一定歡喜跟他相見，不管他是不是三寶弟子，我都可以相見，接受他的請求。那我就從五倫來講世間、出世間法，來把密宗趕出佛教。用五倫是最好講的，中國人最容易接受的。我就從儒家來講，例如儒家不是每天要上香嗎？早晨供上三杯清水，然後上香，上面貼著的紅紙上寫著什麼呢？是「天地君親師」，我就講這五法。就依天地君親師，來講密宗爲什麼應該離開佛教。啊？「不曉得胡錦濤哪一天要見我？」我認爲不會有這一天，我們也沒有期待，因爲大陸的局勢很難說啦！但是我說密宗是順世外道，菩薩摩訶薩是不應該親近的。

除了這個以外，「路伽耶陀」還有的是求什麼？求生天，這也是順世外道啊！生天享福誰不要？世間人還不懂佛法之時，都是喜歡生天。來世生到天上享福，誰不想？那七仙女下來人間跟隨董永，眞是笨蛋！唯一的解釋就是他們過去世無量劫來因緣太深了，不得不跟著董永下來人間；愛上了，眞的沒辦法。生天，就是生欲界天享福，或者生色界天享受定福；若是上生無色界天，就離開了覺知心的煩惱，是因爲色界天覺知心還是有所煩惱啊！那無色界天連色身都沒有，都是住在定境中不起煩惱，最清淨了。但這些都還是順世外道啊！因爲都隨順於世間法——隨順於三界世間。這也屬於順世外道。

接著還有佛門中的順世外道，一天到晚講：「我們學佛呵！要有包容心，不管人家講的對，講的錯，都要包容。」包容的結果應該要怎麼樣呢？應該要作好事，說好話，還有哪一個好？存好心。這不就是佛門中的順世外道嗎？因爲這是隨順世間法的，這種說法不管講給誰聽，都會聽得進去；縱使是講給殺人犯聽，他也聽得進去。隨順世間法，就是佛門中的順世外道。可是順世外道就只有這樣子嗎？例如說：「欸！我們人呵，最重要的就是覺知啦！只要覺知心把握得住，不想打妄想就能不打妄想；我們這個覺知心是常住的，是永遠不會壞滅的，只要不分別就是開悟了！」這就是意識常住的思想，這種講法到社會各階層去講，大家都會認同，所以是順世。

除非有人是在實證的佛門裡面，否則大家都會認同他的說法。事實上前幾年，連佛門大師們也大部分認同，都說意識常住啊！也有佛門大師說：「意識可以分爲粗意識、細意識，細意識是常住的。」他們講的細意識是什麼？

就是離念靈知，也有人說就是直覺，例如釋印順。有時候怕人家破斥，他就改個說法說：「細意識是不可知、不可證的，我們死了還有這個細意識存在。」講到有一個細意識存在，學佛的眾生都會接受啊！那就是佛門裡的順世外道。

但是　佛陀在《羅云忍辱經》裡面說：「正法跟世俗法是相違背的，世俗人所最珍貴的意識，在佛法裡面卻是被輕賤的。凡是認爲意識常住的人，就是常見外道。」結果他們卻都在講「意識常住」，這不就是佛門裡的順世外道嗎？所以我說六識論者全都是順世外道。如果有人寫書，文筆非常好，大力讚歎六識論——讚歎意識是常住的，不管他講的是粗意識、細意識、極細意識，全都是與常見外道合流，全都是順世外道。因爲這是隨順世間法，正是世間人之所喜歡的！

在禪門裡面有沒有順世外道？有啊！多的是啊：「離念靈知就是眞如佛性，常住不壞。」大家聽了都高興死了：「哎呀！我只要每天打坐，只要一念不生，那我這個覺知心就變成眞如了！哇！太棒了！那這樣就是開悟了。呵！我是聖人了呢！」世間人聽了也都喜歡啊！很容易就可以當聖人，誰不想當？而且當這個聖人，還可以繼續像世間人一樣吃喝玩樂，還可以繼續貪愛五欲，因爲離念靈知正是意識，意識是與五欲相應的心啊！也是因爲離念靈知從來都處於人間六塵的境界中啊！那麼這樣主張的人，就是禪門中的順世外道。

也有禪門裡面的大師說：「你不要把那些煩惱放在心上啦！不管什麼煩惱，你全部都把它放下。放下以後心中都沒有負擔，這樣就是開悟了，這樣就是眞如心啦！」這也是隨順世俗法的想法啊！這也叫作順世外道。

還有近年興起，在中部興建了很高的大道場的大師說：「師父說法的一念心，諸位在座下聽法的一念心，清清楚楚、明明白白、處處作主，這個就是眞如佛性。」哇！大家聽了都好高興：「哎呀！感謝師父今天來爲我們開示，我們終於開悟了！」哇！好高興。但這也是隨順世俗法，世俗人聽了都歡喜，都會接受呀！因爲世俗人都沒有斷我見，最喜歡覺知心自己了。你如果把覺知心「識陰自我」否定了，他們就不接受啊！所以眞正的佛法不容易被接受，以前我們《邪見與佛法》在台灣出版時，大陸有人收到了，覺得太棒了，就趕快在大陸複印了二千冊寄到全國各寺院去，結果怎麼樣？被收集起來焚燒。因爲我們講的法跟世間法不一樣，不隨順世俗見解；可是那些講離念靈知是眞如佛性的大師們，大家都讚歎意識，因爲他們是順世外道，當然世間人很喜歡他們的說法。

接著有人說：「當我們這個心把得住，不要往兩邊看，人家講善的時候，我們不隨他說善；人家說惡的時候，我們也不隨他說惡；我們保持在中間，不要靠向兩邊。人家要罵人，我們也不跟著罵；人家讚歎，我們也不跟著讚歎；我們都保持在中間，這樣就是中道。」欸！大家聽起來都覺得說：「這個不錯哩！」明哲保身啊！可是這其實也是順世外道，是禪門中的順世外道。順世外道的法是很容易弘揚的，不論在佛門內、佛門外都一樣；可是佛法與順世外道所說相違背，不容易弘揚。

那如果是「逆路伽耶陀」，也就是反順世外道，就能夠行得通嗎？也不一定哦！那如何是「逆路伽耶陀」？如何是「逆順世外道」，我們就只能等下週再來說了。因爲時間已經到了。

今天開講前先聊天兒！也許有人在外面拿到這麼一大張的傳單，但是讀了以後，發覺不知所云。二、三、四講堂的同修們有看見了呵？有拿到的請舉一下手。哇！還不少人欸！好，謝謝！欸——傳單上這個人說我是偷學他的法，（師與大眾笑……）正好有些逸聞妙事可以順便講一講。據我所知，剛才得到的消息，這個人以前在正德佛堂，後來被趕出去。好像是上週？他也闖進正覺講堂來，也跟游老師小參過。就是有一位穿得髒髒的，不知所云啦！然後他出去說：「**游老師什麼都不懂！**」（師與眾大笑……）那天游老師問他五陰、十八界，但他什麼都不懂，他卻反過來說游老師什麼都不懂。總之就是精神有問題啦！所以他今天要再進來正覺講堂，我們樓下管理處安全人員就不讓他進來了。

這倒使我想起來，最早期，大概我出來弘法三、四年左右，那時正覺同修會還沒有成立。當時有一位法師，可能也是剛剃度不久，我想他可能連戒疤都還沒有乾，就寄了一個卷軸要給我；他寄到台北松山機場，機場的人通知了我。我想：人家刻意寄來，我總不能不理吧？好吧！就去領回來。領回來後，見他信中說他的那幅卷軸是多麼妙，就打開來看，原來是用經文寫出來的一幅卷軸，在經文中空出六個空白處，那空白處看起來就是「南無阿彌陀佛」六字。你們有很多人也曾看過類似的文物，也有人是用《金剛經》的經文來寫成，經文寫好以後看起來是個寶塔的形狀；也有人把《金剛經》的經文書寫時，經文中間留出空白，讓人看出是三個字：金剛經。

他在信中說那幅字裡面有多妙多妙的佛法，我就回個信謝謝他，他是什麼名字我就不講了。然後他又寫信過來，自認爲是我過去世的師父，（師笑說：）大概聽到有人轉述我在尋找過去世的師父（因爲我每一世都會等待著，看我師父有沒有投胎再來），然後他就說自己是我過去世的師父，講了一些話，無非是要我親近供養奉侍他。他寫信來，那大概是十四、五年前的事了呵！那時他還在佛學院讀書，膽子就已經這麼大了，但他曉得自己想要收作徒弟的蕭平實是熊、還是虎呀？就敢寫這封信來。然後我就跟他開示了一些法寄回去，就往來了一、二封信，第二封信就沒有收到他的回信。過了差不多一年多，我突然又想起這個人，這回換我主動了，我寫了一封信給他說：「已經很久沒有收到你的信了，我認爲你應該再寫信給我；因爲你若常常寫信給我，你的道業就會進步。」結果也沒有回應，這個案子就算結案了。所以這種事情是早已司空見慣了。

後來有一位同修（是台北的兩位，男的姓許，女的姓李），老是跟我介紹說某老菩薩多厲害、多厲害，每天去極樂世界，自己來來去去，神通廣大；說他要看什麼經文，只要眼睛一張開，往牆壁上一看就有；想要看什麼經文，壁上就會有什麼經文，說他是八地菩薩喔！然後有一次颱風來，說本來會進來台灣掃得一塌糊塗，他覺得這樣不行，就打坐出去看颱風，說颱風就在他的頭頂上轉，他就叫颱風趕快離開，自稱那個颱風也就離開了。然後又有一位同修轉述，說是老菩薩親口向他講的，說他入定出去這麼一看，那颱風就在他的膝蓋那邊轉來轉去，他就把手一揮，颱風也就走開了。怎麼會有兩種說法呢？

但因爲我一直在等著我的師父到來，所以就權且當作眞的吧！因爲一開始我也不信，然後他們兩個人就一直推薦，不斷推薦了一年多，快兩年了。我說這兩個人會推薦一年多，想來是眞的吧！好，我就去跟他見個面，認他作師父。我眞的認他作師父，只是沒有三跪九叩啦！然後約了在台北工專見面；但是雙方沒有講清楚，所以忠孝東路這邊大門找不到人，八德路那邊大門也找不到人，去到學校裡面也找不到人，後來才知道，原來他在他家巷口等我。我心裡面打好大一個問號說：「神通這麼廣大，弟子要去接他，時間都超過很久了，爲什麼他不知道弟子在那邊來去奔忙？喘噓噓地老是找不到他呢？」（師笑：）但是當年我也沒有問，恭請他回到我家裡去了。禮拜過後，不論我問什麼佛法，乃至他自己來去極樂世界的證境，都是沒來由就突然有了。不論問他所說的哪一個法，全都是如此，都是無因而生。

我沒想是那兩位弟子合起來欺騙我，這樣也就過去了。但是每一次通電話，我跟他請法時都是跪在地上跟他講話。但是不論問什麼佛法，他都回答不出來。然後又說他能跟誰治病，如何、如何神通廣大。好了，有現成的人修行出狀況了，離開同修會以後找人亂學一通，愛學神通學出問題；人家來求我幫忙了，我就請他治；結果沒治好，反而更糟糕。又知道有一個桃園縣的女眾精神有問題，結果還在中壢或是桃園市，聽說在路上脫光了衣服在街上四處亂逛，說是被他加持立刻就醫好了，後來證明也是騙人的。其實是我們會裡有一位洪師兄跟她的家人找到她了，把她帶到醫院去，打了鎮靜劑才解決。

那時我們在建國北路有一個共修處，有一位師姊是搞道教的，常常在跟人家辦事呵！「辦事」你們聽懂嗎？懂啦！結果她也是被鬼神附身，精神病出現了，也拜託他醫治；又說電話一放下，會馬上處理，馬上就會好了。結果過了三天以後，聽說更嚴重，根本就沒好，原來依舊被鬼神附身，精神狀況依舊異常，沒解決，反而更厲害了。在道教裡面爲人家辦事，常常會被鬼神附身的，一貫道的道親們也要非常小心。一貫道裡面那些天才們要很小心呵，除非是假裝有神降臨，其實是自己裝神弄鬼；這些人都要非常小心，否則遲早會被鬼神附身的。

她被鬼神附身以後，鬼神就用她的手抓著她的喉嚨，要她死。因爲她以前曾經跟我學過一陣子，她家裡的人打電話給我，向我求教，我說：「讓我跟他談。」然後我就在電話這頭跟鬼神談，那鬼神就接受了我的勸解。那聲音眞的好怪，然後我就跟他開導。你不能用強制的方式去制人家，在佛法中不是這樣作的，但是道家通常都會用制的方式來處理。**制**，閩南語叫作**制**，不是祭祀的**祭**，是強制的**制**；那個方法很不好，只會結怨，而且結得更深。那我電話裡跟他講，那鬼神接受了，手就放開了，然後就退走了。

接著我告訴她：「雖然退走了，妳還是得去看精神科醫師，要請醫師開藥，因爲那鬼神境界全都是意識的境界。鬼神所能夠作祟的也只是意識境界，不管哪個鬼神多厲害，只要麻醉科醫師來了，把麻醉藥、鎮定劑的劑量加大，注射進身子裡去，那身子就無用了，大力鬼神也無可奈何，再也不能附身了。」正因爲那都是意識的境界，只要把勝義根給鎮靜下來，那鬼神附了身體也無可奈何，不能再使用那個身體了，最後只得離開。所以鬼神的力量再大，抵不過那一小瓶的鎮定劑；因此，她後來也是好了。我後來就說：「被你們推崇爲八地菩薩的大菩薩，竟然需要藉助五通神來對治那個惡鬼？」結果卻只得罪了那個惡鬼，反而使被附身的人更痛苦。那個老人連五通神的威神力都沒有，還說是八地菩薩。

五通神只是位階很低的鬼神，都還上不了欲界天，連四王天都上不了；一個八地菩薩，於相於土自在，隨時隨地都能變化定果色，他只要隨便一舉手一投足，那鬼神早就屁滾尿流，立時解決。但他不但沒有八地菩薩的威德力，竟然沒能力自己對治小鬼神，還得要藉最低階的五通神來對治小鬼神，那他算什麼菩薩？而且被推崇爲八地菩薩，卻是種種佛法一問三不知，而他所謂的自己來去極樂世界的境界，也都是突然而有、無因而有，後來也被我證明是騙人的。在佛法上，不管什麼樣的境界，一定都有一個發起的過程；

凡是沒有過程突然而有，全都是虛妄的。若不是虛妄的，是生來就有的佛法證量，那他一定早已離開胎昧。所以那位還在胎昧中的老菩薩，我後來就公開說：「他這個都是假的，他連明心都沒有，他連我見都沒有斷，只是一個凡夫，裝神弄鬼。」所以，後來我就公開破斥他。我記得以前蘇老師也曾寫過一篇文章，貼在九樓講堂的公告欄，也是具體破斥了他。這事情何老師也稍微知道幾分。

所以，我是在找我的師父沒有錯，但是不能隨便冒充啊！（師笑……）不能因為我在找，然後就可以隨便冒充我的師父來找我。冒充的結果一定會被我拆穿的，甚至會被我從法上教訓一番的。因為我不是沒有智慧的人，我只是沒有權力欲望，我是謙虛。（大眾笑……）我只是謙虛，所以隨時在等待我的師父再來。如果我前世的師父來了，我就下來當他的首座，我永遠是這樣的心態啊！我並沒有什麼企圖要當法主當到底！我現在當這個法主，也是大家拱出來的，我本意也是不想當。

我的本意呢，是想要交棒，然後就退隱去過我的田園生活。所以我在家鄉重劃區買了塊地，一百多坪（約四百平方米），是住宅區。結果沒辦法住，那時我老爸還在，我回去看老爸時就在那兒過夜，結果呢，到晚上十二點時雞啼；因爲重劃區裡道路全都開好了，就有路燈，整晚都很亮，那公雞不知到底是不是天亮了，（師與眾大笑…）牠就不斷地叫；好不容易剛要睡去，一點鐘時雞又啼，兩點也啼，三點也啼，一直啼到五點。眞正天亮時牠倒是都不啼了。我說：「那不能住。」（眾笑…）所以又去我同修的故鄉竹塘鄉的明航寺旁邊，中間隔著一塊地，我又買了一塊田地八百多坪，可以蓋二層農舍，準備要退隱去那裡終老。

所以我並沒有意願把法主一直當下去，這些都是事實。後來沒辦法，因爲我九百年前的師父也不曉得跑到哪裡去了，也不跟我通知一聲，就讓我在這邊等著、等著。後來這法主的位子眞的沒辦法交卸了，這些老師們也沒有一個人准我退休，他們各個都反對；結果，我只好在台北山裡去買個房子，因爲我那喧囂居太吵了，都已經被他們震到腦神經出問題；我窗戶外面就是幼稚園，他們生意又很好，而且是天下有名的吵鬧，我已經被吵到腦鳴了，不得不買到山裡面，就到山裡面去住，現在就不會再有腦鳴的問題存在了，就這樣繼續擔當這個法主的職事。

這意思就是說，其實我是一直在等待，因爲我對於法主沒有什麼興趣，我比較喜歡過山林的生活啊！自己悠悠閒閒的，本來是腦袋裡面有一幅影像說：我六十幾歲以後就可以退休了，不必再弘法，可以交棒了，就回去故鄉蓋房子住。如果天冷了，把長袍穿了，還不必用到枴杖，四處晃一晃，也很寫意。我心裡面是有那麼一幅圖畫的，結果現在都落空了！不但落空了，現在是連休息的時間也沒了！得要夜以繼日不停工作，眞的是……現在如果有休息的時間，可以去游個水，那眞叫作奢侈。

所以，冒充的人是很多，但是今天諸位遇到這個人，他不是冒充，他是精神有問題，所以也不要罵他，只需存著悲憫心來看他就好。因爲他寫的內容也是不知所云。游老師剛開始不知他的精神狀況，是已經與他小參過了，但他說游老師什麼都不懂，（師笑…）那你就知道他懂不懂佛法。懂的人都不敢說游老師什麼都不懂。如果懂點佛法，精神正常，通常不會來找我挑戰，或是想要來向我開示。因爲已經知道我到底是熊、還是虎啊！他們知道嘛！所以諸位等一下講經完了離開時，若是依舊遇到他，以悲憫心爲他唸一句「阿彌陀佛」就好。不要怒目相向或者鄙夷的臉色，要可憐他，因爲這都是有往世謗法的因緣才會導致現在這個結果。這樣子閒話家常就去掉十五分鐘了。我們上週《法華經》講到一百二十五頁，倒數第四行的第一句第一個字，今天要從「逆路伽耶陀」開始說。上週最後講的是「路伽耶陀」，叫作順世外道。順世外道顧名思義就是說，它的說法、想法與作法，也就是行爲，都是隨順世俗法的。例如世俗人說：「哎呀！你說你的法，別人講別人的法，各人說各人的法就好了，你爲什麼要說人家講錯了呢？」就是要當老好人嘛！那叫作隨順於世俗法。世俗人喜歡的是：「我五陰的全部或者局部是常住法，我十八界裡面的局部或全部是常住法；就算是造了惡業，被人家判刑砍了頭，不過是碗大一個疤，二十年後，老子還是一條好漢。」這是世俗法。他不曉得說：砍了頭以後雖然只有碗大一個疤，但下一世絕對不會再是一條好漢，可能只是一頭狗熊。他是根本就不知道。所以世俗人的想法是很平常的，都在我所跟我見、我執上面著眼的。但是「逆路伽耶陀」——反順世外道，他們的作法、想法、行爲、心態都是反順世外道的，所以叫作「逆路伽耶陀」。

那麼反順世外道，我們舉第一種例子，例如老莊思想，講無爲。那麼無爲而治，到底好或不好？那要看是什麼時節。假使是在沒有五濁之時，無爲而治絕對是正確的。可是如果在五濁惡世，無爲而治就會出問題。又例如他的部下們，譬如以前叫作知州、知府、知縣，當這些地方官亂判案，或者說知府、知州、知縣根本就不管事，人民胡作非爲、欺壓善良，他們全都不管，說是無爲而治；那麼人民對皇帝的觀感怎麼樣呢？就說這個皇帝昏庸無能。人民造惡業，官吏大家共同貪贓枉法，那皇帝也都不管，大家都會說他是昏君。

如果換成現代的話語，就說他的民調會往下掉，一直掉到底；人家也會說他叫作昏君，因爲該管的事情他都不管，老是示現出一副清高的模樣。這就叫作無爲而治。但什麼時候該無爲而治？身爲皇帝得要有判斷的能力。不該無爲而治的時候，就該有爲而治。同樣的道理，這老莊思想主張的無爲而治，不管怎麼樣就是應該無爲，也就是自己清淨的自守，清高而修，什麼都不去管它。有人學佛時就像這樣子，生也好，死也好；貧窮也好，富貴也好，他全都無所謂，變成很消極的人，剛好與世間人背反。世間人是喜歡生、討厭死，喜歡富貴、討厭貧賤，順世外道都是這樣子；可是有人思想大不一樣，所以我把它列作「逆路伽耶陀」，就是反順世外道。這類人如果學佛以後就會主張：什麼都不要管，生也好、死也好，生死平等。

但他們講的生死平等，可不是佛法講的生死平等，只是意識層面自以爲平等。佛法說的生與死平等平等，是從實相法界來說，是說生與死沒有高下差別，生與死不一亦不異，全都是不生不死的如來藏裡面的事，這是從法界實相來講。那他們是從世間法上「放下一切」來說，什麼都放下，就說是無爲。既然都無所爲了，所以生也好、死也好，都無所謂。所以堂上兩尊活佛死了，他也不悲傷：「本來就會死的啊！無所謂。老了就該死啊！」所以至親死了，他也無所謂。那他兒子生了孩子，他當阿公了，有孫子了，可以含飴弄孫了，他也不覺得喜歡：「因爲生也就是這樣子，無所謂。」就是這一類的思想，我們也稱它「逆路伽耶陀」，跟順世外道是不一樣的。

那麼反過來，就是墨家啦！墨家講什麼？兼愛、平等。對不對？墨家講兼愛、平等，自己清貧自守；可是他們訂下來的刑法呢，竟是非常的嚴苛。墨家自己生活是很貧苦的喔！也就是清貧自守！但是只要遇到誰貪污，一被他抓到了，就是砍頭；不管他貪得多、貪得少，都是嚴刑峻罰，不像儒家有一個寬恕的胸懷。這樣的作法，如果換到現在的台灣會怎麼樣？大家一定會罵翻了，說他不近人情。如果把墨家的思想拿到現在來用：「你貪污一個盒餐三十五元，我判你五年。」「你貪污五十億元，我也判你五年。」大家會不會罵翻了？會啊！

那公務員貪污一個盒餐，本質並不是貪污；那盒餐只是剛好有人沒來參加，剩下一個沒有人吃，那公務員惜福，沒丟掉，就把它吃了，這是人情之常，結果竟被定義為貪污而判了幾年刑，你說這不是墨家思想嗎？大家都罵：「恐龍法官！」對不對？是啊！所以墨家的想法跟順世外道的想法是完全相反的，是很苛刻的；但是自己很清貧而自苦其身，絕不求享樂。他們也講求兼愛，說大家都要互愛，大家都要平等，只要有誰違犯了平等的原則，就是砍頭，或是剁了他的腳等，都是嚴刑峻罰，這是世間人很不能接受的。所以在中國政治中，墨家一向都不太能抬頭。除非是在亂世，否則墨家不太被重用，因為它跟世間人的惻隱之心是大相違背的。

那麼還有一種反順世外道，我把它稱為斷見論。他們是主張說：「人就是這個色身以及覺知心，而覺知心總共就只有六個識，再也沒有別的了，死後全部就斷滅了，不會有後世。」他們認爲：「人睡著了，這六識會斷滅啊！但是因爲色身還沒有壞，所以還活著，明天還可以再醒過來。可是一旦死了，這六個識永遠不會再出現了！所以人死了，一了百了！很痛苦的時候當然可以自殺。自殺了以後就沒事，不會再痛苦了，因爲所有的人都是只有一生。如果看見這一生的所有未來永遠都會是痛苦不堪，那你就自殺，也就了結，一死百了。」他們不知道：一死不能百了啊！一死之後反而是千不了！連百了都達不到的，因爲還得去後世繼續還債，而且要還更多。

這就是六識論者主張的斷見，這種六識論的斷見，現在佛門裡也有啊！例如我們上次講的「路伽耶陀」順世外道，是佛門裡的順世外道，他們主張「細意識常住」，可是講細意識常住時，這個「細意識說」，其實依舊是個斷見論啊！可是這個斷見論，爲什麼不被眾生所接受？因爲眾生都貪生惡死，貪求長生、永生，而不願意斷滅。所以你們看，有時電燈桿上，由於佛教信徒去貼上「請常唸南無阿彌陀佛」，那麼一神教也就跟著貼，貼什麼呢？貼「信上帝得⋯⋯」什麼？（眾答：得永生。）欸！永生是不是順世？所以那也是順世外道的一種。我們以前年輕的時候調皮，就會把它偷改，它說「信上帝得永生」，永字的那點就把它塗掉，最上面那一橫也把它塗掉，那變什麼？（大眾答：水。）欸！那變水了喔！永變水了，再把那個生下面一橫塗掉，（有人笑，師說：）唸一遍！唸一遍！（有人回答：水牛。）欸！正是「信上帝得水牛」，這是年輕時調皮啦！因爲打從心裡就是厭惡迷信的基督教。

但是現在我要說「信上帝得水牛」，這句話其實有道理欸！在禪宗裡面水牛是什麼？十牛圖講的水牛是指什麼？是講如來藏啊！上帝每天與你同在啊！正是創造你自己五陰的上帝，不要去崇拜外面的上帝。他們多麼笨，對不對？你只要信自己身中眞的有上帝，那個上帝的名稱叫作如來藏！那你就找到水牛了啊！所以「信上帝得水牛」，沒有錯啊！（大眾笑……）這是年輕讀書時調皮的故事啦！因爲一神教的說法，我從十來歲就聽不進去，眞的很奇怪；就是聽不進去，很厭惡，總是認爲豈有此理？聽到傳教的人說了什麼教義，心裡馬上就是四個字：豈有此理？認爲沒有那個道理啊！

那麼想要得永生的想法，就是順世外道。可是，佛教裡竟然有人說：「一切緣起性空，死後全部都空；又說死後全都成爲空無，而這個空不會再被滅掉了，這個滅相是永恆的，這個滅相就叫作眞如。」釋印順講的啊！那他是不是「逆路伽耶陀」？正是「逆路伽耶陀」啊！他正是反順世外道。可是後來他又發覺說：「我這樣講，一定會被人家攻擊到體無完膚，人家一定會跟我扣上一個帽子：斷見外道。」所以他不得不又發明一個新的說法，叫作「細意識常住」，說細意識就是結生相續識。其實他這說法也是學自宗喀巴的講法，他從宗喀巴的《菩提道次第廣論》裡面，承襲了宗喀巴的說法，就是說：人們總共只有六個識。但爲了要說明五陰從哪裡來，就只好把意識定義爲能生五陰的識，於是宗喀巴就把意識叫作「結生相續識」，印順怕人家攻擊他，就換個說法：細意識是結生相續識。

本來大乘諸經中說的「相續識」是指如來藏，說第八識如來藏永恆而相續不斷。但是結生的事情（結就是三縛結、五下分結、五上分結），這些結不會與如來藏第八識相應啦！如來藏只是收存這些結的種子，會跟這些結的作用相應的，會使這些結從如來藏中出生的是意根、意識心啦！但宗喀巴把如來藏的「相續識」名稱，跟能夠「結生相續」的意識、意根合併在一起，說意識是結生相續識，就把六、七、八識合併爲同一個識，然後再來誣賴說：第七、八識是聲聞部派佛教六識論的僧人後來發展演變出來的說法。釋印順只是繼承了宗喀巴的荒唐說法，沒有能力、沒有智慧將宗喀巴的邪說加以簡擇，所以他也是六識論者。

但宗喀巴必須要堅持六識論，否則密宗的雙身法就不能存在了，他的《菩提道次第廣論》的止觀二章中隱語而說的樂空雙運即身成佛，就全部無法成立了；他的《密宗道次第廣論》也可以廢掉了，那麼密宗就會消失於人間，因樂空雙運的性交即身成佛法，都是識陰六識的境界。所以他如果承認第八識才是正法時，他的無上瑜伽、樂空雙運，如何能繼續存在？因爲那全都是六識的境界嘛！當他死後或悶絕時，連意識都被滅了以後，樂空雙運、無上瑜伽又怎麼能弘傳呢？不可能弘傳了。可是經上又說有一個識是相續不斷的，那他該怎麼辦？他就只好總合爲一，把第七、八識的功德全部歸入第六意識中，主張說意識是相續不斷的識。達賴喇嘛就是延續這個思想，所以他們永遠主張說意識是不生滅的，都與常見外道合流。

那釋印順繼承了宗喀巴這個常見外道思想，所以他的徒弟證嚴法師才會說：「意識卻是不滅的。」結果釋印順又因此而從「反順世外道」的斷見論，轉身而又回歸到常見了！就這樣，他的思想就這樣擺來擺去，具足常見與斷見。所以沒有在三乘菩提中實證之前，讀印順法師的書，讀起來會很痛苦；因爲他有時講這樣，有時又講那樣，你讀起來都不知道他在講什麼，其實連他自己也不知道自己在講什麼！作者、讀者雙方都不知所云，這就是問題所在。所以，她們那一些比丘尼說法的時候都自以爲是，一旦遇到我們正覺的人出來跟她們論法時，她們會怎麼樣？會惱羞成怒！因爲她們說的錯到一塌糊塗，那你們講出來的句句在理，符合聖教量——符合至教量，又符合現量、比量，所以她們沒有辦法回應。當她沒辦法回應時，身爲法師高高在上習慣了，現在無法回應了，結果只好惱羞成怒。當她們氣不過時，會怎麼樣呢？就是去法院誣告你啊！這是她們一向的作爲，台灣佛教界都知道。

而我們的傳統是被人家告，不回告；她們的傳統是，人家跟她說理，想要救她們，她們還要反過來咬人家、告人家。所以我們現在有一位同修也被告啊！那麼告了以後結果怎麼樣呢？檢察官一看就說：「妳告人家的沒道理嘛！」就駁回，不起訴處分。她們還不死心欸！還要往高檢署去告，高檢署看了以後的結果，還是一樣說：「妳沒有道理嘛！妳告人家幹嘛！」照樣又駁回，就這樣確定了。等於是定讞了啦！

我們就想：那沒關係，因爲我們這位師兄都沒提起過，直到上週才拿給我看那個資料。我因爲一直忙，所以前幾天才拿出來看，後來我告訴他：「你把你的資料都準備起來，我們《電子報》再來連載。」（大眾笑…）「看要分成幾集，再把它連載。」意思就是告訴她們說：妳們如果要繼續亂告，正覺每一次都會把妳們連載出來；妳們假使想要自取其辱，丟乖露醜，我們就奉陪。這不是爲某一個人而去作這種事，而是要爲正法建立威德。我們絕對不會去告妳，但妳濫告的結果，檢察官駁回了；或是去到法院，法官裁定駁回時，我就要把內容登出來。

如果妳告的有理，我們要跟妳道歉嘛！這是應該的啊！因爲妳確實有理，是我們說法說錯了。但妳不能夠因爲法義辨正的事情，就說人家侮辱妳、誹謗妳，這是濫告一場。妳既然濫告了，現在定讞了，那我們就是準備要刊登了。這就是爲正法建立威德，告訴她們說：「**正法不容許妳亂告一場。**」妳不能告著玩，妳濫告以後就是要有後果，除非妳眞的在理。妳若是在理，不必告，我們會跟妳道歉；妳若不在理，又濫告，告了以後有了後果，妳得要承受。至於因果律上的後果，以後死了再說，那由因果律去處理。但是現在活著，要告訴她們：正法不是可以讓妳告著玩的。所以我們也要把它連載。（編案：後來因事忙而忘了，如今事過境遷，已無刊登之必要性。）

這意思是說什麼呢？就是說釋印順在法義上面搖擺不定，有時落入常見外道法，有時又變成斷見外道法；又怕人家說他是斷見外道，於是又回來把意識建立起來，說細意識是相續識，又跑回去順世外道那邊。印順派他們就這樣一直在「順世外道、反順世外道」兩邊搖擺不定，所以一般學人不知道內情，讀印順法師的書就會覺得好痛苦——眞的是很難懂。因爲一下子講這樣，一下子又變成那樣，根本就不合乎邏輯：「可是人家被尊稱爲『導師』呢！說是台灣佛教界的佛學『泰斗』，我們讀不懂，應該怪我們笨，不能怪人家亂寫」。我在破參以前讀他的書也是一樣，老實說，我讀他的《中觀今論》，讀了半本實在眞的讀不下去，然後就擺著了。因爲發覺他的邏輯似乎講不通，可是當時也不敢罵他啊！因爲人家是「導師」，又是佛學「泰斗」，只能怪我自己笨，只好就擺著，等以後再說吧！結果這一擺就沒有機會再讀了。等到破參以後拿起來一看說：「哎呀！胡說八道！」終於敢說他胡說八道了喔！因爲有實證了，知道他的落處與矛盾所在了。

順便打一個廣告，釋印順的《中觀今論》，我們有一位老師要寫《中觀再論》，（師笑說：）把它拿來重新再論一遍，要告訴大家什麼才是眞正的中觀。因爲我們孫老師有一本《中觀金鑑》，《中觀金鑑》這個命名是從哪裡來的？是我從古書《醫宗金鑑》借用而來。因爲我爸是招贅的，所以我是出生在外婆家；我的外公很早就過世了，他是個讀書人，留下好多好多的古書。我當兵退伍以後上來台北，沒地方住，但心裡面還想著那些古書。但是我故鄉的哥哥一點都不珍惜，把它放在豬舍的上方，弄個架子放在那邊。我有一次回去說：「你這些古書不要丟掉，等我買了房子，我會回來搬。」所以他就沒丟掉。但我買房子不是立即買，存錢存了一段時間才有能力買，後來回故鄉時發覺還是被他丟掉了。

我只有買房以前回鄉時先帶回台北的一套辭典，是一套古本的《康熙字典》，還有一本書叫作《醫宗金鑑》。《醫宗金鑑》其實有很多本，是一套書，這只是其中一本。但後來那一本也不曉得哪裡去了。所以我現在手裡有一套康熙版的《康熙字典》。那時講的是什麼？就是說，因爲看到那一套《醫宗金鑑》，也就是說：古代中國醫學的宗旨應該以這一部書作爲最後定案的、鑑別的方法，就是叫作「金鑑」。我就沿用過來，所以孫老師寫的那一本有關般若中觀的書，我就把它命名叫《中觀金鑑》。以後不論誰講《中觀》，都要依據這本書的定義爲準，不許超出或違背這本書。那現在呢，游老師再來寫一本《中觀再論》（編案：《正覺電子報》已開始連載，名爲《般若中觀》），是說印順的《中觀今論》，我們如今會有老師要「再論」，不是他論了就算數。

爲什麼我們要這樣作？因爲他們寫的東西，眞的叫作亂無章法，不能說是佛法或佛書，連自己都沒有一個完整連貫的體系。釋印順就是這一邊的法拿來湊上那一邊的法，然後南邊那一個拿來湊上北邊這一個。俗話叫作「牛頭逗馬嘴」啦！結果逗起來以後成爲四不像，根本就不是佛法。所以他的東西很混雜，沒有一個完整的體系，往往上一段與下一段所說互相矛盾，上一節與下一節互相矛盾，但他完全沒有發覺自己有這個毛病。不但雜亂無章，而且他所說的佛法是嚴重殘缺不齊的。不像我們是一個很完整的體系，關於三乘菩提的概要，以及全部的內涵顯示出來；我們也把三乘菩提內涵的次第以及三乘之間的關聯，全部都很完整寫出來。

所以我們上電視弘法，我們那些老師們議定的結果，就直接去執行。現在都由他們自己去發展，我都不必再提供意見了。剛開始我會幫他們看看哪個地方需要調整等等，前幾次錄影時我還去照看指正，現在我都不必再管了，全部由他們自己去進行。至於要講什麼題目，也都由他們自行決定。他們現在決定要講什麼？講《宗通與說通》。《宗通與說通》我一開始是怎麼寫的？因爲有同修請我同修去泡湯，我當司機；我說我這個人很怕熱，我不想泡，妳們下去泡，我在外面陽台桌子上寫字。我就拿著稿紙開始寫，那時還不會打電腦，就帶著稿紙，坐在外面陽台那邊開始寫。我那本書的第一章就是在金山鄉那邊寫的啊！那已經有幾年了？啊？很久了，差不多快十年了，有喔？

我們那時寫的這本書就是告訴大家，整個佛法體系是怎麼樣的，而每一個宗派在佛法之中應該怎麼樣定位。當你把各宗派全部定位完成時，讀者詳細閱讀以後，整個佛法體系就清楚了。所以我們正覺不立宗派，如果有誰要自稱我們是正覺宗，我就打他三棍，佛教裡不能也不該建立宗派的，只有凡夫們才會建立宗派，眞正實證的諸地菩薩們，全都會反對建立宗派，因爲佛法三乘菩提是完整的體系，不該建立宗派來分崩離析。例如古時的慈恩宗，玄奘菩薩也不想建立宗派，是後人、也是外人強行取名的宗派名稱。佛法應該是完整的，怎麼可以分宗立派呢？

我這意思就是說，其實釋印順的東西，他自己就是搖擺不定的，這是因為他自己還沒有一個中心思想。他那個所謂的佛法眞的只能稱為思想，不是佛法。哲學家至少還有一個固定的、據以為眞的中心思想；但釋印順是沒有中心思想的，他這個人其實是以無思想為思想，類似不死矯亂外道，也就是亂七八糟，亂逗一場，然後喜歡評破別人；當別人評論他的思想時，不許有客觀的評論，因為對他作出了客觀評論時，對他的評價一定是負面的，他就會立即與徒弟寫文章出來反駁，而且速度很快。他只對正覺為他寫的評論默不作聲，我們是唯一的例外。

所以說他沒有中心思想，有時是順世外道的說法，例如他認為細意識是常住的；然後他又認為業種是可以自己存在的，不必有第八識心來執持，這也是順世外道的想法。因為既有三世輪迴就得講因果，依世間法顯示出來的現象確實是不能不講因果的，然而意識會斷滅，那麼業種該怎麼帶去未來世？他卻說：沒關係，雖然業已經過去了，但業種會自己存在，到時候就受報。可是自己的業種與眾生的業種混雜了，應該如何報？要報給誰？他又沒交代了，這就是順世外道的講法。他的思想很亂，怕人家說他是常見外道，只好又回來說：六識全部都滅了以後呢，這個滅相是不會再滅壞的；這個滅相既然不會再滅了，就是永恆，永恆就是眞如。所以就因爲主張「滅相不滅」，就稱爲「滅相眞如」，那他的本質又變成「逆路伽耶陀」了！六識論的斷滅空就是反順世外道的說法，所以斷見外道在人間要弘傳著實很困難，因爲一般大眾都想要永生啊！沒有人想要永死，沒有人想要永滅啊！所以「逆路伽耶陀」斷滅論，很難廣泛弘揚開來，原因就在這裡。

再回來說，在現在這個年代，也就是我們正覺廣弘正法之前的年代，當年我們的《邪見與佛法》印出來流通時，諸方大師們私底下都罵翻了！大陸的法師們甚至還呼籲信眾蒐集起來，聚眾公開去焚燒，說這本書是邪書。爲什麼會這樣呢？因爲他們是佛門裡的順世外道。他們希望的是：「我離念靈知了了分明，永遠不會生滅啊！我入無餘涅槃的時候呢，就是離念靈知住在無餘涅槃裡面，連一念都沒有，了了分明。」可是他們都不曉得自己這樣是違背三法印的。但我們如實把它演述出來說：「阿羅漢入無餘涅槃就是滅掉他的五陰、十八界自我，自我全部滅了以後只剩下如來藏，那就是無餘涅槃的實際；那時阿羅漢五蘊已經滅失，都不存在了啊！你怎麼能夠說阿羅漢們有證得無餘涅槃？」阿羅漢的自我都已經滅了，自我全部滅失了就沒有「我」去證那個無餘涅槃。「只有菩薩在這個五蘊、十八界還存在時，卻已經現前看見了無餘涅槃裡面就是如來藏獨住的境界。」那就去觀察自己：現前五陰、十八界跟如來藏合併在一起，把現前的五陰、十八界剎離不看，單單看待如來藏祂自己離開五陰十八界的時候，那是什麼境界？哦！那就是無生無死的無餘涅槃！所以如來藏獨存時就是無生無死的涅槃啊！但菩薩的五蘊、十八界仍然存在啊！所以菩薩有五蘊我可以現觀說：「我五蘊住在本就無餘涅槃的如來藏裡面嘛！因為我從來沒有離開過如來藏之外嘛！」

所以呢，我們菩薩是有實證無餘涅槃的，阿羅漢們雖然已經入了無餘涅槃，其實是沒有實證無餘涅槃的。這道理諸位聽了都很能接受，確實是如此：阿羅漢入無餘涅槃的時候，他的五蘊、十八界滅盡了，還有誰證無餘涅槃？所以我當年說阿羅漢沒有證無餘涅槃，結果他們讀了以後都說：「這是邪魔外道講的邪書，把它燒了！」於是聚眾、當眾去燒欸！所以大陸有人就把這事情回報給我，說有某某道場、某某道場燒我們的書，以後別再寄書給他們了，他們都會把正覺寄贈的書燒了。我說：「我不管它，還是繼續寄，那他們想要燒就繼續燒。有一天，當他們有人好奇拿起來讀，便可以得救了。」我就要等待他們有人生起好奇心的那一天，當他們有人拿起來讀以後，會發覺眞的有道理，知道說：「我以前燒錯了。」只要他死前懂得懺悔，就不會下墮啊！所以我還要繼續寄。雖然那郵費比印書的錢還貴呢！但我們還是繼續寄，只要能救人，我就寄嘛！

這意思在告訴大家什麼道理？是說，眞正了義的佛法，有時也會被人家誤會是「逆路伽耶陀」。當初《邪見與佛法》，大陸的同修們在大陸印了二千冊，各寺院都寄：「哇！這麼好的書，趕快寄給大家分享。」結果寺院法師們收集起來焚燒，因爲他們認爲你這個說法就是斷滅空。可是其實不是斷滅啊！那他們又不承認如來藏，所以就認定我這個說法是斷滅，認定我是誹謗阿羅漢。所以在他們心裡，當初他們會認爲我們說的法是完全錯誤的。可見「逆路伽耶陀」是世間人很難接受的。但我們講的是，滅盡五蘊入無餘涅槃以後，都還有眞實心如來藏獨存；所以無餘涅槃是如來藏獨存的境界，不是斷見論說的斷滅空。但那些大法師們都不能接受啊！那麼如果是斷見外道呢？他們不認爲有如來藏實存，他們說連如來藏也沒有，六識滅盡以後什麼都沒有，就是斷滅空，那世間人更不能接受。所以呢，反順世外道主張的六識論死後斷滅的論議，是不可能被世間人廣泛接受的。事實上，不論誰都不可能接受，即使是提出斷滅論主張的人，他們自己深心中也沒有接受過，爲什麼呢？因爲那些斷見論者，當你告訴他們說：「既然五十年後死了也是斷滅空，現在死了也是斷滅空，那你現在留在人間享受，最後結果也是無常，最後還是斷滅空，那你不如現在死了算了！」你看他肯死、不肯死？他們誰也不肯死！而且還會產生大貪或惡心，對人間是不利的。

所以斷見論其實是依常見論而存在的，因爲他們心中有一個自我很執著，絕對不肯斷滅；然後因爲邪知邪見才提出斷滅論的主張，基於見取見，他們對這個主張堅持不變，誰要是推翻這個主張，他們就會跟你翻臉，那表示他們的我見是不是很堅固？是很堅固嘛！他們表現出來時已經是常見，可是嘴裡說出來的卻是斷見。所以斷見其實世間沒有一個人眞的接受，連那些斷見論者自己深心之中都不接受。所以他們死的時候一定會有一念閃過：「我死後要到哪裡去，我眞的會斷滅嗎？」他們一定會這樣生疑。所以「逆路伽耶陀」是世間人不太能接受的，我們就只簡單說明這三種「逆路伽耶陀」。

這意思就是說，順世外道是演述《法華經》的菩薩所不該親近的。那麼反順世外道，你是講《法華經》的人，你身爲菩薩也不能夠親近他們。所以，你如果接受《法華經》，當有人告訴你：「我們意識離念靈知是常住不滅的。」那他是不是順世外道？是！那你該不該親近？不該！答案很清楚，用膝蓋想就知道了。再來，如果有人說所有的人都只有六個識，當人死了以後六個識斷滅了，就是滅相，滅相永遠不滅就叫作眞如。這樣是不是眞？不眞嘛！因爲是斷滅。那滅相是不是如？沒有啊！全部都空了啊！哪裡會有如？這個人是不是「逆路伽耶陀」？是！那你該不該親近？不該！這樣諸位就能夠判斷了；該親近什麼人，不該親近什麼人，你心裡就有一個底。

所以當濫好人是違背《法華經》宗旨的，不可以隨順於一般人講的：「你們正覺講你們的法，不要管我們某某山講得對、講得錯嘛！」他們有一句很有名的話叫作「井水不犯河水」。可是我們的回應都是這樣：「本來我這個井水從來不曾流到河水裡面去，可是你們污濁的河水都故意要流到我清淨的井水裡面來，那我只好流過去了啊！」因爲我們剛開始弘法那五年裡，不曾說過別人錯，連一句都不曾講過，都只是讚歎。可是他們竟然都說我們的法錯了，那不就是把河水流到我們井水裡來了嗎？我這個本來靜止的井水，只好變成湧泉井了，（有人笑…）就開始一直把清淨水湧出去，得要把他們的污水給中和一些，不要讓他們繼續那麼污濁，所以我才需要寫那麼多書來評論他們。這意思就是說，這些人你是不應該親近的。

因爲你是信受《法華經》的人，未來世你們也是要演講《法華經》的；只是在未來是比較多劫、比較少劫，比較多世、比較少世的差別，所有人在未來世都還是會當法主的。只要你進了正覺，未來就有一天、有一世、或有一劫，一定會當上法主；因爲這是實證的義學道場，不是玄想玄學的道場。我們沒有玄學，我們只有義學，因此你將來一定會當法主，這個「將來」可能是一世、二世後，可能百世、千世後，可能一劫、兩劫後，也可能百劫、千劫後，最後一定會當法主，那時你一定要講《法華經》，你就不能夠親近這種人：順世外道、反順世外道。這兩種人，你都不能親近。因爲你親近了他們以後，一定會跟他們起衝突；起衝突以後，結果必定鬧得不歡而散，然後互相攻訐，一定會變成這樣呵！你不辨正他，他也一定會攻訐你，這是無可避免的。所以，你既然要講此經，此經是依如來藏而說的，當然跟「路伽耶陀、逆路伽耶陀」的思想衝突。所以這二種人不應該親近，因爲你依此經而演說時，一定沒有辦法跟他們和稀泥的。

除了這些不可以親近以外，也不可以親近「諸有兇戲、相扠相撲、及那羅等種種變現之戲」。這是講什麼？兇戲就是說讓你覺得兇狠的表演節目。我們現在稱爲節目，古時候叫作戲。戲的範圍是很廣的，凡是屬於遊戲類的，都叫作戲。但是這種遊戲一類是很兇狠、很險惡的，這種兇戲，譬如「相扠」，古時候就有了；例如古羅馬就有人與獸相扠。例如把犯人放在一個封鎖的空間，然後再放了獅子進來，讓那個人拿著刀跟獅子搏鬥。如果人殺死了獅子，那他的罪就赦免了，就讓他回復自由。

羅馬皇帝就舉辦這種兇戲，讓群眾買票來看；群眾歡喜，皇帝賺錢，古羅馬就是這樣啊！如果大家看得很高興，皇帝的聲望就越來越高，所以他會定期舉辦這種兇戲讓觀眾來觀賞。觀眾來觀賞時得要買票進場，如果表演得很好，大家就起來歡呼：「皇帝萬歲！」這就是古羅馬。也有人類雙方互鬥，到對方死亡爲止，這就是「相扠」，就是雙方互相打鬥到死。我們有時候從電影裡面也會看到這種兇戲，就是一個很寬廣的鐵籠子圍著，對打的雙方或者徒手，或者拿兵器，打到另一方死亡爲止。這便叫作「兇戲」，這是屬於「相扠」。

「相撲」就是現在電視上還可以看到的，例如日本的相撲。現代日本的摔角已不是相撲，而是摔角。美國也有這種摔角，可以用腳踢踹，還可以用拳頭打。以前日本最有名的人叫什麼名字？是馬場，他有鐵沙掌；那時我們年紀還小，都想：「那鐵沙掌爲何這麼厲害？」但現代的摔角不是這句經文中說的「相撲」，也不是日本現在那種文雅的相撲，因爲那不兇險；而是指現代的摔角，才是「相扠」。就是很兇狠，可以拳打腳踢的那種。還有泰國拳也是兇戲，泰國拳看起來也是很兇狠。前年不是有個報導嗎？說泰國拳的拳王來向中國的武術界挑戰，有沒有？後來好像是華山派還是衡山派，有一位拳師下山來，兩、三招就把泰國拳王撂倒了，泰國拳王鎩羽而歸。那泰國拳看起來是那麼兇狠，在中國武術面前，終究還是不堪一擊，還是中國人行。而且那一派都還不是像少林寺那麼大的武學宗派，他那個派別算是比較小的，兩、三招就把泰國拳王打趴了。這一類都屬於「相扠」。

那麼「那羅」，其實就是日本現在的相撲，比較文雅的那種相撲。相撲的選手都是吃得很胖、很壯，身體要很重。比賽時主辦者要弄一個四方形的土台，土台中央設一個圓圈，兩個人在圈裡邊互推，被推出圈外的人就是輸掉比賽。但這已經比較文雅了，卻還是菩薩所不應親近的人。日本的相撲還有一定的儀式，大家得要遵守，看來比較斯文一些，那個就叫作「那羅」，就是純角力，不許拳打腳踢；只要把對方推到圓圈外，就算贏了；或者把對方摔倒了就算贏了，比較不兇狠。

剛才那個「兇戲」，是「相扠」跟「相撲」；「那羅」就比較文雅一點，純粹比力氣與技巧。若是比較小型的「那羅」，例如雙方把手肘放在桌子上，互相抓著對方的手掌角力，看誰贏，也屬於「那羅」，就是小型的比較力氣。蒙古摔角也是屬於「那羅」，純粹角力，不許打人；可以把對方摔倒，只要對方背部著地，就算你贏，屬於比較文雅型的摔角一類。又如柔道，也是屬於「那羅」，聽說現在也列入世界運動裡的一個科目。還有跆拳，世界跆拳比賽掌控在韓國人手裡，他們還眞的很爛，楊淑君爲什麼還要去比賽？如果是我，早就不去比賽了，她竟然還要卑躬屈膝去求比賽。跆拳已經不屬於「那羅」了，應該歸類於「相扠」；現在跆拳是因爲有戴護具，所以跆拳可以拳打腳踢，也可以掌劈；現在變成有比賽規則了，在古時候是沒有的。古時是連喉嚨也可以掌劈的，但現在不行。現在是因爲要列入世界運動競賽裡面，所以才有了規則。雖然有規則，但是韓國裁判慣會舞弊，因爲所有的裁判都是韓裔。其實這本來應該屬於「相扠」那一類。那角力，柔道就算角力的一種，柔道是不許打人的，屬於角力這一種，就是「那羅」。

廣義的「那羅」，譬如歐洲有人舉重比賽很粗長的大木棍，看誰能夠把它丟最遠，或如比賽舉起最重的圓筒型石頭，中國古人則是舉石鎖。石鎖知道嗎？古時的鎖不都是長方型的嗎？有一個把手，中間是空的。石鎖就像銅鎖的模樣，有一個把手可以使人用力提起來。古時中國練武的人就用石鎖來練力氣，我年輕時還曾經拿過那個東西。就像現在的健身房，類似啞鈴舉重，相當於那個東西。古時也有石鼎，這些都是用來練力氣的；有時大家來比賽，看誰拿得最重，抓得最重、最穩。這也屬於「那羅」，就是比賽看誰的力氣大，廣義的「那羅」就包括這些。狹義的「那羅」，就是兩個人互相摔角，看誰力氣大、技巧好。

那麼這些事，從菩薩戒來說，都屬於違犯律儀，所以菩薩不應該去參加，或是與這些人互相來往。如果哪一天日本人來這邊比賽日本摔角，誰三千塊錢買了一張票（不曉得他們賣多少錢，我是猜測的），他告訴你說：「欸！這張票好貴，送給你，記得要去欣賞喔！」你千萬別拿，因為你是學菩薩行的人，你又是受持《法華經》的人，不應該去看那個東西，那個叫作「相扠」。

還有「種種變現之戲」，就是現代講的魔術。搞魔術，不是只有魔術師會搞，有些法師也會搞。以前達賴喇嘛就搞過魔術騙人，他在法座上突然間就懸空浮起，哇！大家崇拜得不得了；後來被拆穿了，原來是搞魔術，想要讓人誤會他有神足通。以前還有附密宗的外道，也是附佛法的外道，就是喜饒根登、義雲高他們那些人，他們搞法求甘露，有沒有？魔術師也把他拆穿了，其實只是中國古代的菌類快速生長術，結果悟明長老應邀前往參加就被利用了。搞魔術是沒有實證佛法的時候才會利用的，如果你真的有法上的實證，妙法都講不完了，哪有閒情逸致去搞那個魔術呢？對不對？不過俗話說：「師父不搞怪，徒弟不來拜。」只要搞了怪，那徒弟想不通其中的關節時，就會覺得說：「哇！我師父好厲害欸！」於是大家就爭先恐後來供養：「哇！師父一定是個聖人呵！」可是你們看那些慧解脫阿羅漢們，有誰會魔術？沒有一個人會魔術！可是他們才是眞正的聖人。

這一些東西，全都屬於世俗法，而且是嚴重違背世俗的。魔術爲什麼會被列進來，說菩薩不應親近？因爲它跟世俗邏輯是不符的。既跟世俗邏輯不合，爲什麼能夠變得出來？表示它屬於障眼法，障眼法就是欺瞞，菩薩應該遠離。所以有時吃飯，你把電視打開一看，剛好人家在播出拆穿魔術的節目。有一個節目是專門在拆穿魔術的，它告訴你爲什麼看起來這樣，其實過程是怎麼樣。說明魔術是經過精心的設計安排，當你不瞭解時，看不出它的破綻，證明那都是一種不誠實的行爲，目的是用來娛樂世俗人。如果魔術是眞的，也會害死人欸！例如魔術師可以把一元美金變成十塊美金，如果他眞的能變，何必出來表演賺錢？他只要每天在家裡一直變下去，就能成爲億萬富翁了；然後就可以廣開善門說：「誰需要錢，就來我這裡拿。」那麼人間的錢就會越來越多，最後會怎麼樣呢？通貨膨脹！美國害死全世界的人們，就是這樣害的；他們死命印鈔票出來換全球人類生產的物資，各國通貨就跟著繼續貶值，沒完沒了，害死多少人，所以我對美國很不滿，這是原因之一。

這個問題，我是在高中時代學經濟學時，就知道美國的貨幣廢除金本位了。因為經濟學老師有告訴我們說：美國的鈔票已經廢除金本位了！既然廢除金本位了，未來他們會怎麼發展？我那時就想到一點：他們一定需要錢的時候就自己印。本來是要有多少黃金作準備，或是有多少白銀作準備，或者至少要有多少黃銅作準備；都得要先有物資作準備，才能印行那麼多的鈔票，表示那個鈔票是有價值的。剛開始時，一美元可以向銀行換一盎司黃金，所以美元才被稱為美金。但他們不久就廢除了金本位，我就想，美國人未來一定會繼續印鈔票來換別人的物資，美金以後一定會貶值，所以後來要用八百多美元買到一盎司黃金，表示已經貶值八百多倍了。

但是他們美國人就看準了這一點：「你們世界各國現在都用我的美元作為發行紙幣的準備，所以你們各國都不可能讓我美元持續貶值或倒閉，那我就放心大膽地印美鈔。」所以美國人口才三億人，他們三億人就那樣享受全球供應的物資。那麼繼續浪費的結果，美鈔就一直印出來了；美國印紙鈔給人民，人民拿來跟世界各國買物資，最後會導致什麼結果呢？就是美元在全球四處流竄，於是才會有熱錢在全球四處流竄。熱錢就是這樣來的啊！有沒有看見歐元熱錢到處流竄？沒有！只有美元熱錢到處流竄。所以那時金融海嘯，本來是美國應該要承受那個苦果的，它的前因是什麼？是大家把錢交給雷曼兄弟銀行；那雷曼兄弟拿大家的錢再給大家利息，大家就一直用那些利息去享受，因爲他們的利息高啊！大家一直享受，物價就繼續攀高；等到雷曼兄弟發不出利息錢，因爲他們只是拿大家的本錢來發利息，本錢發完了，雷曼兄弟與大家都享受完了，其實是把大家的存款集合起來分期享受完畢。享受完畢以後，現在大家都沒有錢花了，就要過貧窮的生活啊！本來就應該如此，這樣才符合因果。結果不是這樣，美國人就接著印鈔票，把那些銀行給救起來；那些新印的鈔票給了銀行，銀行用來還債，結果是市面上增加了一大堆美元。這一大堆美元會用來幹什麼呢？大家怕貶值啊！就一直買物資，於是石油一直漲價，黃金一直漲價，白銀一直漲價，什麼都在漲。漲到最後，努力生產的人受不了了，結果這一下子，通貨膨脹可能害慘了幾千萬人，我們台灣也是受害者之一。

所以我一直認爲，台幣一定要升值；不升值，就得要讓美元從台幣的美元本位中漸漸退位。它根本沒有那個實質，應該要設法讓它退位。就是說，讓美元一直貶下去，貶到最後，也許，美元一塊錢兌台幣一塊錢或多少錢。那就公平啦！否則升斗小民的錢都貶值到美國人手裡去了。如果美元真的一直印下去，最後就是台幣跟美元一比一。如果它現在就打住了，也許台幣升值到二十五塊錢兌一美元，應該如此，不能老是照顧有錢的大企業家。但美元已經增印很多出來了，熱錢還是會在全球繼續流竄，所以他們爲了自己的享受而害死全世界。這個道理，陳文茜這兩年開始講，我卻是二、三十年前就講過了。因爲結果一定會這樣，而世俗法中的人性也是這樣。當你看穿人性的時候，會知道他們一定會這樣作。所以歐洲人一直在罵美國人，原因就是這樣子。這都是事實，可是這表示什麼？表示美國人不誠實。

好了，現在日本也跟著開始不誠實，他們也學著美國人大印鈔票，不誠實的人你要不要親近？不親近。所以我不要再去日本了！（大眾笑…）我已經講過不去美國，那是二十年前的事了，因爲美國瞧不起人，以前老把台灣去的觀光客全都當賊、當偷渡客，台灣人去美國花錢還得要提出房產證件才肯給你旅遊簽證。他們現在又用紙去換人家的物資，這是不誠實的行爲。現在連日本也跟著不誠實，他們那個輻射那麼嚴重，卻一直遮蓋下去，現在終於遮蓋不住了。石原愼太郎因此就說這是「天譴」。他出來說老實話，還被日本人罵！日本人爲什麼要搞那麼多核電廠？他們不需要那麼多的電力啊！他們搞了好多核電廠，自己才只需要用到三成的電，其他都賣給世界各國。目的可能是爲了取得那些東西，將來可以做核子彈！所以石原愼太郎說天譴，應該算是個有良知的人，在這方面來說。但他卻又在搞軍國主義，未來恐怕也不免天譴吧！結果看來，日本人是自己害死自己。

這意思就是說，你是修此經的人，是依止如來藏的人，如來藏沒有不誠實過，如來藏無量劫以來都是該怎麼樣就怎麼樣，祂不會說：「哎呀！這是某甲，他很尊重如來藏，所以他縱使殺人放火，我也不要讓他下地獄，我還是幫他生個欲界天身讓他享受吧！」如來藏始終不會如此，永遠都是秉公處理，因果律的執行就是如來藏在執行，祂的功德就是這樣啊！那你依止於如來藏——也就是依止於此經，這個《妙法蓮華經》既然說的是實相，你就不應該跟那個變魔術的、喜歡欺騙別人的混在一起，所以這一些都是不應該親近的。這就是「菩薩行處」講的「親近處」。

這個「親近處」的第一個部分還有後續的內容：「又不親近旃陀羅，及畜豬羊雞狗，畋獵漁捕諸惡律儀；」也就說你身為菩薩，這一些人不是你應該親近的。哪一些人呢？例如旃陀羅，就是殺雞宰羊的、屠牛殺狗的，就是屠戶一類的屠夫。屠戶，菩薩以慈悲爲懷，都是不應該親近的。假使你每天去跟那個屠戶親近，看見他又要殺掉一隻羊，你難道眼睜睜看他殺嗎？不能啊！你一定要救那一隻羊，那他沒羊肉可賣，怎麼辦呢？你只好把牠買下來，救牠一命。你每天去親近他、每天跟他買羊，（大眾笑…）他才不用殺羊，他等著你送錢來買羊就好了，那你利樂眾生是要這樣利樂的嗎？

當然不該這樣利樂啊！因爲那一種是惡律儀！這應該要勸化：「大家不要去吃羊肉，他就不要去殺羊。」應該這樣去勸化才對！而不是去親近他，然後每天向他買羊。這是不符合菩薩律儀的，所以菩薩布施是應該有智慧，不應該把錢那樣用來亂布施。所以對於屠戶，菩薩是不應該親近的。因爲屠戶是有兇心的，他們殺羊的人，一見了羊，馬上連想到該怎麼下刀。有一句成語叫作「庖丁解牛」，這個專門殺牛的人，他一看見牛就馬上起一個念頭：「要從哪裡下刀？」就好像西班牙鬥牛士一樣，他看見一條牛，他馬上會想到「我這把劍要從哪裡刺下去」，他們有殺心嘛！菩薩不該跟有殺心的人在一起。所以凡是發願這一世或未來世你要講《法華經》，也就是要宣講如來藏妙法的人，就不應該跟屠戶親近。

那麼其他的呢，譬如說「畜豬羊雞狗」。「畜豬羊雞狗」的人，他的目的是爲了什麼？是爲了養大讓人家去殺，或者養大了把牠加以奴役，所以這樣的人是不應該親近的。另外呢，「畋獵漁捕」也是惡律儀，「畋獵」就是打獵的人，古時候打獵的人是用弓箭、用刀槍，現在打獵的人是用獵槍。「漁捕」呢，漁就是釣魚、網魚的人；捕，例如有人用網子做陷阱捕捉動物，甚至於用捕獸夾去抓野獸，都是很殘忍的。有時看見人家在河裡網魚，我看了就是很討厭；爲什麼討厭呢？因爲這種人遠比釣魚的人可惡，釣魚的人至少還有投餌，魚鉤上也有餌；魚願意吃他的餌，所以被他釣了，至少還有餌。可是那網魚的人什麼都沒有，就直接把魚給網了，所以我見了都是不會起歡喜心。每一次看見河裡有人網魚，我就搖一搖頭走開。所以這一些人我們都不想親近。如果釣魚，有時候我們還跟他講一下：「你今天釣這麼多，差不多了吧？」（大眾笑⋯⋯）但是看見網魚的呢，講都不講，搖一下頭就走了。因爲覺得他們對眾生眞的很不公平！

那你身爲菩薩，就不應該跟這一類殺害眾生的人互相親近。可是雖然不親近，也不能就因此排斥，例如他們有時候來找你，因爲以前曾經是朋友，或者以前曾經是同學，後來繼承家業而在市場裡每天殺雞、殺鴨，賣雞肉鴨肉，有時候也會來找你，你卻不可以說：「對不起！你都在殺生，我不見你。」不能這樣，還是要開門接見他。但是你得要爲他說法，又不能對他有什麼立即的期待，不能期待說：「我爲他說了一場法，他馬上就會改變，不再殺雞、殺鴨。」不能這樣想，那是他的因緣；他的因緣該怎麼樣，你就隨順那個因緣。但是你爲他種下善種，讓那個善種慢慢去發酵、去成長，時間久了以後他自己會去改變；如果這一世改不了，就等未來世。因爲未來世償還果報的時候，牠就會想到：「我過去世是不是常常像這個人一樣即將要殺我，所以我現在要被殺？」牠會想到啊！不要以爲動物被殺的時候，什麼都不知道；動物只是不能講話，牠不是聽不懂啊！

所以你看那一些牛啊、狗啊、豬啊，你如果養熟了，常常跟牠講話，牠就會聽懂；你如果叫牠來牠就來，叫牠走牠就走，叫牠吃牠就吃，叫牠坐下牠就坐下，牠們聽得懂，只是不會講話來表達意思而已。牠們跟我們一樣，同樣是八識心王具足的，所以牠們顯然也能夠判斷。你如果養寵物，對牠好，牠會對你忠心耿耿，原因就在這裡，因爲牠知道你的心意。所以那一種人，你不要希望說，爲他說了一場法，他就會改變。他可能到未來世成爲豬、成爲狗，要被人家殺的時候，才會想起來：「我過去世可能也是這樣殺豬，所以今天我要成爲豬，反過來被人家殺。」不要以爲牠們不會想，牠們會想，只是不會講而已。如果牠也能說話，能跟你溝通，我相信你一定下不了手，你一定吃不進口，絕對吃不下口。

例如說，你爲什麼不吃人肉？（有人笑…）對啊！爲什麼不吃？因爲同一類啊！可是如果那些動物也能夠跟你同樣講話的時候，你認同牠是你的同類或是朋友，你就吃不下嘴了。其實牠們都知道，也會思想，只是無法講話。所以人有智慧的時候，對動物的看法就不一樣。沒有智慧的世俗人，他們認爲動物就是該被吃的。那麼《聖經》說：「凡是背向天的，你們都可以吃。」請問：那位上帝有沒有智慧？沒有智慧！他顯然不懂得動物也有八識心王，只是不會講話而已。因此當那一些「諸惡律儀」的人來了，你不要期待說，爲他說一場法以後他就會改變，不要期待，所以說心中「無所悕望」。

但這個「親近處」不只如此，還有下文：「又不親近求聲聞比丘、比丘尼、優婆塞、優婆夷，亦不問訊；」這就是菩薩的行止！你們很多人知道我很厭惡聲聞人，爲什麼厭惡？因爲他們只求自了，不管眾生。眾生怎麼樣痛苦，他們根本不掛念，想的就是自己能夠離開痛苦就行了，只想自己解脫痛苦就行了。這種人你度他何用呢？佛陀當初度我們的時候不是這樣的意思，所以我們秉承 佛陀的意思，也不應該親近那種人。因此說，凡是求聲聞法的四眾：比丘、比丘尼、優婆塞、優婆夷，菩薩都不親近。我弘法最早期有一位同修，去參加在侯硐的那一次禪二，回來以後，他老兄怎麼樣呢？他跑到大樓平頂，站上女兒牆去，他說：「看看我悟後會不會怕死？如果我眞的不怕死了，那我就不再來人間了。」他開悟的目的是求這樣啊！那個同修後來當然退轉了，轉到月溪法師那邊去了。

我那時聽了眞的心裡不是很快樂：「原來我度了個聲聞人。」但我還是想：既然有緣，還是要盡量攝受。可是他不聽，然後搞月溪法師的法。那是很多年以前的事了，他在正覺這個正法福田裡不太想作事，他跑去哪裡種福田？跑去法鼓山去作義工，結果除草時被濺起來的石頭擊瞎了一隻眼；送到長庚醫院開刀住院時，我還去看他，買了一盒水果，花了不到一千塊錢吧！我還去看他，看能不能把他轉回來菩薩的法道裡面，結果還是沒有用，白費心思。那就是聲聞人，叫作求聲聞優婆塞。所以不管人家說他後來怎麼樣，我就都不理會了，因為那是聲聞人，沒有辦法用菩薩法度。他是求聲聞解脫，可是後來卻又轉入月溪的識陰法中，搞起離念靈知來了。那不是又違背當初爬上女兒牆去站的心意了嗎？結果又退轉去了。

所以菩薩對這些人是不應該親近的，凡是求聲聞的人都不應該親近。他如果想要求聲聞法，有因緣時你就為他說一點，不必講到很詳細，讓他斷我見就夠了。不要幫他證二果、三果、四果，只要讓他斷我見，讓他七次人天往返，看未來世有沒有機會轉變成菩薩。但是不要親近他，菩薩妙法當然也不傳給他囉！這就是說，菩薩不應該與聲聞人親近。凡是聲聞人去到禪三的時候，我一遇見了就會覺得不愉快，不是身體會怎麼樣，只是心裡面就是覺得不爽快，然後我就會鈍置他。心想：「我這個是菩薩妙法，怎麼能輕易送給你？」所以就由著他去參，不論他參出來、參不出來，我都不理他，因為聲聞人不該得菩薩妙法呀！

《法華經》是多麼勝妙的法，怎麼可以傳給聲聞人呢？眞的不應該傳給聲聞人啊！因此菩薩不應該親近這一類的聲聞人，不管他是出家眾、在家眾，全都一樣。不但如此，見了他們連問訊都不問訊。所以見了他們時，你不必說：「欸！你近來好不好？」不必問訊。不必問他近來好不好，他是聲聞人，你幹嘛問他好不好？不論他好與不好，將來都要入涅槃，你何必跟他問訊？問訊的目的是什麼？是因爲要長久住世，所以才要問好；希望他未來世財富很好，身體很好，眷屬很好，什麼都很好，可以輕易行菩薩道，才要跟他問好。那他反正要滅掉五陰入涅槃，近來或未來世的好與不好，都無所謂嘛！所以你不用向他問訊說：「欸！你近來好不好？」因爲他是聲聞人。

你們看 佛陀是這麼樣教誡的喔！所以 佛陀也是對聲聞人沒有喜歡過。因此那些要入無餘涅槃的人，佛陀連挽留都沒有挽留，都是說「汝自知時」，就讓他們直接入涅槃去了。因爲知道那是定性聲聞，不可轉易。因此以後大家要記得，遇見了聲聞人時，不要跟他們問好；都不必問訊，因爲這是佛陀的聖教。所以那一些六識論者，把聲聞解脫道當作成佛之道的人，你們都不必問訊說：「師父！您這兩年好不好？」都不要問，也不該問，你若是問訊了，就是違背聖教的人。除非他發了願行菩薩道，並且以大乘教作爲成佛之道，那他就是迴小向大了，你才可以對他問訊說：「師父啊！您這幾年學菩薩道修得怎麼樣啊？」你可以這樣講，不要問他說：「您的我見斷了沒有？您現在有沒有證三果啊？」都不要問那個，解脫道的部分都不要跟他問起，因爲那是聲聞人，所以不該問訊。

那如果你出家了，跟他們在一起，但因爲出家眾裡面大部分是聲聞種性，有一部分則是剛迴心要修菩薩道，大部分人是聲聞人；好啊！他們是不可能進正覺的，因爲他們進了正覺聽我講一次經，就會生起煩惱而不再來了，他們會很煩惱地想：「怎麼修解脫的人，給你講得一文不值？」他們會這樣想。那你是出家眾，如果你的道場裡面也有這一類聲聞四眾中的常住，或者是來來去去的在家二眾；但你如果在寮房中，或者在經行的地方，或者在講堂中，只要他們來了你就離開，因爲 世尊說與這類人「不共住止」，要記得喔！這是 佛講的，這是聖教。也就是說，凡是聲聞人來了，他如果不是有心迴小向大，不是有心要學成佛之道；他們如果不是捨棄了聲聞心態，遇到他們來了，你雖然在自己的房中，當他們進了你房裡，你就出房去。當你在經行的時候，他們也來經行，你就離開，到別的地方去經行。如果你在講堂中正在說法，譬如兩個人互相在論法時，他們聲聞人來了，你們就離開；不跟他們共在一處住，不跟他們停止在同一個地方。

那麼如果有時他們來了，目的是要跟你請問一些法，那你就隨宜演說一些大乘法，就觀察他們的狀況怎麼樣；如果已經在聲聞道上有一點搖動了，不堅決要證阿羅漢果了，不堅決要入無餘涅槃出三界了，他們也許哪一天會跟你說：「哎！我想想，成佛之道也不錯！」這時你就可以爲他「隨宜說法」了。你就告訴他成佛之道是多麼勝妙，佛道是多麼好；把聲聞道的位階比起佛道的話，是怎麼樣一個情形；你可以概略爲他說一說，先引生他對成佛之道很勝妙的理解，然後冀望將來他可能會因此而對佛菩提道有愛樂之心，目的只在這裡。

但是你不會期待說：「哎呀！他可能明年就會行菩薩道了。」你不用希望，因爲種性是很難改變的。種性：聲聞種性、緣覺種性、菩薩種性、不定種性以及無種性，這五種裡面呢，不定種性是有可能改變的，但是聲聞、緣覺種性是很難改變的。而菩薩種性也很難改變，菩薩種性是一旦發起了，一世又一世行道下來，菩薩種性很堅固的時候，你想要轉變他是不可能的。他對眾生就是會有悲愍心，想要去利樂眾生；自己任何利益都得不到也沒關係，就只是要利益眾生，你要改變他是很困難的。所以三種都很難改變。

如果他本來是無種性，很難發起三乘菩提種性來，但也不是不可能。假使他被人家誤導了發起聲聞種性，走入聲聞道，當你跟他隨宜說法以後，他可能就轉變了；因爲他本來是無種性，被人家影響而走入聲聞道去，那你跟他說明了三乘菩提的相同處跟相異處，他瞭解了，他會判斷說：「那成佛之道還是比較好啊！雖然是要很辛苦，要很長久，但卻是究竟的啊！那我入了無餘涅槃也沒有意義。」也許他這樣子就被你轉變了，所以他就變成菩薩種性了，因爲他本來就是一個無種性。若是不定種性，要改變他就更容易了。所以不要從現在的狀況就去斷定一個人，然後說他不可能轉變。因爲有很多人其實本來都是屬於不定種性的人，但是也有很大一部分的人本來都是菩薩種性的人，只是被誤導而走入聲聞道去。印順派那些法師、居士們，其實很多人本來也是菩薩種性的人，只是被釋印順誤導了，所以錯把聲聞解脫道當作是菩薩的成佛之道。

所以你要去觀察對方是無種性的人？或是不定種性而被誤導了，或者菩薩種性的人被誤導了，或者他本來就是很堅固的聲聞種性。你都要去觀察，就在爲他「隨宜說法」之中去作一個判斷；觀察出來之後，你就看他應該修學什麼法，然後就隨著他所最適宜的法門來爲他說。但是你心中不要希求他會立即轉變，否則你會很失望，以後見了他連開口都不想，那就不成其爲菩薩了。菩薩雖然不跟這些人親近，不跟他們共同住止，但是他們如果有時候來參訪你，來跟你論法，你得要「隨宜說法」，但心中不要有所希望。這就是「菩薩行處」跟第一種「親近處」。可是「親近處」還有下文，並不是只有這樣而已。這個「初親近」是有兩部分，第二個部分在下一段開始解說：

經文：【「文殊師利！又菩薩摩訶薩不應於女人身，取能生欲想相而爲說法，亦不樂見；若入他家，不與小女、處女、寡女等共語。亦復不近五種不男之人以爲親厚，不獨入他家；若有因緣須獨入時，但一心念佛。若爲女人說法，不露齒笑，不現胸臆；乃至爲法猶不親厚，況復餘事？不樂畜年少弟子、沙彌、小兒，亦不樂與同師。常好坐禪，在於閑處修攝其心。文殊師利！是名初親近處。」

語譯：【初親近處的第二個部分，佛陀這麼開示說：「文殊師利啊！除了上面所說的以外，菩薩摩訶薩不應該於一切女人身上，去執取能生細滑欲的想法以及法相，而去為對方說法，也不樂於看見女人。如果進入別人家裡，不要跟小女孩，或者已經成長的處女，也不要跟喪失了丈夫的女人共同說話。也不要去親近五種不像男人的人，去互相親厚，也不獨自進入別人家裡；如果有因緣須要獨自進入別人家裡時，只可以全心全意地憶念於佛。如果為女人說法時，不應該露出牙齒來歡笑，也不應該示現出胸膛來；乃至於女人是為了法而來求你去她家說法，也不應該跟她們親厚，何況是其餘的各種事情呢？出家菩薩們不但如此，而且不該樂於畜養年少的弟子、年少的沙彌、年少的小兒，也不樂於和這些年少弟子、年少沙彌、年少小兒們，共同拜在一位師父座下修學。而且常常都要好於坐禪，總是在清閑之處修攝自己的覺知心，不亂攀緣。文師殊利啊！這就是出家菩薩們的初親近處啊！」】今天講到這裡。

講義：《妙法蓮華經》，上一週把一二六頁第一段語譯完畢了。請歐老師把今天要補充的那一段經文在講到第二行時播出來。這是〈安樂行品〉，世尊說：在後世想要爲人演說這部《法華經》的人，「當安住四法」；在這四法裡面，第一法是「安住菩薩行處及親近處」；「菩薩行處」在上一段經文中已經講完了，在後半段也講完了「親近處」，是說某一些外道，或者那一些有權勢的國王等人，以及惡律儀的屠戶等等，講《法華經》如來藏妙法的菩薩，都不應該去親近；乃至於佛門中求聲聞法的四眾們，都是專修解脫道而想要求得自己可以永遠離開三界生死，不肯永遠留在三界中度眾生，這對身爲演述《法華經》妙法的菩薩而言，也不應該親近。接下來這一段就繼續講解「親近處」。

那一些不該親近的眾生講完了，現在是反過來說應該跟眾生如何親近，又應該與妙法如何親近等二個部分。這一段經文先談到怎麼樣跟眾生親近，與眾生親近時應該注意些什麼。佛陀告訴 文師殊利菩薩說：「凡是爲人演述《妙法蓮華經》的菩薩，不應該於女人身上生起欲想之相而爲女人演說妙法。」也就是說，爲人演述《法華經》的菩薩，若是爲女人說法時，不看她是女人，只看她是如來藏。就只看她是菩薩，不看是女人。我們在早期也是這樣，不管是哪一位女眾，只要悟了我就稱她為師兄，到現在還有幾位女眾我們叫慣了就沿襲下來；一遇見了，依於舊習慣就直接喊出來說「某師兄」，其實她是個女生。可是後來有人說，這樣會外有人聽了會說：「奇怪！他們正覺為何這麼說？」所以後面再破參的師姊們，我就不再這樣稱呼了。

不過還是有那麼一、二位師姊，我們一遇見了就脫口稱呼為師兄，可是大家怎麼看她都是個女生。其實我們只是奉行 世尊的教導，而 世尊的意思是說，你既然如實演講《法華經》，那《法華經》所說的「此經」，跟《金剛經》所說的「此經」是一樣的，就是講第八識如來藏，是講諸佛的自心如來，是講三世諸佛教導的眞如心，這才叫作「妙法蓮華」；離此以外沒有妙法可說，更沒有出污泥而清淨不染又能生諸法的蓮華可說。

所以演述此經的時候，不管對男子、對女子都一樣，不應該「取能生欲想相」。例如，假使你是個有情生，依你往世所發的願，此世生而為女性菩薩；在人間一定會有兩性，那妳往世為了容易攝受眾生，所以發願生為女人之身；就像 觀世音菩薩常常變化作人類母親的模樣，眾生就很依賴他，這是一樣的道理。假使妳身爲女人，那妳想爲人家演說《法華經》，可就反過來說了：「菩薩摩訶薩不應於男人身，取能生欲想相而爲說法。」也就是說，不是爲了獲得欲覺而去爲對方說法，而去討好對方；所以爲對方說法時「不起欲想相」，就是心中不生起欲想之相。

「亦不樂見」，不能像難陀尊者那樣，一群大眾在那邊，他就先走向女人那邊，先去跟女人講一講，等他歡喜了，才會過來跟男眾說話。他是阿羅漢，已經迴小向大了，可是那個多世以來的習氣還改不掉。同樣的，他如果上座說法時，一定先看女眾，先把女眾瞧一瞧，瞧完了再看男眾。他絕對不先看男眾，他的習氣就是這樣子。這是說他喜歡女生的習氣狀況會出現，但是現行終究是不會再有了。也就是說他不會再共諸女人行非梵行，他的貪欲現行已斷，然而習氣還是會繼續存在而出現。

因此說，既然是講解此經，這樣的菩薩當然是摩訶薩，否則是沒有辦法爲人講此經的。那麼他爲人講此經時必須要進入別人家裡，因爲一部經不是一、兩個小時，或一、兩個時辰就能夠講完的，所以講經過程中間，暫停休息時，或者托缽的時候，他有時如果必須進入別人家裡，世尊規定：「不與小女、處女、寡女等共語。」這是說他單獨一個人進入別人家裡時，不應該這樣子。這是指什麼樣的講《法華經》的菩薩呢？是出家的菩薩！還有，這就是階位上的限制，也就是三賢位的菩薩。

換句話說，三賢位的出家菩薩，證悟了成爲摩訶薩；但是爲人說法時，「不應於女人身，取能生欲想相而爲說法，亦不樂見；」所以也不會一天到晚想要去看見女人。或者說，演述《法華經》的人，這位法主是個女人，結果她一天到晚想見男人而說《法華經》，那也不行。如果萬一進入別人家裡（現在是以比丘而言，是說三賢位的證悟比丘），他解說《法華經》的時期，有時進入別人家裡時，不應該「與小女、處女、寡女等共語」。小女，就是說十幾歲的小女生，處女是已經長成，但是尚未婚嫁；寡女，是已經婚嫁，但是丈夫過世了；證悟後的比丘，不單獨與這三種人共語；因爲要避嫌的緣故，所以他不得不這樣子。這是說，你還在三賢位裡面，佛陀就告訴你要預防這些事情；而這些事情，不用來限制入地以後的菩薩，因爲現行已斷的緣故。

那麼例如結夏安居。結夏安居是聲聞人的事，還是菩薩的事？（大眾答：聲聞人。）欸！是聲聞人，他們是要結夏安居的。可是菩薩就不一樣了！說句俏皮話，菩薩就像流浪漢一樣到處去。等他哪裡流浪完了，像是倦鳥返巢，他又回到 佛陀座下來。可是聲聞人每天依於佛身而住，每天都住在 佛陀身邊的，正是聲聞人，那些不迴心阿羅漢們都是這樣。可是你看諸地菩薩們，特別是四地以上的菩薩們，他們都是到處去，不一定窩在 佛陀身邊。有時向 佛陀告個假離開，就是五天、一個月不等。

就好比 文師殊利菩薩，連告假都沒有；當人家結夏安居時，他卻是三處王宮結夏安居。人家是在道場裡結夏安居，足不出戶；結果他跑到王宮裡面，而且是每一個王宮裡住一個月；他在王宮裡面幹什麼？爲諸宮女說法，每天就是跟那些宮女們在一起，不停爲她們說法。好了，那聲聞人看到了能不能接受？不能接受！因爲他們想：「你文殊也是出家菩薩啊！怎麼可以這樣子啊？」所以，解夏的時候，文殊歸來道場了，那個定性聲聞的大迦葉看見 文殊回來時，就問他：「你這三個月結夏安居，到哪裡去了？」文殊菩薩說：「我啊！都在王宮裡過夏。」「幹什麼？」「與諸宮女、婬女說法。」不得了喔：「哇！你竟然還跟那些宮女、婬女們混在一起三個月。」所以那個聲聞大迦葉，拿著犍椎就要打雲板了。打雲板就是要集眾嘛！想要在大眾前責備文殊，他想要對 文殊師利菩薩作羯磨，把 文殊逐出道場。

但他沒有想到，犍椎才剛舉起來，都還沒有打上雲板，突然看見滿天都是 文殊菩薩。遍十方世界都有 文殊菩薩，糟糕了，究竟要趕出哪個 文殊？他現在不曉得該怎麼辦了！那犍椎就只好停在半空中，打不下來。這才知道菩薩不可想像啊！那 文殊是妙覺菩薩啊！如果要說到最究竟，他其實是成佛後倒駕慈航來幫助 釋迦牟尼佛，是習氣種子早已斷盡的人，只因爲五濁惡世眾生難度才來幫忙的啊！結果大迦葉不曉得天高地厚，竟然拿犍椎要打雲板來舉發 文殊，沒想到才剛舉起來，看見滿天 文殊，不曉得哪個是眞的，哪個是假的，他都弄不清楚了。

這時候 佛陀就冷冷地（我說「冷冷地」只是一個形容詞，當然佛陀不會冷冷地）一句話說：「**汝欲擯哪個文殊？**」是說：「**你想要把哪一個文殊菩薩趕出去呀？**」大迦葉當場不知所措，那時犍椎舉在半空中，就不知道該怎麼辦；要打下來也不是，要放下來也不是。後來有禪師就拈出這個公案來說：「**假使換了老僧我，當時一搥就打下去，看世尊怎麼辦？**」於是就變成一個公案了。但這公案裡是另外一層意思，不是說 世尊不對，也不是說 文殊不對，而是把它拿來作禪門的機鋒使用，可是大迦葉欲擯出 文殊的典故卻是眞實發生過的。所以 文殊在王宮裡過夏，與諸宮女們說法，令發無上正等正覺之心，這聲聞人根本不能想像。

文殊的境界畢竟是太高了，那我們來說說禪宗裡的故事好了。這是有一點風流的故事啦！大家來看補充資料，我找了好久終於找到這個公案，提供給諸位參考。我先唸一遍，這是《楞嚴經宗通》卷六裡面的文字：

【「昔二祖嘗混跡婬房酒肆間，人或嘲之，祖曰：『我自調心，何關汝事？』不是大出脫人，安能入泥入水？百丈惟政禪師上堂：『巖頭和尚用三文錢，索得箇妻；祗解撈蝦摝蜆，要且不解生男育女。』直至如今門風斷絕。要識龕公妻麼？百丈今日不惜唇吻，與你諸人注破：『蓬鬢荊釵世所希，布裙猶是嫁時衣。』怪哉！將謂是龕公妻，元來與我龕公面目相似。有僧問欽山：『如何是和尚家風？』欽曰：『錦繡銀香囊，風吹滿路香。』巖頭聞得，令僧去云：『傳誠十八姊，好好事潘郎。』巖頭大似說風流禪，而惟政借巖頭指蹤，風流更甚，總是臘月蓮華耳。」】

這讀起來好有意境，是不是？因爲這是自心如來的境界，但是悟後就這樣子顯現出來說：菩薩摩訶薩怎麼樣過日子，如何親近眾生，如何親近於法。前提一定是先親近於法，然後才示現出這樣子來親近眾生，與眾生同事。這個記載裡面是這麼說，以前二祖慧可大師得法於達磨大師，那麼達磨大師吩咐說一代只能傳一人，代代單傳，要傳到第六祖以後，才可以一華開五葉，才可以廣傳。廣傳時當然不能在嶺北，就是不能在京師所在廣傳，所以要到嶺南去。剛好就有一個嶺南來的、說廣東話底獦獠，名字叫作惠能，五祖磨練了他，認為可以了，三更半夜傳法給他。當然要先觀察他那八個月心性怎麼樣，看他沒日沒夜苦拼，眞是為了法而苦拼；雖然六祖惠能當時自以為開悟了，但是沒有得到印證之前，他還是努力在拼。就這樣，五祖經過八個月對他磨練以後，看這個人心性可以，就三更半夜傳法給他，幫他開悟後，連夜把他送走，怕他被害。

那麼追溯回來說二祖的事，二祖那時只是單傳一人，只有五祖在四祖死後還度了個牛頭山的法嗣，算在四祖的法脈下；這眞是禪門唯一的一件怪事，不過五祖也得要賣四祖這個帳。現在話說回來，二祖慧可因為只能傳一個人，他一天到晚閑著沒事，幹嘛呢？就得悟後進修啊！他要設法斷除習氣種子，所以曾經混跡在淫坊裡。現在叫作綠燈戶，就是妓女戶啦！他混跡在淫坊，有時候又混跡在酒肆，也就是專門賣酒的店鋪，在那邊安住。若不是在妓女戶裡面住下，不然就在酒店裡面往來，當然人家會嘲笑他說：「你不是從達磨大師那裡得到達磨大師的精髓了嗎？你已經得到了佛缽祖衣啊！為什麼還幹這種事情？」二祖慧可就回答說：「我自己調伏我的心，有什麼事情是該你管的？」「何關汝事」，跟你有什麼相關？

舉出來以後，這《楞嚴經宗通》的著作人就說啦：「如果不是一個大出脫的人，怎麼可能進入泥巴裡面、進入水裡面而不沾身的？」接著他又講到百丈惟政禪師，不是指百丈懷海：「百丈惟政禪師上堂時，就開示說：『巖頭全豁和尚用三文錢，就乞討得一箇妻子，但這箇妻子只懂得撈蝦摝蜆。』」蜆知道嗎？（有人回答：…）欸！你們都知道，就好像蛤蚌一樣，但是小小的，殼是黃金色的，當然也有黑色的，都叫作蜆。百丈惟政說：「『巖頭全豁和尚用三文錢乞討到一個老婆，這老婆只懂得撈蝦或摝蜆。』」蜆小小的，都在泥巴裡面，要用東西把牠篩過，所以說摝蜆，「『她只懂得撈蝦摝蜆，從來都不懂得怎麼生男育女，所以直到如今，巖頭全豁門風已經斷絕了，沒有傳承下來。』」

這樣講完了，百丈禪師接著就說：「你們大家想要認識豁公這個妻子麼？我百丈惟政今天不婉惜自己這個嘴唇了，我就說破了，」就是說「我要跟你們講了」，所以說「我就跟你們大家注破了」，接著說：「他這個妻子就是『蓬鬢荊釵世所希，布裙猶是嫁時衣；』」意思是說：「巖頭全豁那個妻子啊，頭髮蓬蓬鬆鬆的，兩鬢也是一樣都沒有梳理。雖然如此，她頭上所穿戴的都是世間所稀有的，可是身上卻穿著布裙，她所穿的布裙仍然是她當初嫁給巖頭全豁時所穿的布裙。」這是在講什麼？巖頭全豁可是出家人，是個很有名的禪師，怎會娶了妻子？而他的妻子是誰？

原來他用三文錢跟人家買東西的時候，自己就突然開悟了。就等於買到了那個妻子，所以說他三文錢就索討到那個妻子了。這個妻子也眞夠便宜，三文錢就買到了！可是這個妻子只懂得幫他「撈蝦摝蜆，不懂得生男育女」，所以巖頭全豁就沒有傳人了。他其實是自參自悟的，而且是過牢關的人；他是每一世都可以決定要入涅槃就入涅槃的，他是這樣的人。可是他一生並不度眾，只是去找德山宣鑑安單，認德山宣鑑作他的師父。其實他的證量遠超過德山，德山禪師跟他不能相提並論。那時德山非常有名，巖頭全豁倒是默默無聞；而他的證量其實遠超過德山很多，但他爲何沒有出世弘法，只是襄助德山而已？我們不知道，因爲他沒有說明。他並且還幫助德山解悟牢關，因爲德山禪師那時不算是過牢關，只是解悟而已！你看巖頭全豁厲害不厲害，眞是厲害啊！

可是百丈惟政說他「三文錢，索得箇妻；祇解撈蝦摝蜆，要且不解生男育女」。說他這個妻子不懂得度人，所以不會在法上生兒育女。譬如現在，我生養了四百多個兒子，但問題是我娶得這個老婆，會不會生男育女？也不會啊！得要由我這個五陰來生男育女欸！所以今天才會有四百多個兒子嘛！「巖頭的妻子也是一樣啊，不懂得生男育女，所以直到如今門風都已經斷絕了！」然後百丈惟政禪師就拿出來問大家：想不想要認識豁公的妻子？奯，現在都寫作豁，這裡是寫這個奯字，就是幾歲的歲上面加一個大小的大，其實巖頭全奯的名字中，這最後一個字，現代都寫成豁。百丈惟政就問說：「你們想不想認識巖頭全豁的妻子啊？我百丈禪師今天就不珍惜這付嘴皮，我就說破了嘴，直接爲你們注破算了：蓬鬢荊釵世所希，布裙猶是嫁時衣。」眞的好奇怪，對不對？但這就是「此經」，就是《妙法蓮華經》。你如果沒有悟得，怎麼讀都讀不懂，就說：「這些禪師說話眞不像話哩！一點都不像佛法。」根本就不像佛法！可是這才是眞佛法。

好呀！這個《楞嚴經宗通》的作者接著說：「怪哉！將謂是龕公妻，元來與我龕公面目相似。」他又點出來了說：「眞的是好奇怪喔，本來還以為眞的是谿公的妻子哩！原來她長得跟谿公的面目一模一樣。」請問：你們的如來藏跟你們是不是一模一樣？對啊！一模一樣！完全沒有差別，長得一模一樣啊！所以我看見某甲的如來藏，我就說：「這是某甲的如來藏。」那你看見某丙的如來藏時，你說：「那是某丙的如來藏，不是某甲的。」你們都看得很清楚對不對？因爲各人的「妻子」跟各人的丈夫都面貌相似，面貌全都一樣。

老實說，你從世間法來講，要是面貌完全不同，一定看不對眼，還能成婚嗎？世間人爲什麼要相親？如果面貌長得不一樣，雙方就不會認同，無法成婚了。有時往往對方長得很美，男方卻說：「我才不敢娶她哩！」因爲他有恐懼感啊！所以一般說來，去相親時，那媒人婆都會挑選說：「這兩個人長得蠻像的，可以約來一見。」才會來相親嘛！如果兩個人面貌長得完全不同，這媒人婆一定不會建議來相親，因為知道不可能成功。

同樣的道理，你的如來藏會把你生成那個樣子，意思就是說你的如來藏就是那個樣子。那有人又要問了：「奇怪！如來藏不是無形無色嗎？怎麼又會有樣子？」可是，誰說沒有樣子？如果牠那個如來藏不該去當狗，怎麼會生出牠那個狗身？所以牠那個如來藏現模現樣就是個狗身啊！有時候因為十善業道的修行，來世又到欲界天去，又出生了天身，那他的如來藏就是天身那個模樣。變化萬端，總是跟「豁公」相似。

接著呢，《楞嚴經宗通》的作者又拈出另一個公案來湊在一起，眞會湊喔！而且湊得非常匹配，完美無缺。他又舉出來說：「有僧人來問欽山文邃禪師：『如何是和尚底家風？』這欽山文邃就答覆說：『錦繡銀香囊，風吹滿路香。』」語意表相上是說：「那個用錦繡縫起來的香囊，看起來雪白而又亮亮的，就好像銀製的一樣；而那個錦繡製成的銀香囊繫在腰間，在路上走著，風一吹過，滿路都聞到它的香味。」怪哉！這竟然是欽山禪師的家風！你如果不是眞悟了，還是聽不懂為什麼「錦繡銀香囊，風吹滿路香」，就是欽山文邃的家風？

那麼，如果你要從表面上來看，那些國文教授們，特別是那一些專門寫詩、作詞的文人雅士們，看來似乎最夠格當禪師了，不是嗎？可是那些文人、雅士呢，不管他們怎麼寫，怎麼絞盡腦汁，寫出來就不是禪門的東西。禪宗裡的「作家」一看，就立即把它們剔除掉。「作家」的意思懂嗎？不是寫書的人啦！禪門裡面說的「作家」就是行家的意思，這是古時的禪門用語。

這個公案流傳出去不久，就流傳到巖頭全豁那邊去了，那巖頭全豁禪師聽了，就教那個僧人說：「你回去時，跟欽山文邃講，說是我這麼講的：『傳誠十八姊，好好事潘郎。』」你們看，巖頭禪師竟然講出這種香豔底話哩！眞的好香豔哦！這個人是每一世都可以出三界的解脫者，其實也是個大菩薩，但他竟然講出這種話。他教那個僧人去跟欽山文邃講：「把我這個誠意轉告給十八位姊姊，要好好奉侍潘郎。」眞是要命喔！這潘郎娶了十八個老婆哩！我就問諸位：這十八姊是哪十八位？（眾答：十八界。）

欸！有智慧！你要是把這公案拿到會外去，這要叫我跟誰講？我眞是無處說起。就好像說，挑著一擔又粗又長的沉香木，把這一擔挑在路上，我大聲喊著說：「我這一擔賣五十兩金就好。」結果大家都說我是瘋子。就是這樣啊！這一擔沉香木都是這麼粗，都是這麼長；這一擔是兩頭都有，是兩大綑，五十兩金算是大大賤賣了欸！你們現在去問問看，現在這麼粗的沉香木，這麼長，一根要多少錢？去問問看啊！我這擔兩綑才賣五十兩金而已，眞是賤賣了，可是人家還罵我瘋子欸！

這就像現在我們弘法一樣嘛！我這樣子努力去作，想要把正法送給人家，人家還要罵我們邪魔外道；也眞沒辦法，只能快樂地接受，不然能怎麼辦？（導師笑說：）總不能生氣嘛！對不對？因爲你生氣了，他們就更高興了，卻不知道自己錯過勝妙法了。可是你從自己的如來藏來看，要怎麼氣？無從氣起，因爲如來藏不知不覺；所以那些密宗的人在網站上怎麼罵，我都不知不覺。像這公案中的話：「傳誠十八姊，好好侍潘郎。」這眞沒辦法去會外講，教我能夠跟誰說去？我只能跟你們講，你們才是我的知音。說實在的，感謝你們了！（眾笑：）如果不是你們，我這些法放在肚子裡面，眞的要悶壞我！

然後《楞嚴經宗通》的作者接著又評論說：「巖頭全豁禪師這兩句話，

眞是太像風流禪了！可是我卻要說回來，我來講眞的：那百丈惟政是借巖頭全豁證悟的公案，來指出佛法的蹤跡，其實他的風流遠甚於巖頭講的這兩句風流禪。不過，總而言之，其實都是臘月蓮花啦！」臘月蓮花，你們有沒有看過臘月開的蓮花？蓮花是太陽越大，天氣越熱，它會開得越好；一到冬天，全部凋零了，有時連葉子都不見了。臘月的蓮花意思是什麼？是說：他們講的都是浮浮泛泛，只從表面講的啦！可是眞金呢，卻藏在那些話裡面，捨不得拿出來給人看。所以他們賣的是什麼？是賣臘月蓮花啦！（師笑……）

至於你能不能買到他那一朵臘月蓮花，就看你有沒有本事。眞的啊！要買臘月蓮花，確實很難買到。所以大家拼了命要去打禪三，結果買回來的是什麼？還是臘月蓮花。等到回了家，堂上二老問說：「傳來的消息說，你去禪三開悟了，到底你得到了什麼？」你跟堂上二老說：「老爸、老媽，我什麼都沒有得到。」也許二老說：「哎呀！你這個愚癡的兒子，什麼都沒有得到，你還叫開悟？」世間人的想法都是這樣，心想你一定得到了什麼，然而竟還是無所得。爲什麼無所得？因爲是你自家本有底，本來就在你手裡；當你開悟了，我並沒有給你，還是你原來就有的啊！

就好像你家裡埋藏了一大堆金銀珠寶，因為出了什麼事故，所以呢，你這個腦袋不靈光了，忘了埋在哪裡？可是有個明眼人一看就知道你埋在什麼地方，就來告訴你，於是你把它挖出來，那時你有所得嗎？沒有啊！那些黃金白銀本來就是你的，只是你忘了它們在哪裡，所以還是無所得啊！

所以去禪三開悟了，拿到我給的金剛寶印，結果還是臘月蓮花！可怪的是，這個臘月蓮花諸位都還想要。為什麼想要呢？因為諸佛來人間的唯一大事因緣，就是為了把這一朵臘月蓮花送給諸位。那麼諸位看看，先要悟得眞，然後悟得深，以後出語不同凡俗。可是你有好貨要賣，也得要有識貨者啊！如果沒有伯樂，就沒有千里駒。所以你們來到正覺就是要當千里駒，然後我來當識貨者，從大眾裡面篩選出千里駒。如果還沒有辦法成為千里駒，就接受我的訓練，將來可以成就。如果這一世都沒辦法成就，那你就投胎再來；每一個人投胎，都可以投好幾次；你在禪淨班死掉了，就投胎到進階班去啊！（大眾笑…）如果這個進階班投胎了三年、五載，說「我好像跟這位老師因緣不相契」，好！你可以再轉投胎到另外一班去也行啊！那最後終於出生了，就是生在增上班裡。

所以同樣是禪宗底開悟，層次千差萬別，不能一概而論。你們看那些祖師們，大部分就像德山宣鑑那樣，就只是一個明心而已，他們都只是看見了如來藏具有使人成佛的自性，只是這樣而稱爲見性，那不是 世尊所說的眼見佛性。那眼見佛性跟明心開悟，是截然不同的境界。接著呢，次第進修，到了十迴向滿心時就有如夢觀，那又是另一個境界。一切人間事，他從定中、夢中所知道的過去世種種事情，把它們貫串起來，回頭來看這一世，也是夢中的佛事啊！因爲他所看見的過去世是那麼清楚的景象，這一世也一樣是那麼清楚，並沒有差別啊！要能夠這樣子知道自己過去世的來歷，才能夠說你有了如夢觀；這時就把三界愛的現行斷了，剩下的就只是習氣種子，這時候可以入地啦！

入地之後他又不現出家相，或者他可以像 文殊、觀世音一樣，不管現什麼相都一樣，都還是個出家人；因爲八地以後都是修童子行，最後成爲妙覺菩薩下來人間，再示現跟凡夫一樣，出家修行成佛，這就是五濁惡世時的成佛。那如果人壽八萬四千歲時，就不必這麼辛苦了，因爲眾生慧力夠，五力具足。所以將來 彌勒菩薩在人間示現時，是今晚出家，明天成佛就出來開始說法，那時眾生會相信！這就是說，有不同層次的眾生，也有不同智慧的開悟祖師，也有不同的證悟菩薩；而諸佛在人間的成佛示現，也會有不同的情況，來因應眾生的需要。

所以《法華經》這一句話說：「**若入他家，不與小女、處女、寡女等共語。**」這就是說在三賢位裡面，證悟的菩薩摩訶薩們，在欲愛的現行上面還沒有斷盡，所以得要小心，要防微杜漸。如果入地之後就沒有這一些禁忌了，因為不會有現行的產生，就沒這些事了。因此這裡講的是三賢位的出家菩薩們，不管是示現菩薩相或示現聲聞相，全都一樣：三賢位的出家菩薩們「**若入他家，不與小女、處女、寡女等共語**」。

接著說，若是遇到男人時，同樣是男人；因為這句經文是指比丘，所以說，雖然遇到的同樣是男人，但有五種男人是演講《法華經》的菩薩們不許親近的，這五種男人叫作「**不男之人**」。為什麼是不男之人？因為他無男子之用——沒有男子的作用。譬如第一種男人是生而無具，是生來就沒有男人的工具，這種人在佛法中是不許他出家的；菩薩不應該跟這種人處在一起，因為會招來閒話。第二種不男之人就是陰陽人，白天看來好像是個女人，到晚上與女人同眠時，他又會變成個男人，因為他有兩種性徵啊！官宦人家最怕這種人，也最討厭這種人，只要看見這種人進入他家裡，跟他的妻子、小妾同住一晚，一發現了馬上就把他砍頭。這一類就是陰陽人；白天裝作女人的模樣，人家都不提防她，晚上他就迷亂人家的閨房。

第三種「不男之人」就是被閹割的人。被閹割的例如太監那一類人，但不一定就是太監。有時，例如古時的刑法，對於淫亂人家妻女的犯人，就用閹割的方式處罰，這也叫作不男之人。剩下的兩種，第四種人就是生來有具而無能用，現在電視廣告中，有廣告一種藥，說是陽萎吃了它就好了；這種人是陽萎的男人，是生來就沒有辦法作用。最後一種，他可以有作用，可是只有一種情況下才會有作用，就是他生起嫉妒心的時候才會有作用，平常根本沒作用，就是有這樣的人。以上這五種都稱為不男之人。

這五種人，菩薩摩訶薩不應該跟他們親近。你演講《法華經》，是非常勝妙的法，不應該跟這五種人親近，以免貶抑了此經。假使你萬一有事情要進入這種人的家中，不能獨自進去，否則人家會說這菩薩在搞同性戀。古時候沒有這個名詞，但是有另一個名詞叫作斷袖之癖，或者說斷袖分桃之癖，就是指這一種人。佛說菩薩「不獨入他家」，可是如果萬一有某一種因緣不得不獨自一個人，因爲事出急迫而不得不獨自一個人進入這種人的家裡，那時「但一心念佛」。這時只能夠一心念佛，心無旁騖只想著佛——心中只能憶念著佛；所以洽談事情時，一面念佛一面洽談，洽談完了就離開。

「若爲女人說法，不露齒笑，不現胸臆；乃至爲法猶不親厚，況復餘事。」演講《法華經》的菩薩比丘，「若爲女人說法」時，「不露齒笑」，不可以笑嘻嘻地滿臉堆著笑容來爲女人說法；也不可以現出胸臆，就是不可以把胸膛露出來，因爲露出胸膛會使人誤以爲是在誘惑，因此不可以露出來。比丘是出家人，因此就算是爲了正法的弘揚，或者是爲了求法，都不應該跟女人互相親厚，何況是爲了其他別的事情而跟這種人互相親厚呢。初親近處的第二個部分還有下文：

「不樂畜年少弟子、沙彌、小兒，亦不樂與同師。」換句話說，演述《法華經》的出家菩薩們，不應該畜養年少的三種人，就是年少的弟子、年少的沙彌、年少的小兒，因爲會讓人家誤會。人家看見了往往誤會說：「你這個出家菩薩養這個六、七歲的弟子，」或者沙彌，或者小孩子，「這是不是你生的？」人家會胡思亂想啊！眞的很難令人不去聯想。有一次我開車經過碧潭邊，看見一位比丘、比丘尼並肩，二人中間是一個五、六歲小孩子，三個人拉著手在路上走著。那時我不敢動念頭，可是我心中會有一個問號在。也就是說，爲了避嫌，不應該畜養年少弟子、年少沙彌、年少小兒。密宗很嚴重地污染台灣二十年了，所以有些寺院裡養的小孩子稱住持爲叔叔，這是什麼意思？是因爲不方便稱爲爸爸。所以我們從這裡要看得出來，即使畜養別人所生的，準備把他栽培長大來繼承這個道場，其實也不如法。即使是子孫廟，也是不該畜養年少的弟子、年少沙彌、年少小兒，因爲會惹人懷疑，產生閑話，對三寶很不利。

那麼我們就要追究說：爲什麼那些大小山頭會被污染到這麼嚴重？所以我們破斥密宗喇嘛教的時候，有一些寺院就很認同我們說：「你們早就該出來講了，爲什麼現在才出來？」原來我們出來破斥密宗太慢，還得要挨罵。說眞的，也眞是該罵，因爲他們好端端地被人懷疑修密，已經忍氣吞聲很久了。他們出門在路上時，都覺得人家在背後指指點點，忍氣吞聲很久了，全都是被那些喇嘛們害的，才會怪我們太晚出來破密，所以我們當然得要繼續作，來滿這些正法寺院出家人的心願。雖然我們破達賴密宗的廣告花了三百多萬元，大家也很辛苦全省去流通那些文宣品，但是有正面作用。

這個正面作用在海峽兩邊都有功效，都已經開始出現作用了。你們現在還不曉得去發那些文宣，那個功德有多大！因爲配合全省性的分發廣告，誰都會注意的。只有一種人不會注意，就叫作電子媒體，他們故意視而不見；爲什麼呢？因爲他們裡面也有很多人在學密宗；但是在廣泛的社會大眾之中已經產生作用，已經發酵了，至於怎麼發酵目前就不談它。總之今天我要慶賀大家成就了大功德！

但是我們努力在替政府維護善良風俗、公序良俗，政府有些官員還在想辦法打壓我們，所以我們準備要跟教育部對幹一場。等到他們做得過火的時候，我們就要跟他們對幹一場，我先預告，大家有個心理準備，那時候我會親自上火線。因爲這個是政府—特別是教育部—應該作的事，他們不作，我們幫他們作，不料教育部沒感謝我們，還要打壓我們，這個眞沒道理，眞的沒道理呀！所以我們得要繼續作下去，而且現在已經在社會層面發酵了！不但在台灣發酵，在大陸也有發酵，因爲現在網際網路很發達，訊息可以到處流通，所以大陸那邊也在基本層面發酵，這作用很大。

人家說水能載舟亦能覆舟，我很佩服共產黨的就是這一點——以鄉村包圍城市。因爲教育部那一些大官們，以及某一些高官富賈，他們才不甩你。那我們就作社會教育，我們是**正覺教育基金會**，要搞教育，那我們就來教育社會大眾，但不容許政府來打壓我們。不管它是藍的政府、綠的政府都一樣！把附佛外道趕出佛教，大力復興佛教，是我此生最重大的目標，所以不論藍綠政府，只要打壓我們破密復興佛教，我就不能接受，這就是我的原則。

那我們追究說，爲什麼兩岸佛教會被污染到這麼嚴重？原因就是達賴率領的西藏密宗，他們是明擺著就是咬住你佛教的大動脈，要大量吸取你佛教的血液，讓你佛教萎縮，而使達賴那個附佛外道越來越壯大，它明擺著就是這樣子，我們得要把它割除掉。有本事，密宗自己去謀生，但不要冒充佛教，不要吸咱們的血，應該這樣子才對嘛！它根本就是冒牌佛教，從裡到外都不是佛教，是冒牌的啊！如果以現在的著作權法，密宗的作爲是要被判刑的。

那你們看　佛陀都這樣交代，連畜養年少的沙彌都不行，何況是達賴那一群人還把女信徒騙上床樂空雙運！所以驅逐密宗於佛教之外是我們必須要作的事。不但如此，而且「**亦不樂與同師**」，不能跟這個年少弟子、年少沙彌、年少小兒同師。如果這位演講《法華經》的菩薩跟年少弟子、年少沙彌、年少小兒拜在同一位師父座下，人家會怎麼聯想？而且人家會認為你這位菩薩不夠格講《法華經》。你已經能如實演講《法華經》，竟然還要跟那些年少弟子、年少小兒拜同一位師父為師，這沒道理啊！這會使菩薩失去了應有的格，他就沒有如實演講《法華經》的菩薩格了，所以這也是禁止的。

除了這一些親近處以外，世尊說菩薩應作的事就是「**常好坐禪，在於閑處修攝其心**。」菩薩樂於坐禪而不是樂於攀緣，菩薩是喜歡安靜地獨處，而不喜歡四處攀緣，所以「**常好坐禪**」。有事作事，沒事坐禪，在空閑處要「**修攝其心**」。為什麼三賢位菩薩一定要這麼作？因為你一定要設法趕快入地。趕快入地應該要作的事，除了講《法華經》修集廣大功德以外，還要注意律儀戒，有空閑就應該坐禪，否則沒辦法入地。

一般人不懂入地的條件，常常動不動就自稱是第幾地菩薩，這種情況在末法時期是很常見的；在台灣如此，在大陸也是如此，動不動就自認為是大和尚、大菩薩，可是他們知道菩薩摩訶薩是怎麼定義的？並不知道！他們知道入地時需要什麼條件嗎？也不知道！所以動不動就對大眾宣稱：「他是三地、他是二地、他是五地、他是四地。」可是進入初地至少要能夠性障永伏如阿羅漢，而且除了入地應該有的初分無生法忍以外，還要有廣大的福德。那麼性障永伏如阿羅漢是必須有的條件，如果不是這樣子，最好是阿羅漢迴心：證得無生法忍，發十無盡願來入地。

換句話說，「性障永伏如阿羅漢」，必須是頂級的三果人，次級、三級乃至第七級的三果人都不算數。必須是頂級的三果人，才能夠性障永伏如阿羅漢，這是入地的第一種條件。古時候那一些入地的菩薩們，尚未進入八地的菩薩們，都是由阿羅漢位迴心成爲菩薩的。就是說，他們特地再起一分思惑而不入涅槃，所以他們能夠入地的第一個條件，都是有能力可以在捨壽的時候取涅槃。可是七品三果人之中，就說最差的第七品好了，至少也得要有初禪的實證，才能夠斷除五個下分結。如果性障永伏如阿羅漢（其實講白了就是阿羅漢迴心），要有阿羅漢的果證，因爲是能取阿羅漢果而不取證、來當菩薩。所以阿羅漢們迴心入地，是因爲再起一分思惑，是起惑潤生，繼續來受生，所以稱爲性障永伏如阿羅漢。

可是那一些動不動就自稱是三地、五地的海峽兩岸的大菩薩們，莫說初禪，連未到地定都沒有！也敢自稱入地，到底他們要入哪一種「地」？他自己得要省思一下，眞的自己要省思。這表示他們根本沒有通達般若，因爲入地需要什麼內容，他們並不知道。所以說，三賢菩薩能夠爲人講《妙法蓮華經》，講完了，他這個功德是非常之大。但我說的是如實演講，不是像大法師們只是抄來古德的科判照本宣科，或者東取一段、西取一段隨意講一講；我是說，全經如實而演述，功德很大。

接著說，除了那一些律儀以外，還得要感發而生起禪定，至少要有初禪不退的功夫，否則不可能成爲三果人，何況能夠性障永伏如阿羅漢，竟敢自稱入地了？所以有空閑的時候「常好坐禪」，要習定。爲什麼要習定？因爲這個意識心不該一直只在法上深入，應該在性障的修除上也有一分努力，配合未到地定的功夫，然後可以離開欲界的境界，發起色界的境界，讓色界身在自己身中發起，所以要「在於閑處修攝其心」。這就是說不單單要作到這些，還要親近坐禪之法，來使自己發起初禪，甚至於二禪。這樣講完了，佛陀又交代說：「文殊師利！這就是我說的初親近處。」這才只是親近處中的第一種而已。親近處總共有兩種，這是其中第一種。那麼第二個親近處，看世尊怎麼開示：

經文：【「復次，菩薩摩訶薩觀一切法空，如實相，不顚倒，不動、不退、不轉，如虛空，無所有性。一切語言道斷，不生、不出、不起，無名、無相，實無所有；無量、無邊，無礙、無障，但以因緣有，從顚倒生故說。常樂觀如是法相，是名菩薩摩訶薩第二親近處。」】

語譯：【「除此以外，演述《法華經》的菩薩摩訶薩觀察一切法空，猶如眞實有的法相，心中不顚倒，不動心、不退卻、不會被別人所影響，猶如虛空，沒有三界諸法的所有法性。一切語言之道在這個境界裡面已經斷除了，既不生、也不出現、亦不生起、沒有名稱、沒有法相，眞實而無所有；沒有量、也沒有邊，沒有阻礙、也沒有遮障，就只是由於因緣而有，從顚倒想之中出生的緣故而這樣說。要常常都樂於觀察這樣的法相，這就稱爲菩薩摩訶薩的第二個親近處。」】

講義：世尊開示說，除了第一個親近處以外，「菩薩摩訶薩觀一切法空，如實相，」第二個「親近處」是在法上親近，說菩薩摩訶薩要觀察一切法空，卻是猶如眞實的法相。這句話的內容可難觀察了，在正覺同修會弘法之前，大家都相信印順法師的註解，大家都說菩薩摩訶薩要觀一切法空，可是他從來不說「如實相」，他說的內涵是如虛相。爲什麼呢？因爲他說的是一切法都滅盡了以後，那個滅、那個無，就永遠存在了，所以是不會再生滅的，就說是實。但那樣的境界可以叫作實嗎？如果那樣可以叫作實，可惜他死了，不然我有因緣的話當面遇見了，就問他說：「**我當面把你砍死，當你死了就永遠不會再死，那就是眞實而不滅，就是永生。**」看他認不認。他如果認了，好，寫下具結，先具結；然後哪一天召開大會，我拿把大砍刀，當面把他砍了，我就入獄服刑去，這也是一件公案啊！何妨讓它世諦流布。到時候人家說：「**幾百年前那個蕭平實，當眾把印順法師砍了，且道他這一砍，意在何處？**」（眾笑…）

是不是這樣啊？我把他砍了是如實，他被我砍了卻是如虛。所以他們講的是一切法空相，正是如虛相，不是「如實相」。眞正的佛菩提道實證以後，當然也「觀一切法空」，可是一切法空之時並不是斷滅空，因爲還有「此經」

存在，「此經」第八識卻不是三界有，所以「如實相」。如果是三界有，不外乎五陰十八界，那都是虛妄法啊！所以觀一切法空的時候，另有一個法猶如三界有一樣確實存在，卻不是三界有之中的有，所以那個法是「如實相」，不能是如虛啊！可是他們講的都是一切法空，結果變成斷滅空，再來施設說那個斷滅空不會再毀滅了，所以不空，把這個空無稱爲眞如。早知道這樣，當初他住在新竹那個什麼蘭若，把它搶過來，讓它空了，不讓他住了，這樣「你釋印順這個蘭若就永遠存在了」，看他接不接受。他那個說法眞的叫作瞎扯淡，就好像說人家親眼看見什麼東西正在描述，而他只是個瞎子，根本都看不見，卻硬要跟已見的人爭執說他有看見，於是講了一大堆，不斷地扯來扯去，根本與那件事情無關，所以他講出來的話都是淡而無味，都是聽來的，不是他親眼所見，叫作瞎扯淡。

菩薩摩訶薩說《法華經》，不能夠說「一切法空，如虛相」，因爲一切法空是依「此經」眞如所生的諸法來說「一切法空」，可是「一切法空」這個法之所以能夠顯示出來，是因爲有一切法，但是現存的一切法是從哪裡來的？從「此經——空性」中生出來的啊！如果不是「此經」出生了五蘊十八界，哪能有五蘊十八界的「一切法空」可觀？但是「此經」畢竟不是三界有，所以非斷滅空；但是卻非三界有，所以祂是「如實相」。當菩薩現觀「一切法空，如實相」的時候，他的所知與所見絕對「不顚倒」。如果是從人家寫的書裡面讀來的、從經中讀來的，是死記、強背的，那麼他寫書或者說法時，不說二十年，單說一年就好，在這一年之中，年初講的跟年末講的就會互相衝突、互相矛盾，這表示他心中有顚倒。如果你是從實證的境界中一面現觀而一面爲人解說，就永遠不會顚倒。所以，能現觀一切法空如實相的菩薩摩訶薩心中無顚倒。假使有人要對這樣的菩薩所說法義裡挑毛病，只能夠強加扭曲、斷章取義去挑毛病，無法眞的從他的法義裡面去挑出毛病來。因爲這菩薩「不顚倒」，所以他說的法義前後一貫。

並且「不動」，不管誰來向這位菩薩說：「我們證的比你們正覺的法更好，更勝妙，層次更高。」你心中絕對不會動搖，不會相信他，因爲你已經現見「一切法空，如實相」，知道十方三世一切法界莫非如此，不可能有更高、更眞實的法。你現見了嘛！這時不管誰怎麼樣來誘惑你說：「我們的法更勝妙。」你心中決定如如不動，不相信他們所講。正因爲你們心中如如不動，所以你們才不會在二〇〇三年跟著人家離開，對不對？否則早就離開了，心已經被動轉了。當時若是心動了：「哎呀！人家那邊還有佛地眞如可證，我們正覺才證阿賴耶識，才證如來藏而已，那佛地眞如多勝妙哩！」可是你們心中都不動，爲什麼不動心？因爲已經觀察到了，在這個法之上，再也無一法可得，所以你的心絕對不會有所動，還是繼續安住下來。

「不退」，就是說當你能夠「觀一切法空，如實相」的時候，就不可能退轉了。會退轉的人一定是沒有體驗，無法現觀蘊處界等一切法空，也無法現觀「此經」如來藏的「如實相」，所以心中懷疑，猶豫不定，因此就被人說服而退失了，於是心裡面想：「我證的這個眞是如來藏嗎？這眞的是所謂的眞如嗎？」於是被人籠罩以後就退轉了。

退轉的事情是很平常的，如果不肯接受善知識的攝受，遲早都會退轉。就像《菩薩瓔珞本業經》講的無數劫前的淨目天子法才、王子舍利弗。他們很早以前就悟了，但最後還是退轉了，因爲沒有善知識攝受，於是退轉之後不信因果，十劫之中無惡不造。如果有善知識攝受，但自己不願被攝受，那你要怎麼形容他？不好形容啦！因爲形容了就成爲罵人的話了。所以當你能夠「觀一切法空，如實相」，而不是如虛相，你就不會退失了；你很篤定自己的所證，也很篤定自己正在前進的這一條路確實是成佛之道，絕無絲毫的懷疑。所以「不退」啊！

「不轉」就是沒有人可以來恐嚇你、影響你，使你對於「此經」眞如的認知有所轉變。在二〇〇三年時，有一些人爲什麼會被轉了？因爲人家恐嚇說：「你們又沒有證眞如，你們只是證得阿賴耶識，竟然敢說開悟了，你們死後要下墮地獄的，趕快離開正覺啊！」甚至於我們有些義工執事被恐嚇：「你們還敢在這裡當義工，你們要跟蕭老師負共業啊！將來死後你怎麼辦？」所以受影響，就把義工職事辭掉了，這就是被轉了。可是隨著我們一步一步地漸次深入說明「眞如亦是識之實性」，說明眞如只是阿賴耶識運作過程之中顯示出來眞實而如如的法相，除了阿賴耶識以外，別無眞如可證。全都聽完了，心中才終於放下一顆石頭：「原來我們是有證眞如的，我們沒有大妄語。」

後來我就說得更白一點：眞如就是阿賴耶識的相分。這樣講比較白。一定有人現在心裡已在抗議了：「你說你講白了，可是我根本聽不懂，我又沒有看到眞如。」可是等你悟了如來藏，你就看見眞如了，眞如就是阿賴耶識運行時所顯示出來眞實而如如的法相，所以眞如是阿賴耶識的相分。離開阿賴耶識的心體以外，還有相分可證嗎？弄清楚這一點，大家就一顆石頭落地啦！心裡面不再有石頭。

有些人爲什麼當初會被他們所轉呢？因爲他們有很多人沒有聽我講過《成唯識論》。那些來轉人的人呢，我講《成唯識論》的時候，他們自己大概是在打瞌睡，一樣沒有聽進去。其實當年宣講《成唯識論》的課程中，我全都講過了，可見他們吸收不到十分之一。因爲那個部分是在卷九或卷十，我還有印象；當時我對那個部分還特別講得很深入，說得很清楚欸！好在我們當年有錄音，不然眞要叫作百口莫辯。所以爲什麼能夠心裡面很篤定，不會被影響、不會被轉，是因爲你自己親眼去「觀一切法空，如實相」了，那怎麼可能被轉呢？所以我怪來怪去，還是得怪我自己；被轉的人被轉了，我還是怪我自己，因爲當年我都是太輕易奉送，沒有讓大家好好去歷練。換句話說，黃金從金礦裡面挖出來以後要先提煉，可是我當初把他們從金礦裡面挖出來時並沒有提煉，直接就把它們拿去打造皇冠，結果戴上去以後，用個幾年就開始鬆了、垮了，就全部開始散掉了。因爲裡面有很多沙子。

可是我也沒有具足過失，因爲我在事後有再三補強。我每一週都有把那皇冠裡面的沙子一部分又一部分拿掉，然後又一直補上眞金；這樣每週不斷地拿掉沙子、補上黃金，又拿掉沙子、補上黃金。可是他們回去以後把我補的黃金拿掉，又自己換上沙子，那我也無可奈何。所以說，爲什麼悟後能夠「**不轉**」，爲什麼你很篤定，使你心中的所知所見不會轉變？是因爲你親自觀察了「**一切法空，如實相**」，這是在法上的「**親近處**」。前面講的是針對眾生應該有的「**親近處**」，應該怎麼樣去遵守，這裡講的是法上的「**親近處**」。

「**觀一切法空，如實相**」，說祂是「**如實相**」，可是卻又「**如虛空**」。祂是眞實存在的，「此經」絕對不虛假，在每一個人身上都有「此經」，所以是「**如實相**」；但祂並不是三界有，無形無相，連無色界有的體性都沒有，不存有三界有的絲毫法相，所以猶如虛空一樣。「名色」之中的色法是有色相的，可是「名——受想行識」並沒有色相啊！受想行識雖然沒有色相，跟虛空一樣不一樣？不一樣啊！虛空不會像你有覺受，虛空也不會像你有身口意行；虛空不會有心行，虛空也不會想東想西，不會思惟判斷；所以「名」雖然無形無色，也不能稱爲虛空。可是「此經」卻如同虛空一樣，因爲虛空沒有色法，而「此經」也沒有色法；虛空沒有覺受，「此經」也沒有覺受；虛空不會有各種語言文字思惟，「此經」也不會用語言文字來思惟，也不會打妄想；虛空沒有六識的心行，而如來藏「此經」也沒有六識的心行；虛空沒有六識的心性，「此經」眞如也沒有六識的心性；那你說「此經」像不像虛空？還眞的像！所以世尊說「**如虛空**」。

可是講到這裡，如果是來聽經沒幾次的人，聽了我說的這些法，就會越聽越迷糊；因爲剛剛才說「**如實相**」，現在又說「**如虛空**」，到底是在講什麼？可是你若是親證了「此經」，一定會發覺：「**此經眞如眞的存在啊！可是祂如實。**」「此經」就如實啊！雖然跟虛空不一樣，可是祂的體性卻又好像虛空，卻又跟虛空不一樣；這是因爲祂眞實存在，而虛空是無；可是祂卻又不像三界有一樣，所以就從祂無形無色而說好像虛空一樣：「**如虛空**。」你若是眞悟了，聽起來就想：「**對啊！就是這樣啊！**」你就從所悟的「此經」去現觀我所說的，結果你會證明眞的是這樣。

可是如果從會外來聽我講經的人，根本沒聽過我以前的說法，也完全不知道如來藏眞如心究竟是什麼，聽了我這麼說，他會說：「你怎麼講話前後顚倒？」就像早期元覽居士寫信來質疑我，他對經中的說法沒有如實知，我舉經中聖教來證明時，他竟然敢說：「佛之將死其言也亂。」那是造下什麼樣的惡業，他自己都不知道。就像達賴喇嘛在書中公開講：「佛陀前後三轉法輪諸經講的互相矛盾。」還印在「眾生出版社」的書裡面流通出來；陳履安竟然也敢幫他出版，你說他有沒有智慧？所以他的出版社命名爲「眾生」，還眞命名對了。這經典說的是「如實相」的眞如法，這個如實，眞的難瞭解，因爲這個「如實相」的法又「如虛空」，你從文字表面看來好像互相顚倒：既然如實就不應該如虛空，如虛空就不應該是如實法啊！可是卻完全沒有任何的矛盾，親證的人全都如此互相認定。這就是法界的實相，而法界的實相之所以難懂，就在於有沒有親證。

七、八年前我有一位兄長告訴我說：「欸！你寫書能不能寫淺白一點？才好讓人家讀懂。」我說我已經寫得夠淺白啦！自有佛教史以來，沒有人像我寫得這麼淺白。他說：「可是我們還是讀不懂啊！」我說：「因爲你們沒有開悟啊！當然讀不懂啊！」我說我寫的書有很多是給悟後的人讀的，有一些是給悟前的人讀的。這就是說，佛教界能夠辨別眞假的人是不多的。譬如假使有人拿沉香木來，有多少人能夠辨別眞僞？沒有多少人能夠辨別啊！一般人是分不清楚的。我曾經在士林新光醫院那什麼路？文昌路吧？在文昌路的中正路口騎樓下，有一次爲了去寄書經過那邊，看見人家在騎樓下擺了一些奇形怪狀的木頭，看來好像是樹根爛了以後，把還沒爛光的樹根整理好了再上色，拿出來賣，我問他說：「你這個是什麼木頭？」他說：「沉香啊！」我說：「那你這一塊，」大概有一尺高，擺在地上豎著，我說你這個賣多少錢啊？「三百五。」（大眾爆笑…）我一聽，就故意反問說：「你這眞的是沉香嗎？」他說：「眞的啊！」我轉頭就走了。那沉香粉磨起來一小盒要賣幾千塊錢，他那一大根木頭磨起來，可以磨三大盒了，竟說「三百五就好了」。可是也有人信啊！因爲我當場就看見有人在買：「喔！這是眞的沉香喔！我買回去供佛啊！」還眞買欸！眞正的妙法與相似假法也像是這樣，沒有多少人具有慧眼或法眼，懂得來區別、來簡擇。

那些凡夫們自以爲是，有增上慢，所以他才敢開口說：「哎呀！佛陀三轉法輪所說的法義前後互相矛盾。」因爲他不承認第三轉法輪的唯識諸經。

爲什麼不承認呢？因爲唯識諸經很明白指出實有第八識、眞有如來藏，但那是他們要全力否定的啊！如果他們要承認第八識如來藏眞實存在，他們密宗的雙身法就得要全部廢掉，都不能成立了；因爲樂空雙運是識陰的境界，就不能成立爲佛法了，所以他們密宗必須否定。那他們可以把《般若經》曲解爲六識論、說一切法空、性空唯名。釋印順就判第二轉法輪諸經叫作「性空唯名系」，但他其實不是創始者，他是抄襲宗喀巴的《廣論》而來的。性空唯名的主張是宗喀巴提出來的，他只是吃了宗喀巴的臭口水。所以眞實法很難了知；你看「觀一切法空，如實相，不顚倒，不動、不退、不轉」，結果又說「如虛空」，「如虛空」這一句跟「如實相」，你要怎麼逗起來？在三界法特別是人間諸法上面，眞的逗不起來啊！可是法界的眞實相正是這樣啊！既是「如虛空」，又是「如實相」。所以有些經典他們都不講，因爲用六識論眞的沒有辦法理解。

接著說「無所有性」，沒有所有諸法的法性。有，總而言之就是三界有，再把它細分，最多就是二十五有。不論什麼有，「此經」自己的境界中，都沒有這種「有」性。一切有的法性，此經都沒有。也許有人想說：「那這樣子到底是什麼？」想不通，心裡面生疑，不能起信；不然，我反過來說：假使是「有所有性」——有三界有裡面的某一種有性，那它能不能符合三法印呢？例如「涅槃寂靜」，如果它有三界法之中的一種法性，例如至少有法塵——通常都是六塵具足，那怎麼能叫作涅槃寂靜？涅槃中的眞實寂靜可是一法都無，是一切法空欸！換句話說，十八界全部滅盡，也就是把十八個老婆全都休了。這時滅盡三界一切有，結果是猶如虛空一樣，卻是如實而不是斷滅空，因爲沒有三界有的任何法性。菩薩應當親近於這樣的法，這是第二個親近處中的一部分。

接著 世尊還描述「此經」的境界是什麼：「一切語言道斷。」語言道，有很多種，從最普通的來看，市面上有人在教日語，有人在教美語；有人說：「我不喜歡聽美語，我覺得英語的韻味比較好。」他喜歡英語，所以也有人教英語。也有人教阿拉伯語，台灣也有人教台語，但也有人學欸！奇怪！你是台灣人，怎麼還要學台語；可是也要學啊！因爲台語很深。台語是古中原的話，叫作河洛話。所以他們想要研究，也就學台語（其實不應該叫台語，應該叫作河洛語），這都叫作語言學吧！可是不管什麼語言，乃至外星語、欲界天語、色界天語，一切語言之道，來到「此經」這裡全部都斷了，進不了「此經」的境界中。以前善知識常常在講：「言語道斷，心行處滅。」那他們怎麼解釋呢：「我們每天要努力打坐，要一念不生，一切言語、說話都要斷除，我們覺知心都要如如不動，這才叫作心行處滅。」他們都是這麼教的。

在正覺出來弘法以前，他們都是這麼教；不管你去到哪裡，只要提到這八個字，他們都是這樣教導。可是 世尊這句話講的不是意識，更不是識陰所住的境界。這八個字講的是「此經」自身的境界，就是金剛心如來藏的境界，是說在「此經」的境界中，語言道斷滅而不存；你如果進入「此經」這個境界中，語言道就斷滅了。那麼六識心，包括意根的心行，到了「此經」這個地方時也都滅除了；這才是「言語道斷，心行處滅」的眞義啊！這段經文中 世尊講的「一切語言道斷」，同樣是這個意思。

語言，你聽得懂啊！例如你是閩南人，他是客家人；他跟你講客語，你都聽不懂，但你至少也知道他講的是客家話，對不對？可是你的如來藏連「他講的是客家話」都不知道，而他自己的如來藏也都不知道自己講的是客家話。爲什麼不知道？因爲連聽都沒聽到。根本就沒聽見聲塵，有沒有可能還有語言道存在於「此經」的境界中呢？所以說「一切語言道斷」，世尊就說：「常樂觀如是法相，是名菩薩摩訶薩第二親近處。」說這就是在法上面應該親近的處所。這是爲人家講解《妙法蓮華經》的菩薩摩訶薩，必須要具備的現觀；必須要能這樣安住於法上的境界中，才能夠爲人家講解「此經」，否則不可能爲人家如實演講此經的。所以這也是第二個親近處的內涵之一。接下來說「不生、不出、不起」，就要等下週再分解了。

《妙法蓮華經》上週講到第一百二十六頁第二段第二行前兩句，說「一切語言道斷」。我們上週說這個語言道斷，然後有一句心行處滅應該附帶而說。因爲一般學佛人如果有很深入在學，都聽過這八個字：「言語道斷，心行處滅。」那麼這個「語言道斷」就是講這八個字。我們上週講了「言語道斷」，那麼今天接著講「心行處滅」。這就是說，菩薩所觀的一切法，與聲聞聖人或者凡夫大師所觀的一切法不一樣；而聲聞人所觀的，跟凡夫大師所觀的又不一樣。先來說凡夫好了，凡夫所觀的所謂「心行處滅」，就是說，不管佛門中的凡夫，或者外道法中的凡夫，所有修行人以爲的心行處滅，就是保持了了靈知；不管接觸到什麼，都是保持了了分明，故意不去加以分別，認為這樣就是心行處滅，認為已經不落在心行處。這是末法時代的大師與學佛人之中很普遍存在的一種現象。當他們修學所謂的佛法，不管他們是佛門中人或外道研讀佛經而自己修行，全都一樣，讀到心行處滅的聖教時，心裡面就故意壓抑覺知心自己，保持在離念的狀態，故意不作分別。所以他們心中不生起語言文字來分別說：這是對、這是錯，這是男、這是女，這是美、這是醜，這是權貴、這是貧賤。他們心中故意不分別，以為這樣離語言文字的分別，了了常知時就是心行處滅。

這在現代的佛教界以及附佛法外道裡面是很常見的現象，所以十年前的佛寺裡面還常常看見在大殿或禪堂貼著兩對句子：「打得念頭死，許汝法身活。」他們都不知道把念頭打死了以後，離開了語言文字以後，仍然是意識、識陰的境界，並沒有活轉過法身來。當他們還沒有活轉過法身的時候，他們的法身其實也沒有死掉，還是繼續存在著，所以法身也不需要他們來活轉。而這正是凡夫的境界，誤以為心中沒有語言文字時，就是心行處滅。

可是當他們打坐離念的時候，老母親呼喚說：「兒子啊！來幫忙一下。」他們馬上知道母親叫他，有事情，必須立即下座。這表示他的心行處並沒有滅掉，仍然住在心行處中。所以他們所以為的心行處滅是錯誤的，不是正確的，因為心行仍在。所謂心行仍在，從二乘聖者的智慧觀察時，就會告訴這些佛門內外的凡夫們說：「只要你們的覺觀存在時，你們就仍然有心行。除非滅掉了覺觀，否則你們的心行始終存在著。」因此唯有滅掉了覺觀，才能說心行處已經消滅了。可是心行處的消滅只有一個狀態，就是進入滅盡定中可以方便說已經滅了；若是從出世間法來講，就得捨報以後只有唯一的狀態，就是入無餘涅槃中，才能說究竟的心行處滅。

如果放寬標準給凡夫來講心行處滅，至少得要六識斷滅，那就是悶絕位、眠熟位、正死位、無想天或者無想定位，以及滅盡定位。這時六識都滅盡了，沒有六識心行，識陰已經不存在了，才可以說六識的心行處滅。那麼在二乘聖者的滅盡定中，是方便說心行處滅，因為他們已經有能力取無餘涅槃，所以方便說為心行處滅，其實還是有意根繼續在運作。所以心行處滅不是凡夫們之所能實證。

但是從菩薩來看時，又跟二乘聖者不同，卻有一點像凡夫所說的心行處滅，但境界卻是大不相同。例如凡夫講：「我一念不生時就心行處滅了。」

菩薩說：「我一念不生時也是心行處滅，我雜念叢生時一樣是心行處滅。」那看來好像有一半相同，其實完全不同。菩薩不論是一念不生或者雜念叢生，一切法都是心行處滅。因爲凡夫指的心行處滅是從六識心來說，菩薩指的心行處滅是把七識心歸納於本來就沒有三界心行的如來藏而言。所以一切法心行處滅，即使在語言道正在運作的狀況下，菩薩依然說是言語道斷，這就不是凡夫之所能知；阿羅漢們可以想像，可以理解，但是不能實證。所以他們也知道菩薩的所證是現前就已涅槃，現前就已言語道斷，現前就是心行處滅的，但是他們不能現觀，不能實證。所以一切語言道斷的內涵百年來都被講錯了，現在從如來藏妙法中應該再把它更正過來，回歸到佛菩提道中的實相境界來。

接著說「不生、不出、不起」，在修學解脫道或佛菩提道的過程中，大家想要證的都是金剛性的常住法，都想要證本住法——常而不壞滅，也就是想要證得「無間等」法。這個道理從佛門乃至外道，除了斷見外道以外，其實這個道理都一樣，所求的目標也一樣，但是實證的內涵卻不一樣。常見外道所以爲的常，所認爲不生不滅的涅槃，其實都不離五陰中的識陰，最高只是證得非想非非想定中的意識，認為就是常住法、本住法，但其實仍舊屬於非常，因為都是生滅法；但他們錯認為常，錯認為不生滅，都是外於眞實心如來藏而求眞常，所以名之為常見外道。一切常見外道所得之法，其實都是有生之法，但他們不以為那是有生之法，才無法遠離分段生死、變易生死。

常見外道們堅持識陰內的六心或意識一心是常住法，即使 佛陀出生在人間說出了眞實的常、眞實無生之法，外道們還是要批判 佛陀所說不如實。後來 佛陀聽說某外道在破斥正法，就前去辨正法義，有的外道緣熟了，認輸，當場就拜師，率領大眾認 佛為師，成為佛弟子。少數緣不熟的外道，既不認輸，也不肯拜在 佛陀座下，就默然而不承認，那就是得度的緣尚未成熟。所以 世尊出世以前，大家所求的同樣都是常住法、本住法，但都是落入有生之法，不是證得本來無生之法，才會落入常見外道的邪見中。

譬如外道所證的現前涅槃，聽起來跟菩薩所證的現前涅槃一模一樣，本質卻完全不同。譬如第一種現見涅槃，有一種外道說：「我住在人間五欲境界中，在五欲境界中就已經是不生滅的，我這個覺知心如是如是於五欲中得自在，這就是常；常就是不生不滅，就是涅槃。」這種外道，在末法時代最具體的代表就是自稱密宗的假藏傳佛教四大派。那麼第二種就是證得初禪，以初禪的快樂自娛，他們認爲說：「我住在初禪中的快樂境界，也是離欲的，現前就是涅槃。因爲初禪中快樂，又是出離欲界境界的，只要住在初禪中的一心不亂以及身樂都不消失，就是不生不滅的涅槃。」他們不知道這還是生滅法，因爲不論是密宗在五欲中得自在，或者離欲者在初禪中得自在，全都不離識陰，差別只是識陰裡的識或多或少以及是否離欲的差別而已。

那麼現見涅槃的第三種外道以二禪等至位爲涅槃，第四種外道以三禪爲涅槃，第五種外道以第四禪爲涅槃；把現前可見的禪定境界當作是涅槃境界，認爲是不生不滅，所以他們稱他們現前實證涅槃、現前看見涅槃。我們就說他們那個叫作五種外道的現見涅槃，但都不外於識陰的生滅境界，不是眞實涅槃。因爲那都是有生有滅，都不離意識境界；可是意識終究會中斷，不是「無間等」法。意識一中斷，他們所謂的涅槃就跟著不能存在，就成爲消滅之法；只在意識現起的時候，他們所謂的涅槃境界才會生起，所以他們所謂的涅槃都是有生之法，不是無生之法。

那麼二乘聖者證得無生，因爲「我生已盡，梵行已立，所作已辦，不受後有」，並且自己確認了，所以《阿含經》中說「解脫，解脫知見，知如眞」。但是這個無生也不是本來無生，是「將滅止生」，只是把有生的五陰滅了以後，將來不再受生五陰，所以不受後有而成爲無生，禪宗六祖說這是「將滅止生」，是正確的評論。二乘聖者的無生，是從未來世的蘊處界不再出生而建立無生，不是第八識眞如心的本來無生，所以他們的無生是建立在生滅的蘊處界上面；然而蘊處界是有生之法，所以他們的無餘涅槃仍然不是眞正的無生，只是從凡夫的境界，以及從「不受後有」而說他證得無生。

至於菩薩所證的無生是本來就無生，本來就已經存在著，本來就是不生不滅的，而且是現前就觀察到的，所以說是現前涅槃。這個涅槃是本來就存在的，也是本來就清淨的，所以稱爲本來自性清淨涅槃。這就是菩薩所證的不生，是從實相法界，也就是從金剛心如來藏所具有的本來就眞實與如如的法性來說不生，不是蘊處界滅掉以後不受後有而說不生，這兩者是完全不同的。所以阿羅漢的無生是死後才無生，菩薩所證的無生則是本來就無生，是現前五蘊存在的時候就已經證得無生。因爲大乘與二乘聖者所證的無生，雙方的內涵是不一樣的，因此菩薩把五蘊十八界歸納於如來藏，轉依於如來藏的時候，就說五蘊十八界等等一切法全部也都無生，所以說「一切法不生」，這就是菩薩所證的不生。

「不出」，是說凡夫與外道所證的一切法都有出有入，一定先入於某一個境界，然後再出於某一個境界；乃至二乘聖者亦復如是，一定入於某一個境界，然後出於某一個境界。例如凡夫造惡業者出生於畜生道的境界，報盡了然後才能入於人間；入於人間的境界以後，說他上進了，所以說他出到人間境界，然後生於欲界天；乃至出離欲界天，生於色界天等，都是有入，然後必定有出。又如以一天來講，早上剛剛醒來，出於睡眠境界，然後入於清醒位，都是有出有入之法。到了晚上，洗過澡了，上床了，出於清醒位，入於眠熟位，都是有入有出之法。阿羅漢為什麼也有出？因為受生而入於人間，修行後證得阿羅漢道，所以還是有出——出離於五蘊世間；因為出離五蘊世間，所以他出離了三界生死——有出。可是菩薩所證的是，於一切法、一切境界中不入的心，所以永遠「不出」，因為菩薩所證是「此經」如來藏，而「此經」如來藏自從無始以來，不曾入於一切法中，所以祂永遠「不出」於一切法。這是因為「此經」眞如心無始以來就不入於一切法，當然就「不出」一切法。

譬如你會離開房子，是因爲你曾經進入房子；你如果不曾進入房子，你就不須要離開房子。你曾經進入某一個境界，所以你需要離開某一個境界；如果不曾進入那個境界，你就不必出離那個境界。那麼二乘聖者所證的是因爲五陰已經入於三界，所以從現在世起，不再有後世的五陰入於三界境界中，說爲「不受後有」，這就是從此世五陰出離於三界，成爲有出。阿羅漢出三界生死的觀行對象，是已入三界中的五陰；但菩薩所證的是「此經」如來藏妙眞如心，「此經」如來藏從來沒有入於三界，因爲三界身心是由祂所生，但是祂不入於三界身心的境界中。所以菩薩們的五陰死了，祂也不出於三界境界，因爲祂沒有入嘛，爲何需要出？再從阿羅漢來說，阿羅漢入於三界境界中，如今證得阿羅漢果，捨報會出於三界境界，可是他的「此經」如來藏不曾隨著阿羅漢入於三界境界中，祂只是跟阿羅漢的五蘊在一起，而如來藏自身不入於三界境界中。所以阿羅漢入涅槃的時候，他的如來藏也不出於三界境界。

這樣聽起來好像很奇怪喔？我想諸位在外面沒聽過人家講這樣的法，你們來正覺熏習也已經很多年了，少者也有兩、三年，多者二十餘年了，聽我講的種種法也很習慣了，都不覺得奇怪了。因爲你座位旁的左鄰右舍或者前後的師兄、師姊們，當他們聽我這樣講解時，就同時一面現觀，當場證實正是這樣，所以大家都習以爲常。如果我把這種法在外面去對一般知見不夠的人演說，我想很多人大概會閉起眼睛來，對我覺得無可奈何，不知道在說什麼，可是心裡面想：「**蕭平實講的應該沒有錯，只是我不懂他在講什麼。**」很想理解，但又無可奈何。

但事實上確實是如我說的這樣，因爲法界的實相眞的是如此啊！而這個實相法界是遍一切有情界中都如此，上從諸佛，下至一切阿鼻地獄的眾生莫非如是：實相法是跟現象界諸法並存的，並沒有離開過；但實相法界在背後支持著現象法界繼續運作，而實相法本身不入不出、不生不滅。這兩個法界是同時並存的，菩薩所證的就是在現象法界中實證了這個不生不滅、不入不出的法，名爲「此經」，又名如來藏；然後把一切法歸攝於「此經」如來藏實相法，把所生的蘊處界等萬法攝歸於能生的「此經」如來藏以後，這一切法都在本來不生的如來藏之中生了又滅、滅了又生，入了又出、出了又入；

但是一切法既然攝歸於如來藏，那也就是不生不滅、不入不出了，因爲它已經被親證的菩薩們攝歸如來藏了，就好像知道鏡體的人，都把鏡中的影像攝歸鏡體而說影像也如同鏡體一樣不生不滅的了。

那麼在三界六道中，一切法都是有起有滅，沒有法是常恆而不可滅的。譬如眼識，有起也有滅，是醒來時生起了，眠熟以後消滅了；也是死亡時滅了，到中陰身中又生起了；然後入母胎以後又滅了，又依下一世的眼根爲緣而生起的全新眼識。而眼識最基本的兩個所緣就是根與塵，因爲是藉根與塵才能出生的，所以 佛說：「過去無量的眼識，現在的眼識，未來無量的眼識，都是藉二法爲因緣而生。」如來藏也無法直接出生眼識，要藉根、塵二法才能出生眼識，因此說眼識是無常。無常故苦，無常故無我，無常、苦、空故無我，所以不是如實法。

世尊又說：眼識如此，耳識，鼻、舌、身、意識亦復如是。所以識陰中的六識全部，沒有一識是可以永遠不起的。因爲眾生有無明的緣故，所以必然會世世受生；受生之後就有起，在一世之中起起滅滅，成爲一個常態。那麼也許有人想到說：「那意根應該不起了吧？」然而意根雖然恆而不斷，卻也是可滅的，所以定性聲聞阿羅漢死後就入涅槃，永遠不再有意根存在了。既是可滅的，表示祂不可能是本住法，一定是在最早之時由如來藏中生起，所以祂必然是念念不斷從如來藏中生起，不可能是無起，因爲祂是可滅的。

只有不可滅的法，才可能是無起的法；這道理，現在已經是眾所周知，以前佛教界大家不知道，包括各大山頭的大法師們在內。在正覺弘法二十年後的現在，我說這是眾所周知，除了密宗的喇嘛們。《阿含》聖教裡面說，阿羅漢入無餘涅槃時，五蘊十八界全部滅盡，名爲「不受後有」。那麼十八界裡面有一界就是意根，這意根既然是可滅的，顯然祂是有起之法，否則就不可能被滅。這個說法也許有人比較難想像，我就套用剛才的說法解釋：如果是不曾生起的，祂就是本住法，是法爾已在之法，不曾生起過，就歸屬於實相法界；若是不曾生起的本住法，你就找不到任何一個法可以壞滅祂。

依這個道理，反過來作比量的推究：意根既然是可滅的，可滅的就表示祂必然是念念不斷從「此經」如來藏中生起，是藉著見惑、思惑無明，而使「此經」如來藏不斷流注意根識種，因此眾生才有末那識意根持續不斷，眠熟位、悶絕位乃至無想定、滅盡定中，都還有意根存在，直到入無餘涅槃以後才告斷滅。所以祂還是可滅之法。那麼這七識心既然都是曾起而可滅之法，再來依這七識心所住的境界相而觀察，沒有任何一個境界相是無起的，所以都曾經生起，也都是可滅的。但菩薩所證的是「此經」如來藏，菩薩們悟後轉依如來藏時，把如來藏所生的一切有起之法，都攝歸於如來藏時，就因爲如來藏的不起，所以一切已經生起的境界相、已經生起的一切諸法，依如來藏而說就是一切法「不起」。

接著說「無名、無相」，舉凡世間法都有名、有相，有時名還被立得很奇怪。例如珍珠有白的、有黃的、有紅的、有黑的，因此你如果講到「黑珍珠」應該是講珍珠吧！可是台灣水果蓮霧也有一個品種就叫作「黑珍珠」。所以你說到底世間法有哪一個法是無名無相的？凡是三界中法都有名、有相。可是名依相而來，再進一步互相溝通時，各人心中生起的相卻是依名而來；也就是說世間法之所以被立名是因爲要互相溝通，所以你必須要建立一些名詞出來，否則無法藉語言文字來溝通，就無法表示意思。

名相的建立，一定是約定俗成，否則也不能使用。譬如以一個杯子來講，這個杯子因爲有相，而且相有不同，所以把這個建立爲杯蓋，這個建立爲杯子。可是如果哪一天，大家共同約定說我們從今天開始說上面這個叫杯子，下面這個叫杯蓋；那麼從那一天開始，大家說到杯蓋的時候就聯想到下方這個，說到杯子時就會聯想到上方這個。這就是一個約定俗成，依那個相，大家約定這個叫作什麼。如果哪一天，例如世界統一了（當然這是不可能的事，只是說法上的假設），也許統一在英語系之下，不許再講別的語言，像以前台灣早期時白色恐怖規處說：「只許說國語，不許說台語。」那麼從此以後這個物品就不許說杯子，要叫作「cup」。

所以爲什麼會建立那個名呢？是因爲有外相，也是因爲一群人有一個共同的語言；可是建立這個名卻得要約定俗成，不能自己一人去施設。你不能跟人家相反說：「我偏要說下面裝水的叫杯蓋，上面蓋的叫杯子。」也不能這樣，否則你將無法跟人家溝通。所以某一個事件的法相，大家共同認爲是應該這樣講，如果某一個人偏要那樣講，人家就說那個人不可理喻；是因爲他對於那個相的理解跟描述是互相錯誤的，所以大家就說他不可理喻。同樣的道理，因爲它的相是那個樣子，所以大家約定俗成說它叫什麼名；如果哪一天大家約定俗成說：「用四隻腳橫著走的叫作人，用兩隻腳直著身體走的叫作動物。」那麼以後大家說到動物時就是講我們大家，說到人時就是原來所講的動物，就變成這樣了。

所以說，因爲相有所不同，所建立的名就有它固定的意思。可是在佛法上來說，一切法、一切物的相，之所從來卻是從「名」而來，這個「名」講的就是名色的名。如果不是因爲有名色的名——若不是因爲先有覺知心，就不能了別出種種物與種種行的法相；不能了別種種的法相，就不能建立名詞，所以相從名起。如果你覺知心不存在了，還有什麼相可說呢？因爲你覺知心存在—你有名相的名—受想行識，所以你能夠了知種種的相，在唯識增上慧學裡面便叫作「顯境名言」。因爲你有受想行識這個名，所以你心中出現了種種的相，了知這是人、這是狗、這是貓、這是螞蟻、這是蜈蚣、這是天人等；是因爲「名」的緣故，你才能夠在心中顯示出種種的相；再由因爲種種的相來施設名詞，所以人們互相之間就可以用言語來溝通。

所以如果不是「名」，你不可能建立「相」；這就像虛空，「虛空」這個名詞，我才剛講出來，你心中馬上有一個對虛空的法相了；然後大家想：虛空就是無量無邊，沒有任何物質障遮，就是虛空。可是虛空從哪裡來？是從你的「名」來——從你名色的名來的啊！因爲虛空是個建立法，虛空沒有法；你能夠拿得到什麼虛空嗎？你能夠抓得到虛空嗎？不能！虛空是一個施設，依於物質的邊際以外，在沒有物質的地方，施設它叫作虛空。因爲空，所以能夠無邊無際；可是虛空無邊無際，卻只是你的名—你的覺知心—中所建立、所知道的一個法而已。所以虛空是你心中無量萬法中的一法。《楞嚴經》有一句聖教講得很好：「當知虛空生汝心內，猶如片雲點太清裡。」虛空在你心中出現時——你心中對虛空這個法有所了知時，虛空這個法就好像一小片雲點在無邊無際的覺知心太虛空裡一樣；因爲它只是你覺知心—你的名—中所知萬法中的一法而已；在你覺知心所了知的萬法之中，眞是微不足道。

所以才說一切名詞從相而起，而一切相——不管什麼法的相，卻是從有情的「名」而起，這是依世間法三界五蘊來說名與相。所以只要是三界中法，沒有一法是可以離開名與相的，因爲若是有情身中沒有「名」，就無法了知各種相，就無法施設名言來表達意思，就不可能互相溝通，各人心中也沒有名所表示的相，就無法互相瞭解。然後說，沒有「名」也無法去施設各種的法相，去了知各種的法相，各種法相的名詞也就施設不出來；這就是現象界的法則，不可打破，沒有誰可打破它。就好像現象界一切緣起性空，沒有人能打破；因為這個法則是現象界中的真理，沒有人能打破，所以學佛而愚癡的人就說：「緣起性空就是實相。」佛示現人間之前的外道也如此說，可是等到 佛陀出現人間時就把它打破了，或者末法時代菩薩出現人間時就把它打破了，為什麼呢？因為這個叫作「兔無角」。

兔子頭上沒有長角，沒有人能否定吧？是啊！沒有人能否定。誰敢出來否定說：「有！兔子頭上有角。」全都無法舉證，因為兔子頭上確實沒有角。但問題來了，為什麼人們心中會有「兔無角」這個法出生呢？是因為先看見牛有角，或是先看見羊有角；如果不是先看見牛有角、羊有角，他不會認知兔無角而說：「兔無角是真理，誰都不能推翻。」所以兔無角這個法是依於牛有角而存在的，也是你的「名」所生的法。它是從你的覺知心中出生的一個法，它並不是真實存在的，所以兔無角這個法是虛妄法，這樣你就把它超越而不必推翻它。就是說，從實相法界的智慧作為所依，才能超越現象法界所說的真理；所以愚癡人無法推翻「兔無角」這個法，因為他們無法超越；

但是有智慧的人就會說：「你這個叫作戲論，因為兔無角是依牛有角而有的，不是實有法。」同樣的道理，緣起性空是依於有生有滅的蘊處界，才能夠說有緣起性空；如果不是依有生有滅的蘊處界，就無法說蘊處界緣起性空。緣起性空是依於有生滅的蘊處界而說的，不能外於生滅的蘊處界而說有緣起性空的法性存在，猶如兔無角是依牛有角而說的，道理是一樣的。

所以三界中的法都是有名、有相，不管它是觀念中的，或者實物的，都是有名有相。可是這些名、這些相，不論是蘊處界的這一些法，或者名色中的名，或者名色中的色所顯的相，或者名色中的名所顯示出來運作過程中的行相，一切法無非都是名與相。但是這個「名」與「相」是從哪裡來的？都是從「此經」如來藏而來，而「此經」如來藏所住的境界中從來沒有名、也都沒有相。所以當你證得實相法界的時候，你會看到今天自己證悟了，有實相法界的智慧了，可是從自己的「此經」如來藏來看時，沒有一點點的歡喜，也沒有增長一點點的智慧，還是跟以前一樣。

那麼你再來觀察那些低等生物，例如你剛才看見一隻蝸牛，看牠緩慢地爬著，牠的所見可能不到一吋，牠的所知很有限，只是尋找牠喜歡吃的某一種食物的香味；那個食物的香味是從哪邊來，就往哪邊去爬，所知大約就只有這麼多。除了覺得餓而想要去吃以外，牠大概沒有多少的所知可以讓你加以舉例。可是你悟後觀察了自己以後，再來看牠，了知牠也有名，也有相啊！雖然說牠的名功能很差——名色的「名」功能很差，但牠還是能了別，只是了別的範圍很小而已；因爲能了別，所以牠心中就有相。牠還有什麼相？肚子餓的相，食物香味的相，以及牠爬行的過程裡面，太乾燥或者土地濕濕很好爬行等法相。但是你看牠的實相法界的時候——看牠的「此經」如來藏時，既無名也無相；全部都沒有名、沒有相，這就是菩薩摩訶薩的所見。

而菩薩這個所見，不是阿羅漢之所能見，更不是落在意識境界的凡夫們所能知、所能見。當你證悟後，觀察這一切的名、一切的相，莫不從「此經」如來藏中生，卻附屬於如來藏，不曾一剎那分離過，本來就該歸屬於「此經」如來藏；然而「此經」如來藏從來不生不滅，從來無名無相，所以你所知道的、你所現見的、你所反觀的一切名與相，就依於如來藏而說無名無相。

這樣聽起來好像很深奧的樣子，其實不深奧，只要你證得如來藏，就可以這樣觀察。這是可以現前觀察的現量境界，不是用思惟或者語言施設，或者善於巧辯而說出來的。因爲不管如何善於巧辯，沒有辦法像我這樣只依「無名、無相」四個字，不打草稿一直講下去，一定不可能這樣！不管他在因明學以及聲明學上面學得多好，他也不可能作得到。因爲這個是現量，你只要實證了，這就是你的現量；悟後，當善知識把所觀宣示出來的時候，你可以一面聽、一面現觀而證明是不是如此；那你現觀完成，你以前沒有觀察到的這部分，在善知識講過以後就成爲你的智慧境界了，你就有了這些智慧，這就是我們跟那些盜法者自稱的幾地菩薩不一樣的地方。

從台灣去大陸的一個一貫道盜法者，宣稱他已經是四地菩薩了，還授記他的徒弟是初地菩薩了！但是，他們講經的時候很有趣，經文如果是五十個字，他解釋那些經文的字句也大約是五十個字。這就是一個很奇怪的現象，可是我們說不奇怪，因爲他不懂那些經文在講什麼，只能依著僅有的想像而簡單講一下，對追隨他的學人而言，搔不到癢處。所以從他講經的現象中，你可以知道他是不是有現量親證；如果是現量親證，他講經時就會自心流露，可以一面現觀一面演述，會講出很多妙法，所以往往一段經文要講很久。若是沒有現觀的人，縱然知道佛法密意了，也只是表相上的密意，他是憑著意識思惟而理解佛法的人，於是他講解一段經文，只要三、五分鐘就結束了。因爲他無法現觀，無法深入去了知，於是用意識去思惟想像出來時，所能夠講出來的就只有那麼一丁點。於是經文五十個字，他講解出來的內容大約也是五十個字，就超不出幾個字；那麼這樣子宣稱是四地菩薩，自稱是百丈大師再來，你能信嗎？那其實已經變成笑話了，眞是一種笑話。

這就是說，大乘法不是那麼膚淺的，不是後人之所能編造。因爲它是實證性的眞實義，是第一義諦的義學，不是意識思惟所得的玄學；是連不迴心的三明六通大阿羅漢都不能知道，何況是六識論的凡夫們？所以當你證得實相法界之後，你把一切法加以觀察，會發覺實相是一切法中「言語道斷，心行處滅」；即使你當下正在說著語言時，你同時也是離語言道的，是因爲你親自看到一個事實：語言道無法進入你的實相法界中來。當你用語言之道施設種種方便而爲人演說時，你演說的是你的實相法界所住的境界；你說出自己的實相法界裡的境界，說明這是語言道所無法到達的境界，所以語言道到了實相法界時必然是斷滅的，不能再存在的；而且三界一切心的心行到實相法界中來，也是要滅除的。而覺知心的一切行爲，都不可能進入到實相法界中來存在，所以「心行處滅」。

可是在「言語道斷，心行處滅」之中，菩薩所見的一切法卻是「不生、不出、不起，無名、無相」；雖然如此，卻又是「實、無所有」；是「實」而「無所有」，不是空虛，不是斷滅無。這個「無所有」是「實」，一般人讀到「一切法不生、不出、不起，無名、無相」，就認爲：「那就是一切皆空啦！」這就是一般大師的理解，但不是菩薩摩訶薩的現觀。既然你要當正覺的眞實義菩薩，要成爲摩訶薩，你就得要親證這個實相法界而生起實相般若。既然你要行佛菩提道，你要邁向佛地，就必須要親證這個；因爲這是你的入道根據，如果沒有入道，你就無從修道。

一切法都是「語言道斷」，卻是「不生、不出、不起」，也是「無名、無相」，在這樣的「無所有」之中，祂卻是「實」而不虛；實而不虛，但卻是無所有。對一般人來講：「這眞的不可理解，『實』怎麼可能『無所有』？『無所有』就是什麼都沒有啊！爲什麼會是『實』呢？」可是大乘法就是這樣，祂眞實，祂可以出生一切法，一切法依附於祂而生住異滅，所以有情才能夠在十方三世三界六道之中不斷地流轉，永無斷滅。可是當有情不斷地生住異滅時，這個眞實法能生有情的蘊處界萬法，但祂自己本身卻「無所有」，因爲祂自己的境界中沒有五蘊、沒有六入、沒有十二處、沒有十八界、沒有一切法。就因爲祂自己的境界中沒有一切法，所以祂「無所有」，但祂眞實存在，能生一切法，讓一切法生住異滅的現象永續不斷。所以才說「實」卻又「無所有」。這樣子，這種法妙不妙？「妙！所以我才要來正覺啊！不然我來正覺幹嘛？」是啊！如果要學一般大法師說的法，就留在外面道場就好了；外面道場那麼多，何必一定要來正覺？

但是來正覺卻不一定要給自己壓力，有的人會給自己壓力：「糟了！二年半了！禪淨班要畢業了，我能不能開悟？」給自己壓力，然後他自己就很難過。禪三報名表遞出去的時候就擔心：「我會不會錄取？我要是沒錄取，多丟臉。」沒錄取就丟臉喔？可是外面那些大法師們，我一個都沒跟他們錄取，他們是不是更丟臉？所以沒錄取去打三並不丟臉。也有人想：「哎呀！我這一回錄取了，但我去打三，萬一沒有開悟，回來時不羞死人了？」可是想想那些大法師們，少年出家，現在七十幾歲了，都還沒有悟，連我見都還沒有斷除；你若因此覺得羞恥，那他們是不是得要撞牆而死？一定如此啊！

但他們既然沒有人曾經撞牆，你就不必覺得羞於見人。所以我說，我們有好多同修心態很正確，可是有時候正確到他們不急，我自己急。每一次接到禪三報名表以後，我開始審核，就先翻一下，看某些人有沒有報名？「又沒報！」就這樣啊！也就是說，他並不急著開悟，他的想法是說：「我在正覺安住學法，不一定要開悟。我幫助正覺弘法的業務，就是幫助大家開悟。我努力護持正法，讓大家可以去參加禪三，也可以讓有緣人一個一個走進正法裡來，然後可以開悟，我就在這上面來幫助大家。」

他又想：「我有進階班可以安住，進階班的法也是很勝妙；我在這個進階班聽聞的法義，在別的進階班也聽不到這個法。」因為每一個進階班的法各不相同。所以很多人在進階班待下來，從來也不想換到別的進階班去，因為想：「我換到別的班去，就聽不到這個法。」至於別的進階班呢，他們也說：「我要是換到這個班來，就聽不到那個進階班的法。」所以大家都不想換班，就這樣在正覺安住下來。他只是為了不想去護持破法的道場，只是要讓自己有一個安身立命的地方，然後不斷地提升，認為這樣就夠了。是不是今生一定要開悟，並不重要。他們的想法是這樣。

那這樣也是值得鼓勵，但是我想，大家也不能一直這樣保持下去吧？所以有時候偶爾也該報報名，應該這樣才對。這眞的叫作「皇帝不急，急死太監」。所以正覺的法就是這樣的勝妙，因此有很多人願意留下來說：「我只要繼續護持就好，我在進階班也可以學很多，可以不斷地學下去，這在外面根本都學不到。」所以他們願意繼續安住下來。因此他們的想法是正確的，心態是正確的：「我能夠安住於進階班，我也一直在進步，並沒有停止進步啊！那我晚個幾年破參也不錯，反而悟得更紮實。」

有的人就打定這樣的主意，所以每一次有什麼義工，他都搶前頭，可是從來不報名禪三。這就是說，正覺的佛法就是這樣的法，令人確定值得不爲自己而安住下來，只爲正法去付出，就是這樣的值得。都是因爲這個法是「實」而「無所有」，不可思議。這是用意識思惟所無法了知的，努力在經文上面作學術研究都是沒有用的；因爲終究無法了知，所以讀了大乘經典時，從第一句開始就誤會了，一直誤會到最後繼續「歡喜奉行」。（大眾笑…）

這是很普遍的現象，你們可以想一想自己：以前來到正覺之前，不就是這樣嗎？可是如果以前聽我講這一句話，你心中一定不服氣；現在我講了，你卻是信受，因爲確實是如此。可是等到你有一天悟了，有個好朋友，是以前在同一個道場最好的同修，他突然來問你說：「聽說上週你們蕭老師說：『外面所有大師、一切學人，從「如是我聞」就開始誤會，一直誤會到「歡喜奉行」。』眞的嗎？」那你怎麼答？（有人答話，不清晰。）對嘛！你告訴他說「眞的」。那他一定會問你：「那我到底要怎麼樣懂？」你就告訴他：「如是我聞，歡喜奉行。」就結了。那他必定一直搔後腦杓：「這是什麼意思啊！這個人才幾年不見，變成這個模樣。」他心裡面想：「只有兩個可能，第一就是腦袋燒壞了；去正覺學法，果然是個邪魔外道，害他變成今天這樣子。」另一個想法就是說：「不可想像，他到底在講什麼？我根本聽不懂。」這兩個想法的背後原因，他會落到哪一種，就看他的心態怎麼樣。

所以大乘法很難理解，「實——無所有」，如果是一般人，那些大法師一定解釋說：「是眞的無所有。」哎呀！那誤會眞是大了喔！但是，有這麼一個法叫作「此經」，「此經」就是如來藏，「此經」就是《金剛經》、《妙法蓮華經》，眞「實」而「無所有」。如果是空無，怎麼可能以這個智慧到彼岸呢？因爲要有「實」法才能夠到彼岸，如果無所有，那是斷滅空；斷滅成爲空無，如何能夠有波羅蜜？不可能有誰到達解脫的彼岸。斷滅空就是無、空，怎麼可能到彼岸？一定有個眞實法存在，你才能夠到彼岸。所以才叫作智慧到彼岸——般若波羅蜜。

因此，從二乘法解脫道來看，一切法不離語言道，一切法有生、有出、有起，一切法有名、有相，所以一切法無常；無常就表示不實，因此也無所有，無所有時就沒有一法能到解脫的彼岸。可是你從實相法界來看，這個實相法界所生的一切法，是依附於實相法界時，就把它攝歸實相法界，那麼這一切法就永遠存在了！猶如明珠，胡來胡現，漢來漢現，而明珠表相上的影像就跟著明珠永遠不壞。

明珠的胡來胡現，可以再加上一句話叫作不來不現；阿羅漢就叫作不來不現，可是他的明珠還在啊！明珠，當胡人來了，它表面就現出胡人的影像；胡人走了，來了一個漢人，它表面就現出漢人的影像。那麼阿羅漢呢，他入滅了，就沒有影像了，就沒有誰看得到他的明珠了。可是你身爲菩薩，證得這個明珠以後，知道自己只是在明珠的表面上晃來晃去，你的五陰就在你的如來藏表面晃來晃去。那你也許想：「那我知道了，如來藏就在裡面，」（眾笑…）抓抓看，抓來抓去：「沒有啊！我看不到啊！抓不到啊！」因爲祂「無所有」，你怎麼可能抓得到？

可是祂眞實存在，如果不是祂，不可能出生你這個名色；但祂自己的境界中沒有名色等法，可是你這個名色卻不能離開祂。所以你這一切有生、有起、有出、有名、有相的一切法，是會斷滅的，是有生滅的，當這些法不斷地在生滅的過程之中，卻是永遠持續不斷地生住異滅。你的蘊處界名相等法可以不斷地生起，不斷地變異，然後又不斷地換新，永無終止，就因爲背後這顆明珠。可是明珠本身沒有這些影像，而你只是明珠表面的影像而已；由於明珠是眞實而常住不壞的，但你五陰名色卻是無常的；然而當你把五陰名色攝歸於明珠的時候，你五陰就變成常了，因爲五陰是明珠如來藏中的一部分，所以世世都會生起五陰。

依於這個明珠如來藏，一世一世延續不斷而行菩薩道，上一世當胡人，這一世當漢人；這一世當漢人，下一世如果正法東傳到美國去，你就去當美國人。但是還是同一個明珠，只是那個影像變了，胡人走了變漢人，漢人走了變美國人。然後哪一天也許從美洲又傳回到中國，你又變成漢人了，所以這是眞實法。換句話說，當五蘊等不實的法，有生、有起、有滅的法，攝歸於這個眞實法時，就附屬於眞實法而成為「不生、不起」，成為「無名、無相」之法。可是明明五蘊有生、有起、有名、有相，明明都是有出、有入的法，卻仍然可以說它們是無出、無入的法；因為你五蘊是住於如來藏中，附屬於如來藏，而如來藏是無出、無入的。可是你這樣攝歸於如來藏，攝歸於這個實相法界的時候，這個如來藏實相法界本身是眞實法，而祂自己的境界中卻沒有一切法，所以「實——無所有」。

接著說「無量、無邊」，從世間來看，一切法是有量的，是有邊的。即使是十方虛空的世界說是不可計數，也還是可以用多少恆河沙數，或者多少那由他恆河沙數來形容，因為有名有相。可是實相法界沒有量，因為祂離見聞覺知而無名——沒有顯境名言。只要有名有相就會有量，你就可以計數、建立；依這個相來建立一個名，然後就有量。例如依三個千的世界，來說它是一個大世界，叫作三千大千世界。然後依於這樣施設出來的一個名——依於三千大千世界的相而施設出來的名，你就可以說有一百個三千大千世界，乃至一個恆河沙數的三千大千世界，乃至那由他恆河沙數三千大千世界，終究是有一個量。只是那個量難以想像而已，終究還是有量。

可是如來藏雖然眞「實」，卻「無所有」，你不能施設說祂是一個、兩個，因爲祂無名、無相，你怎能施設祂是一個？當然也不能施設祂是一條、一棵、一根，或者一斤、一噸、一材，都不能施設祂。祂不是有量的法，祂「無所有」；雖然眞實存在，卻是「無所有」，因爲不是色法，所以沒有量。以現象界來說，我們可以說一個人、兩個人，一群人、一村人，一國人、一世界人，一個三千大千世界的人，都可以是有量。可是你不能夠說一群如來藏，因爲祂無色，祂無名也無相。例如定性阿羅漢，如果五十個阿羅漢入了無餘涅槃，你不可以說五十個如來藏消失於人間了！不能這樣講，因爲祂「無所有」。祂是無形無色而沒有相、沒有量，你怎能夠說是一個，或者一根、一條呢？也不能施設說如來藏是幾斤、幾兩，因爲祂無量。

那麼說「無邊」，如來藏到底多大？你沒辦法說祂多大。從細菌來講，好像那如來藏好小好小，小到眼睛看不見；不要說老花眼，年輕力盛的青年人都看不見，夠小了吧？可是祂還不夠小，還有濾過性病毒的如來藏比細菌的還更小，你說祂是不是小？小啊！可是牠們的果報盡了，如果生到色界天去，例如四禪天好了，那身量有多大？你用人身人眼都看不到他全身，你眞的無法看得到他的全身！你無法想像他的如來藏有多大。但其實依舊是同一個如來藏來變現細菌身與四禪天身，那你要怎麼樣界定祂的邊？也許有人想：「那還不容易？我趕快修得第四禪，就跟他一樣大，我就可以界定他有多大，因爲他的如來藏還是有邊啊！」好啊！那我請問，證得四禪以後，假使哪一天證得解脫道成爲阿羅漢，入了無餘涅槃，你要怎麼說你的如來藏的邊？眞的沒有邊。

談到這個「無邊」，又要來跟諸位稍微故佈疑陣了。這個如來藏爲什麼「無邊」？祖師有時候會作弄人，弄個閑機境給你，就告訴你說，你的如來藏不但在娑婆，也在極樂，也在琉璃世界，不信你去瞧。後來你終於有大神通了，因爲你可能後來修到第八地，來往自在，於是到極樂世界去看：「果然我的如來藏也在這裡，眞的到達這裡呢！眞的是廣大。」不信，回來時通過娑婆，再到東方去，到達琉璃世界一看：「我如來藏也在這裡，我的如來藏這麼廣大，眞的無邊！」回來跟禪師講：「欸！你講的沒錯。」禪師說：「你被我騙了！」「爲什麼？」「因爲你帶著如來藏去。祂當然也在那裡。」當然這只是一個假設性的笑話，八地菩薩哪有可能那麼笨？這是講給諸位聽一下，以免有人聽不懂。

如來藏既然無形無色，你怎能施設祂有什麼邊？如果祂有邊的話就不可能小而成為細菌、濾過性病毒，就不能夠大為色究竟天宮的 如來那種廣大身，也更不可能成為自性佛 毘盧遮那佛那種無量無邊不可想像的廣大身。所以你不能說祂有邊。那麼到底如來藏有多大？這就牽涉到禪宗的公案，可是咱們今天不講，帶過就好。怎麼帶過呢？有個大官來見禪師，這大官說：「聽說如來藏廣大無邊，卻又小而無方，甚至可以納入芥子，」芥菜的種子很小，「但芥子可以納須彌，這又怎麼講得通？」禪師告訴他說：「我聽說您學富五車，你讀過的書那麼多，但我問你：你的身量，摩頂至踵不過就這麼大，請問你學富五車，那五輛車子的書都存在哪裡？」在腦袋裡。這個大官兒就沒話講了。你看連覺知心你都很難說祂有邊，學富五車——讀過五大車所載的那一些書了，那一些都在他的腦袋裡，摩頂至踵如椰子大，全部就放在這個腦袋裡面，就椰子這麼大而已。請問你：「那五車之書在哪裡？」都在裡面啊！所以你看連覺知心都很難以說祂有邊，何況無名無相的金剛心如來藏，當然無邊可說。

接著說「無礙、無障」，礙就是障礙。人的五陰有障礙，天人的五陰也有障礙，一切有情的五陰都有障礙，就是如來藏沒有障礙。現在說無礙與無障，就把礙與障分開來講。你現前這個名——受想行識，你有沒有辦法去餓鬼道安住？沒辦法，因爲你的五蘊有礙。以你現在的「名」去餓鬼道，你一定馬上就恨死自己了，根本沒辦法活，爲什麼呢？因爲你是人的名，是人的受想行識。你也沒辦法說：「我就用我的神通把自己變成餓鬼道眾生。」你也變不了，一定被阻礙，逃不了業力的支配。可是業力的支配是誰在支配呢？還是「此經」如來藏。

但是「此經」無礙，下一輩子該讓你生到欲界天去享福，你的受想行識無法自己作到，如來藏幫你作到，祂沒有任何的阻礙，都不是你的受想行識作得到的。也許你說：「我這一世持五戒行十善，但是我不想生天，我想繼續當人，因爲人間有佛法。」也可以。所以在中陰境界時，看見天上的境界，你不靠過去，故意留下來在人間受生；進了母胎時，你的名只剩下意根，六識全都不見了，所以沒有受想行識。那時你意根能幹什麼？什麼也作不了！

這時你如何出生你的五色根？乃至五色根長到四、五個月的時候可以出生六塵了，是你覺知心來出生六塵嗎？是你的意根出生六塵嗎？都不行！你作不到。可是對如來藏而言，祂一點阻礙都沒有，所以「無礙」。

又例如說，有人誹謗正覺的第八識如來藏法，誣衊成外道神我，極力主張世間沒有如來藏。這是謗法，他把根本法否定，《楞伽經》說這叫作一闡提人；否定如來藏的言語才剛說出口時，當場就已斷盡一切善根。斷盡善根的人死後該往生去哪裡？是什麼地獄？無間地獄！下了無間地獄時，他下一世應該在無間地獄裡受苦的地獄身，使他的受想行識痛苦到不得了，不管去到哪裡都有掛礙，所以他的掛礙無窮無盡，隨時都在掛礙著。爲什麼呢？例如去到火熱地獄，熱死了！看到那邊有一棵樹，趕快奔跑過去，因爲有樹就不會那麼熱了；跑去樹下停下來想要清涼一些，沒想到才剛來到樹下，那樹葉全部都變成刀子，插進他的身體，於是又趕快逃。總之，他的心不是無掛礙的，他一直想著我怎麼樣結束痛苦，可是他的如來藏根本不掛礙，完全陪著他，都沒有意見，持住他的身命繼續受苦，夠冷酷了吧？眞冷酷啊！

終於業報受完了，來到餓鬼道，再來到畜生道，最後回來人間了，知道不可以再謗法，開始護法了。可是他都在修人天善法，他努力護法，又修人天善法，於是死後生到欲界天去了。到了天宮享福，這時他有五百天女服侍，個個貌美溫柔、多情體貼，夏時體涼、冬時體溫，他覺得五百天女眞好；而且每一個天女還有七個侍女服侍，這時的他不只是齊人之福。可是他過了一段時候想：「我還能享受多久？我什麼時候會失去這個天福？」他又有掛礙了，因爲他覺得說：「我這寶冠上的花，有一點枯萎的模樣，不很鮮了；我這天衣，如今也有一點會沾灰塵了。」總而言之，就是五衰相現了。剛開始出現時，他一直擔心、一直掛礙：「我還能夠再享受多久？我還能夠在天界生存多久？我什麼時候會死？」不但天人會這樣，你看釋提桓因都還因此而來求見 佛陀。可是他們的如來藏一點也不掛礙。享受完了，接著下來該作什麼，祂就像一個程式一樣直接去履行，去把它執行。你的電腦程式會不會想說「這樣不對、這樣好」？會不會？都不會啊！只要這個指令來了，它就執行。如來藏有點像這樣，一點都不掛礙。

那麼如來藏也「無障」，凡事該怎麼樣去實行的，祂就去實行。該生爲天人，祂就幫著生出一個天人身；生了天人身以後，該出生欲界天人的快樂六塵，祂也幫著出生。該生為六道中的哪一種有情身，應該把有情的下一世生成什麼，如來藏就會幫他變成什麼有情，一點點都沒有遮障。祂不會像我們電腦程式有時會出差錯，該生為地獄的廣大身，遍身受廣大苦，祂就幫造惡的有情變生出一個廣大的地獄身，讓他遍身受苦、廣大受苦，因為地獄裡面受廣大苦的六塵相，也是由如來藏幫他出生的；但如來藏在其中，卻都不領受任何六塵境界，所以如來藏沒有任何的遮障。可是有情的五陰身心作不到這樣子，所以有情自身都是有礙有障。

菩薩實證了這個法以後，把三界六道一切境界攝歸於這個如來藏時，就說這一切法也是無障無礙。所以 佛陀派阿難尊者去地獄看望提婆達多，提婆達多受到 佛的加持，心生歡喜；因為心生歡喜，他的業報本應在地獄中繼續領納極痛苦的覺受，可是他卻由於對 佛的信受與感恩，生起快樂覺受來，就在地獄中領受到猶如三禪之快樂；從那時開始的樂受六塵境界，也不是他自己能變現出來，還是由他的如來藏變現的。所以如來藏要怎麼樣變現，都看業種的不同；依照各類業種以及外緣應該變成怎麼樣，如來藏就把有情變成怎麼樣，如來藏無礙又無障。

當有情在地獄中由於外在環境而領受那麼大的痛苦時，若是歸依於如來藏的境界來看，眞的沒有礙也沒有障。所以提婆達多外面受苦，身內卻有三禪之樂；當苦樂交雜在一起時，提婆達多把它歸依到如來藏來看，如來藏無礙亦無障，所以他所見的一切法也就無礙亦無障。這眞的很難想像，所以我沒有辦法在外面說法；我若是在會外說法，一定會被人家當作瘋子，說我瘋言瘋語、胡編亂掰，會被人家這樣講。

所以，從菩薩的所證：「觀一切法空，如實相，不顚倒，不動、不退、不轉，如虛空，無所有性。一切語言道斷，不生、不出、不起，無名、無相，實無所有；無量、無邊，無礙、無障，」然而演說這法的時候，「但以因緣有，從顚倒生故說。」所說的這一些法其實也是由於因緣的關係而說，並不代表這些法、這些語言文字就是實相；都只是因爲衆生的心想顚倒，對於法界實相不如實知，菩薩才需要藉各種因緣而爲衆生演說這麼多法義，是從衆生的顚倒想之中來演說這些實相法界，衆生才能聽懂。如果你自己住於實相法界來看，就沒有這些實相法可說；不管這些實相法說得多麼勝妙，從實相法界來看時，也全都不存在了。那麼菩薩第二個親近處就是親近這個——就是法毘奈耶。也就是說，法界的定律——不可改變的眞實律就是如此。這就是法界中的眞實法的戒律，你無法去改變它，所以諸佛也不必另行施設戒條，這就是「法毘奈耶」。那麼菩薩的第二個親近處就是要親近這種法，不親近這樣的眞實法，就是違背「法毘奈耶」。

「常樂觀如是法相，是名菩薩摩訶薩第二親近處。」第一個親近處是生緣處，第二個親近處是法緣處。在這一品一開始，佛說有「菩薩行處」，是爲人演說《法華經》的菩薩們所應遵循的。「菩薩行處」是說你該怎麼樣去度化眾生，這是你的「菩薩行處」。可是「菩薩行處」衍生出來時有兩個親近處，第一個是眾生親近處，另一個是法親近處；當你依於「菩薩行」的時候，應該如何來面對、來接待眾生，這就是第一種「親近處」。第二個「親近處」是說，你要依止於什麼法？要親近於什麼法來作爲菩薩行的具體實現？所以這一段經文講的就是「法親近處」。這就是說，菩薩應該常常樂於現觀這樣的法相，這個法相就是從菩薩摩訶薩現觀「一切法空、如實相」開始，直到最後「但以因緣有，從顚倒生故說」。要常常樂於現觀這樣的法相，這就是菩薩摩訶薩的第二個「親近處」。這第二個親近處，總而言之就是法毘奈耶——就是法上之戒。那麼這樣子菩薩行處以及兩個親近處都講完了，接著世尊就又以重頌來說了：

經文：【爾時世尊欲重宣此義，而說偈言：「

若有菩薩於後惡世，無怖畏心欲說是經，
應入行處及親近處；常離國王及國王子、
大臣官長兇險戲者，及旃陀羅外道梵志；
亦不親近增上慢人，貪著小乘三藏學者，
破戒比丘名字羅漢，及比丘尼好戲笑者，
深著五欲求現滅度，諸優婆夷皆勿親近。
若是人等以好心來，到菩薩所為聞佛道；
菩薩則以無所畏心，不懷悕望而為說法。」】

語譯：【這重頌是前面世尊宣說了以後，怕大家忘記，所以重新想要宣示這個義理，因此用偈頌的方式來說：

「如果有菩薩在最後的末法惡世之中，沒有怖畏之心而想要演說這一部

《法華經》，這位菩薩摩訶薩應該進入的菩薩行處，以及所應該親近之處，就是永遠都應該離開國王，以及國王的兒子們，也要離開大臣官長以及種種兇險遊戲的人，並且要離開屠夫、外道以及外道中的出家修行人；

也不要去親近佛門中有增上慢的人，並且不許親近那些貪著小乘法的聲聞三藏修學者；

還得要遠離破戒的比丘、假名阿羅漢，以及遠離出家比丘尼之中喜好戲笑的人；還有一類人，就是深深地貪著五欲卻希求現前可以滅度的優婆夷們，這些人也都不應該親近。

如果上面所說的這一些人，有一天是存著好心而來，已來到菩薩所在的地方，是爲了聽聞佛菩提道，菩薩就以無所畏懼之心，心中不懷著希望而爲他們說法。」

講義：「若有菩薩於後惡世，無怖畏心欲說是經，應入行處及親近處；」這就是說，菩薩到了後惡世時，想要演說這部《妙法蓮華經》眞的很難，因爲眾生根器越到後末世越差，如果依文解義倒也還好，最多就是被人家嘲笑說：「這種神話故事你也相信喔？」如果要如實演述，眾生的善根不夠，慧根未深，更別說是五力，那麼你如實演述《法華經》，眾生會起而反對、誹謗、辱罵；所以在後末世正法只剩下八十年的時代，已經變成惡世的年代，要爲眾生如實演述《法華經》將會相當困難，必須心中無所怖畏，才可能爲大眾如實演述《法華經》。現在算不算後末世？還不算；因爲如果現在是後末世，不可能讓我講到現在。到了後末世，譬如《金剛經》講的，末法「後五百年」，你再像這樣講《法華經》試試看，不被殺才怪！

現在我們逮到這個機會，就趕快把它講出來；然後整理成文字，留到後末世去；他們要殺也殺不到人，因爲他們不能從九千多年後來到今天而殺掉我。這是個千載難逢的好機會，我當然要講。如果我現在到對岸去公開這樣講解此經，一定出問題。假使現在台灣的情況是對岸目前密宗橫行的狀況，我若是想要像現在這樣講解，一定要先挑選：哪一些人可以來聽，哪一些人不許來聽。因爲對岸的佛法水平跟台灣相差將近二十年，以前則是相差更多，現在拉近到將近二十年，以後每過一年就會拉近兩年，因爲正覺有在努力。對岸是在哪邊？西邊啦！所以我們有在努力，我們努力幫他們一年，他們就會進步兩年；未來他們會很快跟上來，可都是大家的功德。所以說，在後末世如實演說《妙法蓮華經》的人，一定要有「無怖畏心」才作得到；可是有這個無怖畏心，不一定就能講，還有一些要注意的地方；但這一些要注意的地方，只能留到下一週再來說。

上一週《妙法蓮華經》講到一百二十六頁倒數第六行，那麼今天應該從倒數第五行開始。這是世尊重宣此義所說的偈，是說如果有菩薩發願想要在「後惡世」，以「無怖畏心」爲人演說「此經」，所應該進入的「菩薩行處」和「親近處」。當然，在「後惡世」想要爲人宣演這部深奧而又廣大、並且勝妙的《法華經》，是很不容易的事情，遠比現在還要困難，因此必須要有法的實證，才能夠離開「怖畏心」；如果沒有法的實證，一定不可能離開「怖畏心」，一定會有恐怖與畏懼。

這就像第一義法的無遮辯論大會，「離怖畏心」的菩薩不會主動想要召開；求名求利而想要召開無遮大會的人，心中卻有「怖畏心」，所以他也開不成，自古以來就是這樣。通常「離怖畏心」的菩薩可以開得成，可是他不太願意去召開這種無遮大會，通常都是被動式的回應。例如以前在天竺被尊稱爲第一義天、勝義天的玄奘菩薩，是由戒日王主動召開宣布出去，然後是七千聲聞僧以及很多的外道，大家來了都只是請教，沒有人敢上去質疑或論法。那時玄奘菩薩提出的宗旨就是「眞唯識量」，說的是世出世間一切法都是眞實唯識的現量，這宗旨提出來以後沒有人敢上去挑戰。

他是有能力可以召開無遮大會的，但是他不會主動去作，是戒日王主動去作的；因爲戒日王成爲他的弟子，瞭解他的眞實法以後，認爲在那個聲聞凡夫道以及外道猖狂的情況下，爲了要復興佛教正法，所以要召開無遮大會，因此是由戒日王主動召開的。來到二十世紀末，我出版了《邪見與佛法》，書中說的等於一竹篙打翻一船人。那麼唯一沒有被我評論的就是現代禪李老師，因爲我認爲：他身爲一個居士，要弘揚 如來正法很困難，所以我唯一沒有評論的檯面上人物就是他，其他的大法師們我是一竹篙打翻，全都落水——沒有一個大師不落水。

可是這本書把人家一竹篙全部打翻，當然得要準備人家來挑戰，所以我提出來一個被動性的法義辨正無遮大會：凡是被我評論過的，都可以來請求召開；其他沒有被我評論的人，微不足道，不用來請求。因爲如果每一個大山頭每天都派一個人來要求辯論法義，我就得把所有時間都給他們，可就無法為正法、為眾生作事了。所以我都事先構想好：你們曾經被我評論過的人都可以請求，只要你們提出來時間、場地，雙方確定了，就可以召開。但是我不主動開，因為我知道我若是主動去召開，只會是浪費那個場地的租金和浪費大家的時間、人力，不可能會有人來的，這是早就可以料定的。

但是在這之前，我要先作什麼工作？要先出版《宗通與說通》。那本書出版已經很久了，大約十來年了。那本書是先在腦袋裡構思好，拿著稿紙就開始寫；剛開始動筆的第一張稿紙是在金山鄉寫的，我同修他們在屋裡泡湯，我怕熱，不想泡湯，就坐在陽台上開始寫，就這樣開始寫那本書。因為整個佛法的輪廓都已經在心中了，所以也不需要什麼資料參考，也沒帶什麼資料可以參考；但我知道有「八宗共弘」的事，是哪八宗呢？就針對每一宗，都把它從教判上面作一個判定。把這個工作作好，印出去流通一個月了，然後《邪見與佛法》就可以出版，順便附帶一篇被動性的無遮大會聲明：你們所有被我評論過的人都可以來要求召開，我等候大駕。

結果沒有人來，倒是有個很有名的密宗外道來電說要來正覺講堂辯論，結果都是爽約；兩次都爽約，也不打個電話說「我們不能來了，是某某原因」。

這樣的人怎麼有資格來辯論法義呢？那麼，為什麼我們要這樣作？明知道不可能有人會來跟我辨正法義，但我為什麼還要這樣作？其實這叫作宣誓。我們沒有慢心要作什麼，但是我們要作給大家看，讓大家看到說：「人家敢提出無遮大會的邀請，你們各大山頭沒有一個大法師敢去跟他討論法義。」我的目的只在這裡，所以書中的法義辨正無遮大會只是一個宣誓，後來也證明實質上已經是個宣誓，真的沒有人敢來論辯。

這個宣誓的目的是什麼？我那時跟幾位同修、幾位親教師講，我說：「我這一篇法義辨正無遮大會聲明的目的，不是要給那一些佛學院的院長、大山頭的大法師看的，而是要給佛教界的普羅大眾——也就是佛教界的基層學佛者看，讓他們知道說：沒有人敢來挑戰。」我是從佛教界的基層下手提升，因為明知道大法師們、大山頭們都不可能轉變，他們已經積習已久，中毒已深，徹入骨髓，那是不可能轉變的；那我不如從佛教界的基層群眾下手，把大家整個提升上來而改變了知見以後，逼得大山頭的大法師們不得不改變，最後要回歸正法。

正覺不斷地作法義辨正很多年了，現在沒有人敢再說「意識是常住的」。

這是學佛人很重要的知見，就是說：你對於三乘菩提有深入的了知，廣度與深度都夠了，然後你知道所有各大山頭的一切大法師、大居士們的落處何在，知己知彼，接下來是什麼？四個字……（眾答：百戰百勝。）對嘛！而他們是不知彼、亦不知己，連自己的落處在哪裡都還不知道，就別說知道我的落處了。所以把意識的虛妄加以說明，教育所有的學佛人、所有的佛教界，都知道意識是虛妄的，這是最根本的佛法教導，這同時也是二乘菩提或聲聞法中最根本的教導。

以前我們沒有很專注在這上面，只是依照一般的說法順序去說，但是我們現在要特別加強說明——這三、四年來特別去加強——說：**六識論就是常見外道邪見，否則就一定落入斷見中，然後不得不回頭，再度回到常見中**。今天我們陽台那 LED 燈又加上七句，專門破《廣論》，因為《廣論》是常見外道法。你們有空的話可以瞧一瞧是哪七句，用那七句來救護眾生就有大功德，就是護持正法非常好的說法。因為一般人都不知道《菩提道次第廣論》是六識論的邪見，全都落在意識境界中；也不知道《菩提道次第廣論》後半部的止觀，都是在隱說及準備修雙身法，也不知道《密宗道次第廣論》從頭到尾都是雙身法。那我們現在有《廣論之平議》口袋書在印，《廣論三部曲》也印成了，歡迎他們大家看到了，來講堂要書給親朋好友。

爲什麼要特地針對《廣論》？因爲新竹鳳山寺推廣《廣論》已經二十年，就我一九九〇年剛開始弘法，那時正覺同修會還沒有成立；成立正覺同修會是我開始弘法五年後的事，等於我剛開始弘法，還沒有人知道蕭平實是何許人，連一本書都沒有時，他們就已經開始推廣《廣論》了。他們推廣時有一句最有名的話，是他們那一些法師們常常說的：「你們這一些居士們，都是一壺永遠燒不開的水。」他們說「你們居士都是燒不開的水」，那麼我們現在來看他們自己燒開了沒有？他們自己也始終燒不開呀！而且是永遠都燒不開。倒是我們這邊強強滾，都是滾沸的，他們那些邪見全都不敢靠近。

他們開的里仁商店，跟小商店競爭，當然他們一定贏，爲什麼呢？因爲它的職員都是免費的，都是學《廣論》的人去店裡當義工，害死好多小商店老板，這就是里仁商店。請諸位要勸大家拒絕與他們往來！因爲他們那是犯戒的行爲，出家人作生意，是出家以後幹在家的行爲。他們如果要作生意，應該脫下僧衣還俗。如果像我這樣，就可以作生意，在家菩薩可以作生意的。

他們又開了一個生機飲食的什麼商店，賺的錢都是拿去供養達賴、教導喇嘛淫人妻女。他們經營二十年了，而他們經營的對象是什麼人？是學校的老師跟學生，以及所有政府機關裡的下級官員。上級官員有智慧，不會去學《廣論》那種東西，都是中下級的官員在學《廣論》。

所以現在我就故意把 LED 廣告燈再加七句，來破《廣論》；以前他們都公開說：「**我們在學《廣論》。**」覺得好得意。現在他們不敢再說：「**我們在學《廣論》。**」現在要叫他們閉嘴不談。所以這個廣告燈每天播映出來，人來人往，或者只要搭捷運就有看到；以後再有誰跟他們介紹要學《廣論》，他們就懂得說：「**《廣論》！那是常見外道法，那不符合佛法！**」有這個先入為主的觀念先種進心田去。這就是先為普羅大眾打預防針，當他們有一天學佛的時候，一聽到《廣論》就會拒絕，這就是我想要達到的目的。

我們若是很努力去救一個學《廣論》的人回來正道中，那要花掉多少時間跟精神？用救一個已學《廣論》者的時間跟精神，來為大眾打預防針，可以打上一百個人；救一個人所花掉的時間與精神，可以預防一百個人未來誤入《廣論》，所以預防比救他們更重要。這個事半而功倍，所以要先作這件事。爲什麼我們一個小小的同修會，會員六、七千人，加上還沒有入會的學員也不過是萬把人，那些山頭多麼雄偉，信徒多麼廣大，勢力多麼雄厚，但我們沒有恐怖，我們沒有一點點畏懼。而諸位進了正覺同修會以後，膽氣越來越雄壯，膽識越來越恢弘——敢公開破密，因爲你們知道正覺這個法的本質，才敢這樣作嘛！

這就是說，對於如來所傳授的法，你有廣泛而且深入的了知，並且有實證的本質，你可以拿出來給眾生看說：「我們實證的本質就是這樣，我們如何說、如何寫，可以讓大家看得出來。」那麼這時你就不須要有恐怖、畏懼之心。因爲諸方大師的落處你都知道了，可是你到底悟了什麼、斷了什麼，他們完全不知道。所以他們如果想要跟你挑戰，他心裡面會先生起恐懼之心。因此，你如果能夠依於法而行菩薩行，符合這個「菩薩行處」時，你心裡面絕對沒有恐怖，不會畏懼，就敢在「後惡世」以「無怖畏心欲說是經」。「是經」是什麼？就是如來藏《妙法蓮華經》「此經」啊！

「此經」的經義是很難解說的，因爲你不跟人家一樣講諸法緣起性空，卻說有一個常住法，他們就扣你一個帽子說：「你是常見外道，所以有常住法。」但是你知道這不是常見外道法，其中的差別在哪裡，你很清楚；你也能如實爲人詳細解說，而對方聽了無話可說，無言可對，只能默然而聽。這時當然你心中沒有怖畏之心，可以爲人演說「此經」了。但是要爲人說此經的時候，應入的行處以及親近處，就得有講究了。

「常離國王及國王子、大臣官長兇險戲者，及旃陀羅外道梵志；亦不親近增上慢人，貪著小乘三藏學者，破戒比丘名字羅漢，及比丘尼好戲笑者，深著五欲求現滅度，諸優婆夷皆勿親近。」應入的行處是說，你想要爲人家講《法華經》時，有一些忌諱是不應該去觸犯的。也就是說，不要看對方的官位權勢多麼大，然後去攀緣；要常離國王、王子、大臣、官長，乃至其他的兇險戲者，包括旃陀羅、外道、梵志等。

我個人從來沒有什麼架子，不管什麼人來參訪，我都很樂意接見，可是十年下來反而被人瞧不起。後來也有官員來同修會裡談事情，那我想：「我是主人，應該跟人家打個招呼，然後再離開吧！」可是 佛說不需要。既然不需要，我就直接離開了！這代表什麼意思？佛在告訴我們什麼道理？是說：那是屬於世俗層次的人，不是你座下的弟子，也不是外來誠心的學法者，你不必特地見他們，由幹部們接見就行了。他們如果見了你，心想：「欸！他也沒有多長兩隻手，也沒有多出一個頭來。欸！那沒什麼啦！我見過了，他眞的沒什麼。」他們會這樣想，所以 佛陀認爲不必相見。

我知道 佛陀的意思了，以後不管什麼大官來談事，我都不見，因爲正覺同修會裡面最大的是理事長，理事長接見就夠了；因爲理事長最大，所以我們沒有看不起對方。如果那官眞的很大，他覺得這樣接見還不夠，也可以再請基金會執行長、董事長與他相見，這也夠了吧！如果覺得還不夠，我再加個稽核長好了。但我什麼都不是，我既沒有當理事長，也沒有當執行長，什麼長都沒有，一無是處，我接見他們沒有意義。可是後來發覺眾生反而因爲這樣而開始尊重法，因爲我們目的不是要攀緣，所以不論什麼樣的大官來，我都沒有攀緣之心。我們剛開始弘法時，那些大山頭們，我們也是心存善意，一概讚歎，但我們從來不去攀緣，所以沒有任何接觸。這就是說，你要講「此經」，得要遵守「菩薩行處」，不去攀緣世間的權位、富貴。

除此以外，那些「兇險戲者」，他們的威儀是很不好的。例如摔角的、相撲的人，看起來就是一臉橫肉。如果是殺豬、宰羊的人，你一見了就會感覺到他們有殺氣；當他們一看見羊、豬，馬上就會先看哪裡呢？先看牠們的脖子。就像古時有人是當劊子手，他見了每一個人，不管見到誰，都會先看脖子，衡量這個脖子應該怎麼砍，這是習性。所以，有一句話說「買帽相頭」，意思就是說，賣帽子的人，他看人家來買帽子時，會先看他的頭型；不論誰來拜訪他，即使不是要跟他買帽子的人，他也會先看對方的頭型。那個種子就是會在不知不覺之間流注出來，你如果仔細去看，就會看得清楚。那麼你若是親近那種人，人家會說：「你身爲菩薩，是仁厚之人，有大悲心，爲什麼會跟這種兇狠的人在一起？」所以那一些殺豬宰羊的人都不該親近。

那麼外道也不能親近，因爲你是一個菩薩，眾所周知：你是證悟者。結果你跟外道混在一起，就等於在暗示大眾說那個人是有實證的。所以凡是外道，你都不應該親近。可是外道分爲兩種，一種是佛門內的外道，一種是佛門外的外道。佛門內的外道你也不應該親近，你是一個證悟者，結果你一天到晚跟他在一起，那麼人家會說：「可能那個人也是證悟者，被他所承認，所以一天到晚跟他走在一起。」因此不管佛門內的外道，或者佛門外的外道，都不應該親近。他們可以來親近你，你不應該去親近他們；他們來親近你，你要藉機度化他們，但你不應該主動去親近他們。

那麼還有一種人清淨地修習佛法，可是他一個人都不跟任何人往來，那我們也不該親近他，那種人缺乏菩薩性，是個聲聞人。或者外道的在家人，雖然心地很好，是個大善人，也不應該去親近他；因爲你親近他了，就等於變相支持他們、變相認同他們，這會使大眾誤會他也有所實證。除了這一些人以外，就是「不親近增上慢人」。增上慢有兩個層次，第一個層次是說，在通世間法的禪定上面未證言證；第二個層次是在佛法中，在三乘菩提中未悟言悟；同樣都是增上慢。還有一種增上慢，就是說，他自己在實證的果位上面誤判，因爲心中自高，所以自己誤判了，變成增上慢。

（未完，詳後第十二輯續說。）

佛教正覺同修會〈修學佛道次第表〉

第一階段

＊以憶佛及拜佛方式修習動中定力。
＊學第一義佛法及禪法知見。
＊無相拜佛功夫成就。
＊具備一念相續功夫—動靜中皆能看話頭。
＊努力培植福德資糧，勤修三福淨業。

第二階段

＊參話頭，參公案。
＊開悟明心，一片悟境。
＊鍛鍊功夫求見佛性。
＊眼見佛性〈餘五根亦如是〉親見世界如幻，成就如幻觀。
＊學習禪門差別智。
＊深入第一義經典。
＊修除性障及隨分修學禪定。
＊修證十行位陽焰觀。

第三階段

＊學一切種智真實正理—楞伽經、解深密經、成唯識論…。
＊參究末後句。
＊解悟末後句。
＊透牢關—親自體驗所悟末後句境界，親見實相，無得無失。
＊救護一切眾生迴向正道。護持了義正法，修證十迴向位如夢觀。
＊發十無盡願，修習百法明門，親證猶如鏡像現觀。
＊修除五蓋，發起禪定。持一切善法戒。親證猶如光影現觀。
＊進修四禪八定、四無量心、五神通。進修大乘種智，求證猶如谷響現觀。

佛菩提二主要道次第概要表——二道並修，以外無別佛法

佛菩提道——大菩提道

十信位修集信心——一劫乃至一萬劫

資糧位

初住位修集布施功德（以財施爲主）。

二住位修集持戒功德。

三住位修集忍辱功德。

四住位修集精進功德。

五住位修集禪定功德。

六住位修集般若功德（熏習般若中觀及斷我見，加行位也）。

外門廣修六度萬行

見道位

七住位明心般若正觀現前，親證本來自性清淨涅槃。

八住位起於一切法現觀般若中道。漸除性障。

十住位眼見佛性，世界如幻觀成就。

一至十行位，於廣行六度萬行中，依般若中道慧，現觀陰處界猶如陽焰，至第十行滿心位，陽焰觀成就。

一至十迴向位熏習一切種智；修除性障，唯留最後一分思惑不斷。第十迴向滿心位成就菩薩道如夢觀。

內門廣修六度萬行

遠波羅蜜多

初地：第十迴向位滿心時，成就道種智一分（八識心王一一親證後，領受五法、三自性、七種第一義、七種性自性、二種無我法）復由勇發十無盡願，成通達位菩薩。復又永伏性障而不具斷，能證慧解脫而不取證，由大願故留惑潤生。此地主修法施波羅蜜多及百法明門。證「猶如鏡像」現觀，故滿初地心。

二地：初地功德滿足以後，再成就道種智一分而入二地；主修戒波羅蜜多及一切種智。滿心位成就「猶如光影」現觀，戒行自然清淨。

解脫道：二乘菩提

斷三縛結，成初果解脫 →

薄貪瞋癡，成二果解脫 →

斷五下分結，成三果解脫 →

入地前的四加行令煩惱障現行悉斷，成四果解脫，留惑潤生。分段生死已斷，煩惱障習氣種子開始斷除，兼斷無始無明上煩惱。

圓滿成就究竟佛果

近波羅蜜多 — 大波羅蜜多 — 圓滿波羅蜜多

修道位 — 究竟位

三地：二地滿心再證道種智一分，故入三地。此地主修忍波羅蜜多及四禪八定、四無量心、五神通。能成就俱解脫果而不取證，留惑潤生。滿心位成就「猶如谷響」現觀及無漏妙定意生身。

四地：由三地再證道種智一分故入四地。主修精進波羅蜜多，於此土及他方世界廣度有緣，無有疲倦。進修一切種智，滿心位成就「如水中月」現觀。

五地：由四地再證道種智一分故入五地。主修禪定波羅蜜多及一切種智，斷除下乘涅槃貪。滿心位成就「變化所成」現觀。

六地：由五地再證道種智一分故入六地。此地主修般若波羅蜜多——依道種智現觀十二因緣一一有支及意生身化身，皆自心眞如變化所現，「非有似有」，成就細相觀，不由加行而自然證得滅盡定，成俱解脫大乘無學。

七地：由六地「非有似有」現觀，再證道種智一分故入七地。此地主修一切種智及方便波羅蜜多，由重觀十二有支一一支中之流轉門及還滅門一切細相，成就方便善巧，念念隨入滅盡定。滿心位證得「如犍闥婆城」現觀。

八地：由七地極細相觀成就故再證道種智一分而入八地。此地主修一切種智及願波羅蜜多。至滿心位純無相觀任運恆起，故於相土自在，滿心位復證「如實覺知諸法相意生身」故。

九地：由八地再證道種智一分故入九地。主修力波羅蜜多及一切種智，成就四無礙，滿心位證得「種類俱生無行作意生身」。

十地：由九地再證道種智一分故入此地。此地主修一切種智——智波羅蜜多。滿心位起大法智雲，及現起大法智雲所含藏種種功德，成受職菩薩。

等覺：由十地道種智成就故入此地。此地應修一切種智，圓滿等覺地無生法忍；於百劫中修集極廣大福德，以之圓滿三十二大人相及無量隨形好。

妙覺：示現受生人間已斷盡煩惱障一切習氣種子，並斷盡所知障一切隨眠，永斷變易生死無明，成就大般涅槃，四智圓明。人間捨壽後，報身常住色究竟天利樂十方地上菩薩；以諸化身利樂有情，永無盡期，成就究竟佛道。

← 七地滿心斷除故意保留之最後一分思惑時，煩惱障所攝色、受、想三陰有漏習氣種子全部斷盡。

煩惱障所攝行、識二陰無漏習氣種子任運漸斷，所知障所攝上煩惱任運漸斷。

← 斷盡變易生死 成就大般涅槃

佛子蕭平實 謹製

（二〇〇九、〇二 修訂）

（二〇一二、〇二 增補）

佛教正覺同修會 共修現況 及 招生公告 2020/05/03

一、共修現況：（請在共修時間來電，以免無人接聽。）

台北正覺講堂 103 台北市承德路三段 277 號九樓 捷運淡水線圓山站旁 Tel..**總機** 02-25957295（晚上）（**分機：九樓**辦公室 10、11；知客櫃檯 12、13。 **十樓**知客櫃檯 15、16；書局櫃檯 14。 **五樓**辦公室 18；知客櫃檯 19。**二樓**辦公室 20；知客櫃檯 21。）Fax..25954493

第一講堂 台北市承德路三段 277 號九樓

禪淨班：週一晚班、週三晚班、週四晚班、週五晚班、週六下午班、週六上午班（共修期間二年半，全程免費。皆須報名建立學籍後始可參加共修，欲報名者詳見本公告末頁。）

增上班：瑜伽師地論詳解：單週六晚班。雙週六晚班（重播班）。17.50～20.50。平實導師講解，2003 年 2 月開講至今，僅限已明心之會員參加。

禪門差別智：每月第一週日全天 平實導師主講（事冗暫停）。

不退轉法輪經詳解 本經所說妙法極爲甚深難解，時至末法，已然無有知者；而其甚深絕妙之法，流傳至今依舊多人可證，顯示佛法眞是義學而非玄談，其中甚深極妙令人拍案稱絕之第一義諦妙義。已於 2019 年元月底開講，由平實導師詳解。每逢週二晚上開講，第一至第六講堂都可同時聽聞，歡迎菩薩種性學人，攜眷共同參與此殊勝法會現場聞法，不限制聽講資格。本會學員憑上課證進入第一至第四講堂聽講，會外學人請以身分證件換證進入聽講（此爲大樓管理處安全管理規定之要求，敬請諒解）；第五及第六講堂（B1、B2）對外開放，不需出示任何證件，請由大樓側門直接進入。

第二講堂 台北市承德路三段 267 號十樓。

不退轉法輪經詳解：平實導師講解。每週二 18.50~20.50 影像音聲即時傳輸

禪淨班：週一晚班。

進階班：週三晚班、週四晚班、週五晚班、週六早班、週六下午班。禪淨班結業後轉入共修。

第三講堂 台北市承德路三段 277 號五樓。

不退轉法輪經詳解：平實導師講解。每週二 18.50~20.50 影像音聲即時傳輸

禪淨班：週六下午班。

進階班：週一晚班、週三晚班、週四晚班、週五晚班。

第四講堂 台北市承德路三段 267 號二樓。

不退轉法輪經詳解：平實導師講解。每週二 18.50~20.50 影像音聲即時傳輸

進階班：週一晚班、週三晚班、週四晚班（禪淨班結業後轉入共修）。

第五、第六講堂

不退轉法輪經詳解：平實導師講解。每週二 18.50~20.50 影像音聲即時傳

輸。第五、第六講堂爲**開放式講堂**，不需以身分證件換證即可進入聽講，台北市承德路三段 267 號地下一樓、地下二樓。每逢週二晚上講經時段開放給會外人士自由聽經，請由大樓側面梯階逕行進入聽講。**聽講者請尊重講者的著作權及肖像權，請勿錄音錄影，以免違法；若有錄音錄影被查獲者，將依法處理。**

念佛班 每週日晚上，第六講堂共修（B2），一切求生極樂世界的三寶弟子皆可參加，不限制共修資格。

進階班：週一晚班、週三晚班、週四晚班。

正覺祖師堂 桃園市大溪區美華里信義路 650 巷坑底 5 之 6 號（台 3 號省道 34 公里處 妙法寺對面斜坡道進入）電話 03-3886110 傳眞 03-3881692 本堂供奉 克勤圓悟大師，專供會員每年四月、十月各三次精進禪三共修，兼作本會出家菩薩掛單常住之用。開放參訪日期請參見本會公告。教內共修團體或道場，得另申請其餘時間作團體參訪，務請事先與常住確定日期，以便安排常住菩薩接引導覽，亦免妨礙常住菩薩之日常作息及修行。

桃園正覺講堂（第一、第二講堂）：桃園市介壽路 286、288 號 10 樓（陽明運動公園對面）電話：03-3749363（請於共修時聯繫，或與台北聯繫）

禪淨班：週一晚班（1）、週一晚班（2）、週三晚班、週四晚班、週五晚班。

進階班：週四晚班、週五晚班、週六上午班。

增上班：雙週六晚班（增上重播班）。

不退轉法輪經詳解：平實導師講解。每週二晚上，以台北正覺講堂所錄 DVD 放映；歡迎會外學人共同聽講，不需出示身分證件。

新竹正覺講堂 新竹市東光路 55 號二樓之一 電話 03-5724297（晚上）

第一講堂：

禪淨班：週五晚班。

進階班：週三晚班、週四晚班、週六上午班（由禪淨班結業後轉入共修）。

增上班：單週六晚班。雙週六晚班（重播班）。

不退轉法輪經詳解：平實導師講解。每週二晚上，以台北正覺講堂所錄 DVD 放映。歡迎會外學人共同聽講，不需出示身分證件。

第二講堂：

禪淨班：週一晚班、週三晚班、週四晚班、週六上午班。

不退轉法輪經詳解：每週二晚上與第一講堂同步播放講經 DVD。

第三、第四講堂：裝修完畢，即將開放。

台中正覺講堂 04-23816090（晚上）

第一講堂 台中市南屯區五權西路二段 666 號 13 樓之四（國泰世華銀行樓上。鄰近縣市經第一高速公路前來者，由五權西路交流道可以快速到達，大樓旁有停車場，對面有素食館）。

禪淨班：週四晚班、週五晚班。

進階班：週一晚班、週三晚班、週六上午班（由禪淨班結業後轉入共修）。

增上班：單週六晚班。雙週六晚班（重播班）。

不退轉法輪經詳解：平實導師講解。每週二晚上，以台北正覺講堂所錄 DVD 放映。歡迎會外學人共同聽講，不需出示身分證件。

第二講堂　台中市南屯區五權西路二段 666 號 4 樓

禪淨班：週一晚班、週三晚班。

第三講堂台中市南屯區五權西路二段 666 號 4 樓

禪淨班：週一晚班。

第四講堂台中市南屯區五權西路二段 666 號 4 樓。

進階班：週一晚班、週四晚班、週六上午班。由禪淨班結業後轉入共修。

不退轉法輪經詳解：每週二晚上與第一講堂同步播放講經 DVD。

嘉義正覺講堂　嘉義市友愛路 288 號八樓之一　電話：05-2318228

第一講堂：

禪淨班：週四晚班、週五晚班、週六上午班。

進階班：週一晚班、週三晚班（由禪淨班結業後轉入共修）。

增上班：單週六晚班。雙週六晚班（重播班）。

不退轉法輪經詳解：平實導師講解。每週二晚上，以台北正覺講堂所錄 DVD 放映。歡迎會外學人共同聽講，不需出示身分證件。

第二講堂　嘉義市友愛路 288 號八樓之二。

第三講堂　嘉義市友愛路 288 號四樓之七。

禪淨班：週一晚班、週三晚班。

台南正覺講堂

第一講堂　台南市西門路四段 15 號 4 樓。06-2820541（晚上）

禪淨班：週一晚班、週三晚班、週四晚班、週五晚班、週六下午班。

增上班：單週六晚班。雙週六晚班（重播班）。

第二講堂　台南市西門路四段 15 號 3 樓。

不退轉法輪經詳解：每週二晚上與第三講堂同步播放講經 DVD。

第三講堂　台南市西門路四段 15 號 3 樓。

進階班：週一晚班、週三晚班、週四晚班、週五晚班（由禪淨班結業後轉入共修）。

不退轉法輪經詳解：平實導師講解。每週二晚上，以台北正覺講堂所錄 DVD 放映。歡迎會外學人共同聽講，不需出示身分證件。。

高雄正覺講堂　高雄市新興區中正三路 45 號五樓 07-2234248（晚上）

第一講堂（五樓）：

禪淨班：週一晚班、週三晚班、週四晚班、週五晚班、週六上午班。

增上班：單週六晚班。雙週六晚班（重播班）。

不退轉法輪經詳解：平實導師講解。每週二晚上，以台北正覺講堂所錄 DVD 放映。歡迎會外學人共同聽講，不需出示身分證件。

第二講堂（四樓）：

進階班：週三晚班、週四晚班、週六上午班（由禪淨班結業後轉入共修）。

不退轉法輪經詳解：每週二晚上與第一講堂同步播放講經 DVD。

第三講堂（三樓）：

進階班：週四晚班（由禪淨班結業後轉入共修）。

香港正覺講堂

九龍觀塘，成業街 10 號，電訊一代廣場 27 樓 E 室。

（觀塘地鐵站 B1 出口，步行約 4 分鐘）。電話：(852) 23262231

英文地址：Unit E，27th Floor, TG Place, 10 Shing Yip Street, Kwun Tong, Kowloon

禪淨班：雙週六下午班、雙週日下午班、單週六下午班、單週日下午班

進階班：雙週五晚上班、雙週日早上班（由禪淨班結業後轉入共修）。

增上班：每月第一週週日，以台北增上班課程錄成 DVD 放映之。

增上重播班：每月第一週週六，以台北增上班課程錄成 DVD 放映之。

大法鼓經詳解：平實導師講解。每週六、日 19:00～21:00，以台北正覺講堂所錄 DVD 放映；歡迎會外學人共同聽講，不需出示身分證件。

美國洛杉磯正覺講堂　☆已遷移新址☆

825 S. Lemon Ave Diamond Bar, CA 91789 U.S.A.

Tel. (909) 595-5222（請於週六 9:00~18:00 之間聯繫）

Cell. (626) 454-0607

禪淨班：每逢週末 16：00~18：00 上課。

進階班：每逢週末上午 10：00~12：00 上課。

不退轉法輪經詳解：平實導師講解。每週六下午 13：30~15：30 以台北所錄 DVD 放映。歡迎各界人士共享第一義諦無上法益，不需報名。

二、招生公告

本會台北講堂及全省各講堂、香港講堂，每逢四月、十月下旬開新班，每週共修一次（每次二小時。開課日起三個月內仍可插班）；**但美國洛杉磯共修處之禪淨班得隨時插班共修。各班共修期間皆爲二年半，全程免費，欲參加者請向本會函索報名表**（各共修處皆於共修時間方有人執事，非共修時間請勿電詢或前來洽詢、請書），**或直接從本會官方網站(http://www.enlighten.org.tw/newsflash/class)或成佛之道網站下載報名表**。共修期滿時，若經報名禪三審核通過者，可參加四天三夜之禪三精進共修，有機會明心、取證如來藏，發起般若實相智慧，成爲實義菩薩，脫離凡夫菩薩位。

三、新春禮佛祈福 農曆**年假**期間停止共修：自農曆新年前七天起停止共修與弘法，正月 8 日起回復共修、弘法事務。新春期間正月初一～初七 9.00～17.00 開放台北講堂、正月初一~初三開放新竹、台中、嘉義、台南、高雄講堂，以及大溪禪三道場（正覺祖師堂），方便會員供佛、祈福及會外人士請書。美國洛杉磯共修處之休假時間，請逕詢該共修處。

密宗四大派修雙身法，是外道性力派的邪法；又以生滅的識陰作為常住法，是常見外道，是假的藏傳佛教。

西藏覺囊巴以他空見弘揚第八識如來藏勝法，才是真藏傳佛教

佛教正覺同修會　弘法行事表

2019/02/18

1、**禪淨班**　以無相念佛及拜佛方式修習動中定力，實證一心不亂功夫。傳授解脫道正理及第一義諦佛法，以及參禪知見。共修期間：二年六個月。每逢四月、十月開新班，詳見招生公告表。

2、**進階班**　禪淨班畢業後得轉入此班，進修更深入的佛法，期能證悟明心。各地講堂各有多班，繼續深入佛法、增長定力，悟後得轉入增上班修學道種智，期能證得無生法忍。

3、**增上班 瑜伽師地論**詳解　詳解論中所言凡夫地至佛地等 17 師之修證境界與理論，從凡夫地、聲聞地……宣演到諸地所證無生法忍、一切種智之眞實正理。由平實導師開講，每逢一、三、五週之週末晚上開示，僅限已明心之會員參加。2003 年二月開講至今，預定 2019 年講畢。

4、**不退轉法輪經**詳解　本經所說妙法極爲甚深難解，時至末法，已然無有知者；而其甚深絕妙之法，流傳至今依舊多人可證，顯示佛法眞是義學而非玄談，其中甚深極妙令人拍案稱絕之第一義諦妙義。已於 2019 年元月底開講，由平實導師詳解。不限制聽講資格。

5、**精進禪三**　主三和尚：平實導師。於四天三夜中，以克勤圓悟大師及大慧宗杲之禪風，施設機鋒與小參、公案密意之開示，幫助會員剋期取證，親證不生不滅之眞實心——人人本有之如來藏。每年四月、十月各舉辦三個梯次；平實導師主持。僅限本會會員參加禪淨班共修期滿，報名審核通過者，方可參加。並選擇會中定力、慧力、福德三條件皆已具足之已明心會員，給以指引，令得眼見自己無形無相之佛性遍佈山河大地，眞實而無障礙，得以肉眼現觀世界身心悉皆如幻，具足成就如幻觀，圓滿十住菩薩之證境。

6、**阿含經**詳解　選擇重要之阿含部經典，依無餘涅槃之實際而加以詳解，令大眾得以現觀諸法緣起性空，亦復不墮斷滅見中，顯示經中所隱說之涅槃實際—如來藏—確實已於四阿含中隱說；令大眾得以聞後觀行，確實斷除我見乃至我執，證得**見到**眞現觀，乃至**身證**……等眞現觀；已得大乘或二乘見道者，亦可由此聞熏及聞後之觀行，除斷我所之貪著，成就慧解脫果。由平實導師詳解。不限制聽講資格。

7、**解深密經**詳解　重講本經之目的，在於令諸已悟之人明解大乘法道之成佛次第，以及悟後進修一切種智之內涵，確實證知三種自性性，並得據此證解七眞如、十眞如等正理。每逢週二 18.50-20.50 開示，由平實導師詳解。將於《**不退轉法輪經**》講畢後開講。不限制聽講資格。

8、**成唯識論**詳解　詳解一切種智眞實正理，詳細剖析一切種智之微細深妙廣大正理；並加以舉例說明，使已悟之會員深入體驗所證如來藏之微密行相；及證驗見分相分與所生一切法，皆由如來藏—阿賴耶識一直接或展轉而生，因此證知一切法無我，證知無餘涅槃之本際。將於增上班《瑜伽師地論》講畢後，由平實導師重講。僅限已明心之會員參加。

9、**精選如來藏系經典**詳解　精選如來藏系經典一部，詳細解說，以此完全印證會員所悟如來藏之眞實，得入不退轉住。另行擇期詳細解說之，由平實導師講解。僅限已明心之會員參加。

10、**禪門差別智**　藉禪宗公案之微細淆訛難知難解之處，加以宣說及剖析，以增進明心、見性之功德，啓發差別智，建立擇法眼。每月第一週日全天，由平實導師開示，僅限破參明心後，復又眼見佛性者參加（事冗暫停）。

11、**枯木禪**　先講智者大師的《小止觀》，後說《釋禪波羅蜜》，詳解四禪八定之修證理論與實修方法，細述一般學人修定之邪見與岔路，及對禪定證境之誤會，消除枉用功夫、浪費生命之現象。已悟般若者，可以藉此而實修初禪，進入大乘通教及聲聞教的三果心解脫境界，配合應有的大福德及後得無分別智、十無盡願，即可進入初地心中。親教師：平實導師。未來緣熟時將於正覺寺開講。不限制聽講資格。

註：本會例行年假，自 2004 年起，改爲每年農曆新年前七天開始停息弘法事務及共修課程，農曆正月 8 日回復所有共修及弘法事務。新春期間（每日 9.00~17.00）開放台北講堂，方便會員禮佛祈福及會外人士請書。大溪區的正覺祖師堂，開放參訪時間，詳見〈正覺電子報〉或成佛之道網站。本表得因時節因緣需要而隨時修改之，不另作通知。

佛教正覺同修會　贈閱書籍 目錄　　2018/10/20

1.**無相念佛**　平實導師著　回郵 36 元
2.**念佛三昧修學次第**　平實導師述著　回郵 52 元
3.**正法眼藏—護法集**　平實導師述著　回郵 76 元
4.**真假開悟簡易辨正法&佛子之省思**　平實導師著　回郵 26 元
5.**生命實相之辨正**　平實導師著　回郵 31 元
6.**如何契入念佛法門**（附：印順法師否定極樂世界）平實導師著　回郵 26 元
7.**平實書箋**—答元覽居士書　平實導師著　回郵 52 元
8.**三乘唯識**—如來藏系經律彙編　平實導師編　回郵 80 元
（精裝本　長 27 cm　寬 21 cm　高 7.5 cm　重 2.8 公斤）
9.**三時繫念全集**—修正本　回郵掛號 52 元（長 26.5 cm×寬 19 cm）
10.**明心與初地**　平實導師述　回郵 31 元
11.**邪見與佛法**　平實導師述著　回郵 36 元
12.**甘露法雨**　平實導師述　回郵 36 元
13.**我與無我**　平實導師述　回郵 36 元
14.**學佛之心態**—修正錯誤之學佛心態始能與正法相應 孫正德老師著 回郵52元
附錄：平實導師著**《略說八、九識並存…等之過失》**
15.**大乘無我觀**—《悟前與悟後》別說　平實導師述著　回郵 36 元
16.**佛教之危機**—中國台灣地區現代佛教之真相（附錄：公案拈提六則）
平實導師著　回郵 52 元
17.**燈　影**—燈下黑（覆「求教後學」來函等）　平實導師著　回郵 76 元
18.**護法與毀法**—覆上平居士與徐恒志居士網站毀法二文
張正圜老師著　回郵 76 元
19.**淨土聖道**—兼評選擇本願念佛　正德老師著　由正覺同修會購贈 回郵 52 元
20.**辨唯識性相**—對「紫蓮心海《辯唯識性相》書中否定阿賴耶識」之回應
正覺同修會 台南共修處法義組 著　回郵 52 元
21.**假如來藏**—對法蓮法師《如來藏與阿賴耶識》書中否定阿賴耶識之回應
正覺同修會 台南共修處法義組 著　回郵 76 元
22.**入不二門**—公案拈提集錦 第一輯（於平實導師公案拈提諸書中選錄約二十則，
合輯為一冊流通之）平實導師著　回郵 52 元
23.**真假邪說**—西藏密宗索達吉喇嘛《破除邪說論》真是邪說
釋正安法師著　上、下冊回郵各 52 元
24.**真假開悟**—真如、如來藏、阿賴耶識間之關係　平實導師述著　回郵 76 元
25.**真假禪和**—辨正釋傳聖之謗法謬說　孫正德老師著　回郵 76 元
26.**眼見佛性**—駁慧廣法師眼見佛性的含義文中謬說
游正光老師著　回郵 52 元

27.**普門自在**—公案拈提集錦 第二輯（於平實導師公案拈提諸書中選錄約二十則，合輯爲一冊流通之）平實導師著　回郵 52 元

28.**印順法師的悲哀**—以現代禪的質疑為線索　恒毓博士著　回郵 52 元

29.**識蘊真義**—現觀識蘊內涵、取證初果、親斷三縛結之具體行門。

—依《成唯識論》及《惟識述記》正義，略顯安慧《大乘廣五蘊論》之邪謬　平實導師著　回郵 76 元

30.**正覺電子報**　各期紙版本　免附回郵　每次最多函索三期或三本。

（已無存書之較早各期，不另增印贈閱）

31.**現代人應有的宗教觀**　蔡正禮老師 著　回郵 31 元

32.**遠惑趣道**—正覺電子報般若信箱問答錄　第一輯　回郵 52 元

33.**遠惑趣道**—正覺電子報般若信箱問答錄　第二輯　回郵 52 元

34.**確保您的權益**—器官捐贈應注意自我保護　游正光老師 著　回郵 31 元

35.**正覺教團電視弘法三乘菩提 DVD 光碟（一）**

由正覺教團多位親教師共同講述錄製 DVD 8 片，MP3 一片，共 9 片。有二大講題：一爲「三乘菩提之意涵」，二爲「學佛的正知見」。內容精闢，深入淺出，精彩絕倫，幫助大眾快速建立三乘法道的正知見，免被外道邪見所誤導。有志修學三乘佛法之學人不可不看。（製作工本費 100 元，回郵 52 元）

36.**正覺教團電視弘法 DVD 專輯（二）**

總有二大講題：一爲「三乘菩提之念佛法門」，一爲「學佛正知見（第二篇）」，由正覺教團多位親教師輪番講述，內容詳細闡述如何修學念佛法門、實證念佛三昧，以及學佛應具有的正確知見，可以幫助發願往生西方極樂淨土之學人，得以把握往生，更可令學人快速建立三乘法道的正知見，免於被外道邪見所誤導。有志修學三乘佛法之學人不可不看。（一套 17 片，工本費 160 元。回郵 76 元）

37.**喇嘛性世界**—揭開假藏傳佛教譚崔瑜伽的面紗　張善思 等人合著

由正覺同修會購贈　回郵 52 元

38.**假藏傳佛教的神話**—性、謊言、喇嘛教　張正玄教授編著

由正覺同修會購贈　回郵 52 元

39.**隨　緣**—理隨緣與事隨緣　平實導師述　回郵 52 元。

40.**學佛的覺醒**　正枝居士 著　回郵 52 元

41.**導師之真實義**　蔡正禮老師 著　回郵 31 元

42.**淺談達賴喇嘛之雙身法**—兼論解讀「密續」之達文西密碼

吳明芷居士 著　回郵 31 元

43.**魔界轉世**　張正玄居士 著　回郵 31 元

44.**一貫道與開悟**　蔡正禮老師 著　回郵 31 元

45.**博愛**—愛盡天下女人　正覺教育基金會 編印　回郵 36 元

46.**意識虛妄經教彙編**—實證解脫道的關鍵經文　正覺同修會編印　回郵 36 元

47.**邪箭囈語**—破斥藏密外道多識仁波切《破魔金剛箭雨論》之邪說
陸正元老師著　上、下冊回郵各 52 元

48.**真假沙門**—依 佛聖教闡釋佛教僧寶之定義
蔡正禮老師著　俟正覺電子報連載後結集出版

49.**真假禪宗**—藉評論釋性廣《印順導師對變質禪法之批判
及對禪宗之肯定》以顯示真假禪宗
附論一：凡夫知見 無助於佛法之信解行證
附論二：世間與出世間一切法皆從如來藏實際而生而顯
余正偉老師著　俟正覺電子報連載後結集出版　回郵未定

★ 上列贈書之郵資，係台灣本島地區郵資，大陸、港、澳地區及外國地區，請另計酌增（大陸、港、澳、國外地區之郵票不許通用）。尚未出版之書，請勿先寄來郵資，以免增加作業煩擾。

★ 本目錄若有變動，唯於後印之書籍及「成佛之道」網站上修正公佈之，不另行個別通知。

函索書籍請寄：佛教正覺同修會　103 台北市承德路 3 段 277 號 9 樓
台灣地區函索書籍者請附寄郵票，無時間購買郵票者可以等值現金抵用，但不接受郵政劃撥、支票、匯票。大陸地區得以人民幣計算，國外地區請以美元計算（請勿寄來當地郵票，在台灣地區不能使用）。欲以掛號寄遞者，請另附掛號郵資。

親自索閱：正覺同修會各共修處。　★請於共修時間前往取書，餘時無人在道場，請勿前往索取；共修時間與地點，詳見書末正覺同修會共修現況表（以近期之共修現況表為準）。

註：正智出版社發售之局版書，請向各大書局購閱。若書局之書架上已經售出而無陳列者，請向書局櫃台指定洽購；若書局不便代購者，請於正覺同修會共修時間前往各共修處請購，正智出版社已派人於共修時間送書前往各共修處流通。 郵政劃撥購書及 大陸地區 購書，請詳別頁正智出版社發售書籍目錄最後頁之說明。

成佛之道 網站：http://www.a202.idv.tw　正覺同修會已出版之結緣書籍，多已登載於 成佛之道 網站，若住外國、或住處遙遠，不便取得正覺同修會贈閱書籍者，可以從本網站閱讀及下載。　書局版之《宗通與說通》亦已上網，台灣讀者可向書局洽購，售價 300 元。《狂密與眞密》第一輯~第四輯，亦於 2003.5.1.全部於本網站登載完畢；台灣地區讀者請向書局洽購，每輯約 400 頁，售價 300 元（網站下載紙張費用較貴，容易散失，難以保存，亦較不精美）。

＊＊假藏傳佛教修雙身法，非佛教＊＊

正智出版社 籌募弘法基金發售書籍目錄 2020/07/13

1.**宗門正眼**—公案拈提 第一輯 重拈 平實導師著 500 元

因重寫內容大幅度增加故，字體必須改小，並增為 576 頁 主文 546 頁。比初版更精彩、更有內容。初版《禪門摩尼寶聚》之讀者，可寄回本公司免費調換新版書。免附回郵，亦無截止期限。（2007 年起，每冊附贈本公司精製公案拈提〈超意境〉CD 一片。市售價格 280 元，多購多贈。）

2.**禪淨圓融** 平實導師著 200 元（第一版舊書可換新版書。）

3.**真實如來藏** 平實導師著 400 元

4.**禪—悟前與悟後** 平實導師著 上、下冊，每冊 250 元

5.**宗門法眼**—公案拈提 第二輯 平實導師著 500 元
（2007 年起，每冊附贈本公司精製公案拈提〈超意境〉CD 一片）

6.**楞伽經詳解** 平實導師著 全套共 10 輯 每輯 250 元

7.**宗門道眼**—公案拈提 第三輯 平實導師著 500 元
（2007 年起，每冊附贈本公司精製公案拈提〈超意境〉CD 一片）

8.**宗門血脈**—公案拈提 第四輯 平實導師著 500 元
（2007 年起，每冊附贈本公司精製公案拈提〈超意境〉CD 一片）

9.**宗通與說通**—成佛之道 平實導師著 主文 381 頁 全書 400 頁售價 300 元

10.**宗門正道**—公案拈提 第五輯 平實導師著 500 元
（2007 年起，每冊附贈本公司精製公案拈提〈超意境〉CD 一片）

11.**狂密與真密 一～四輯** 平實導師著 西藏密宗是人間最邪淫的宗教，本質不是佛教，只是披著佛教外衣的印度教性力派流毒的喇嘛教。此書中將西藏密宗密傳之男女雙身合修樂空雙運所有祕密與修法，毫無保留完全公開，並將全部喇嘛們所不知道的部分也一併公開。內容比大辣出版社喧騰一時的《西藏慾經》更詳細。並且函蓋藏密的所有祕密及其錯誤的中觀見、如來藏見……等，藏密的所有法義都在書中詳述、分析、辨正。每輯主文三百餘頁 每輯全書約 400 頁 售價每輯 300 元

12.**宗門正義**—公案拈提 第六輯 平實導師著 500 元
（2007 年起，每冊附贈本公司精製公案拈提〈超意境〉CD 一片）

13.**心經密意**—心經與解脫道、佛菩提道、祖師公案之關係與密意 平實導師述 300 元

14.**宗門密意**—公案拈提 第七輯 平實導師著 500 元
（2007 年起，每冊附贈本公司精製公案拈提〈超意境〉CD 一片）

15.**淨土聖道**—兼評「選擇本願念佛」 正德老師著 200 元

16.**起信論講記** 平實導師述著 共六輯 每輯三百餘頁 售價各 250 元

17.**優婆塞戒經講記** 平實導師述著 共八輯 每輯三百餘頁 售價各 250 元

18.**真假活佛**—略論附佛外道盧勝彥之邪說（對前岳靈犀網站主張「盧勝彥是證悟者」之修正） 正犀居士（岳靈犀）著 流通價 140 元

19.**阿含正義**—唯識學探源 平實導師著 共七輯 每輯 300 元

20.**超意境** CD 以平實導師公案拈提書中超越意境之頌詞，加上曲風優美的旋律，錄成令人嚮往的超意境歌曲，其中包括正覺發願文及平實導師親自譜成的黃梅調歌曲一首。詞曲雋永，殊堪翫味，可供學禪者吟詠，有助於見道。內附設計精美的彩色小冊，解說每一首詞的背景本事。每片 280 元。【每購買公案拈提書籍一冊，即贈送一片。】

21.**菩薩底憂鬱** CD 將菩薩情懷及禪宗公案寫成新詞，並製作成超越意境的優美歌曲。1.主題曲〈菩薩底憂鬱〉，描述地後菩薩能離三界生死而迴向繼續生在人間，但因尚未斷盡習氣種子而有極深沈之憂鬱，非三賢位菩薩及二乘聖者所知，此憂鬱在七地滿心位方才斷盡；本曲之詞中所說義理極深，昔來所未曾見；此曲係以優美的情歌風格寫詞及作曲，聞者得以激發嚮往諸地菩薩境界之大心，詞、曲都非常優美，難得一見；其中勝妙義理之解說，已印在附贈之彩色小冊中。2.以各輯公案拈提中直示禪門入處之頌文，作成各種不同曲風之超意境歌曲，值得玩味、參究；聆聽公案拈提之優美歌曲時，請同時閱讀內附之印刷精美說明小冊，可以領會超越三界的證悟境界；未悟者可以因此引發求悟之意向及疑情，眞發菩提心而邁向求悟之途，乃至因此眞實悟入般若，成眞菩薩。3.正覺總持咒新曲，總持佛法大意；總持咒之義理，已加以解說並印在隨附之小冊中。本 CD 共有十首歌曲，長達 63 分鐘。每盒各附贈二張購書優惠券。每片 280 元。

22.**禪意無限** CD 平實導師以公案拈提書中偈頌寫成不同風格曲子，與他人所寫不同風格曲子共同錄製出版，幫助參禪人進入禪門超越意識之境界。盒中附贈彩色印製的精美解說小冊，以供聆聽時閱讀，令參禪人得以發起參禪之疑情，即有機會證悟本來面目而發起實相智慧，實證大乘菩提般若，能如實證知般若經中的眞實意。本 CD 共有十首歌曲，長達 69 分鐘，每盒各附贈二張購書優惠券。每片 280 元。

23.**我的菩提路**第一輯　釋悟圓、釋善藏等人合著　售價 300 元

24.**我的菩提路**第二輯　郭正益等人合著　售價 300 元（停售，俟改版後另行發售）

25.**我的菩提路**第三輯　王美伶等人合著　售價 300 元

26.**我的菩提路**第四輯　陳晏平等人合著　售價 300 元

27.**我的菩提路**第五輯　林慈慧等人合著　售價 300 元

28.**我的菩提路**第六輯　劉惠莉等人合著　售價 300 元

29.**鈍鳥與靈龜**—考證後代凡夫對大慧宗杲禪師的無根誹謗。

平實導師著　共 458 頁　售價 350 元

30.**維摩詰經講記**　平實導師述　共六輯　每輯三百餘頁　售價各 250 元

31.**真假外道**—破劉東亮、杜大威、釋證嚴常見外道見　正光老師著　200 元

32.**勝鬘經講記**—兼論印順《勝鬘經講記》對於《勝鬘經》之誤解。

平實導師述　共六輯　每輯三百餘頁　售價250 元

33.**楞嚴經講記** 平實導師述 共**15**輯，每輯三百餘頁 售價300元
34.**明心與眼見佛性**—駁慧廣〈蕭氏「眼見佛性」與「明心」之非〉文中謬說
正光老師著 共448頁 售價300元
35.**見性與看話頭** 黃正倖老師 著，本書是禪宗參禪的方法論。
內文375頁，全書416頁，售價300元。
36.**達賴真面目**—玩盡天下女人 白正偉老師 等著 中英對照彩色精裝大本800元
37.**喇嘛性世界**—揭開假藏傳佛教譚崔瑜伽的面紗 張善思 等人著 200元
38.**假藏傳佛教的神話**—性、謊言、喇嘛教 正玄教授編著 200元
39.**金剛經宗通** 平實導師述 共九輯 每輯售價250元。
40.**空行母**—性別、身分定位，以及藏傳佛教。
珍妮·坎貝爾著 呂艾倫 中譯 售價250元
41.**末代達賴**—性交教主的悲歌 張善思、呂艾倫、辛燕編著 售價250元
42.**霧峰無霧**—給哥哥的信 辨正釋印順對佛法的無量誤解
游宗明 老師著 售價250元
43.**霧峰無霧**—第二輯—救護佛子向正道 細說釋印順對佛法的各類誤解
游宗明 老師著 售價250元
44.**第七意識與第八意識？**—穿越時空「超意識」
平實導師述 每冊300元
45.**黯淡的達賴**—失去光彩的諾貝爾和平獎
正覺教育基金會編著 每冊250元
46.**童女迦葉考**—論呂凱文〈佛教輪迴思想的論述分析〉之謬。
平實導師 著 定價180元
47.**人間佛教**—實證者必定不悖三乘菩提
平實導師 述，定價400元
48.**實相經宗通** 平實導師述 共八輯 每輯250元
49.**真心告訴您(一)**—達賴喇嘛在幹什麼？
正覺教育基金會編著 售價250元
50.**中觀金鑑**—詳述應成派中觀的起源與其破法本質
孫正德老師著 分為上、中、下三冊，每冊250元
51.**藏傳佛教要義**—《狂密與真密》之簡體字版 平實導師 著 上、下冊
僅在大陸流通 每冊300元
52.**法華經講義** 平實導師述 共二十五輯 每輯300元
已於2015/05/31起開始出版，每二個月出版一輯
53.**西藏「活佛轉世」制度**—附佛、造神、世俗法
許正豐、張正玄老師合著 定價150元
54.**廣論三部曲** 郭正益老師著 定價150元
55.**真心告訴您(二)**—達賴喇嘛是佛教僧侶嗎？
—補祝達賴喇嘛八十大壽
正覺教育基金會編著 售價300元

56.**次法**—實證佛法前應有的條件

張善思居士著　分為上、下二冊，每冊 250 元

57.**涅槃**—解說四種涅槃之實證及內涵　平實導師著 上、下冊 各 350 元

58.**山法**—西藏關於他空與佛藏之根本論

篤補巴・喜饒堅贊著　　傑弗里・霍普金斯英譯

張火慶教授、張志成、呂艾倫等中譯　精裝大本 1200 元

59.**假鋒虛焰金剛乘**—揭示顯密正理，兼破索達吉師徒《般若鋒兮金剛焰》

釋正安法師著 簡體字版 即將出版 售價未定

60.**廣論之平議**—宗喀巴《菩提道次第廣論》之平議　正雄居士著

約二或三輯　俟正覺電子報連載後結集出版　書價未定

61.**菩薩學處**—菩薩四攝六度之要義　陸正元老師著　出版日期未定。

62.**八識規矩頌**詳解　○○居士 註解　出版日期另訂　書價未定。

63.**印度佛教史**—法義與考證。依法義史實評論印順《印度佛教思想史、佛教史地考論》之謬說　正偉老師著　出版日期未定　書價未定

64.**中國佛教史**—依中國佛教正法史實而論。○○老師 著　書價未定。

65.**中論正義**—釋龍樹菩薩《中論》頌正理。

孫正德老師著　出版日期未定　書價未定

66.**中觀正義**—註解平實導師《中論正義頌》。

○○法師（居士）著　出版日期未定　書價未定

67.**佛藏經講記**　平實導師述　已於 2019 年 7 月 31 日出版　共 21 輯，每二個月出版一輯，每輯 300 元。

68.**阿含經講記**—將選錄四阿含中數部重要經典全經講解之，講後整理出版。

平實導師述　約二輯　每輯 300 元　出版日期未定

69.**寶積經講記**　平實導師述　每輯三百餘頁 優惠價 300 元 出版日期未定

70.**解深密經講記**　平實導師述 約四輯　將於重講後整理出版

71.**成唯識論略解**　平實導師著　五～六輯　每輯 300 元　出版日期未定

72.**修習止觀坐禪法要講記**　平實導師述　每輯三百餘頁

將於正覺寺建成後重講、以講記逐輯出版　出版日期未定

73.**無門關**—《無門關》公案拈提　平實導師著　出版日期未定

74.**中觀再論**—兼述印順《中觀今論》謬誤之平議。正光老師著 出版日期未定

75.**輪迴與超度**—佛教超度法會之真義。

○○法師（居士）著　出版日期未定　書價未定

76.**《釋摩訶衍論》平議**—對偽稱龍樹所造《釋摩訶衍論》之平議

○○法師（居士）著　出版日期未定　書價未定

77.**正覺發願文**註解—以真實大願為因 得證菩提

正德老師著　出版日期未定　書價未定

78.**正覺總持咒**—佛法之總持　正圜老師著　出版日期未定　書價未定

79.**三自性**—依四食、五蘊、十二因緣、十八界法，說三性三無性。

作者未定　出版日期未定

80.**道品**—從三自性說大小乘三十七道品　　作者未定　出版日期未定
81.**大乘緣起觀**—依四聖諦七真如現觀十二緣起 作者未定　出版日期未定
82.**三德**—論解脫德、法身德、般若德。　　作者未定　出版日期未定
83.**真假如來藏**—對印順《如來藏之研究》謬說之平議　作者未定 出版日期未定
84.**大乘道次第**　　作者未定　出版日期未定　書價未定
85.**四緣**—依如來藏故有四緣。　作者未定　出版日期未定
86.**空之探究**—印順《空之探究》謬誤之平議　作者未定 出版日期未定
87.**十法義**—論阿含經中十法之正義　　作者未定　出版日期未定
88.**外道見**—論述外道六十二見　　作者未定　　出版日期未定

正智出版社有限公司 書籍介紹

禪淨圓融：言淨土諸祖所未曾言，示諸宗祖師所未曾示；禪淨圓融，另闢成佛捷徑，兼顧自力他力，闡釋淨土門之速行易行道，亦同時揭櫫聖教門之速行易行道；令廣大淨土行者得免緩行難證之苦，亦令聖道門行者得以藉著淨土速行道而加快成佛之時劫。乃前無古人之超勝見地，非一般弘揚禪淨法門典籍也，先讀為快。平實導師著 200元。

宗門正眼—公案拈提第一輯：繼承克勤圜悟大師碧巖錄宗旨之禪門鉅作。先則舉示當代大法師之邪說，消弭當代禪門大師鄉愿之心態，摧破當今禪門「世俗禪」之妄談；次則旁通教法，表顯宗門正理；繼以道之次第，消弭古今狂禪；後藉言語及文字機鋒，直示宗門入處。悲智雙運，禪味十足，數百年來難得一睹之禪門鉅著也。平實導師著　500元（原初版書《禪門摩尼寶聚》，改版後補充為五百餘頁新書，總計多達二十四萬字，內容更精彩，並改名為《宗門正眼》，讀者原購初版《禪門摩尼寶聚》皆可寄回本公司免費換新，免附回郵，亦無截止期限）（2007年起，凡購買公案拈提第一輯至第七輯，每購一輯皆贈送本公司精製公案拈提〈超意境〉CD一片，市售價格280元，多購多贈）。

禪—悟前與悟後：本書能建立學人悟道之信心與正確知見，圓滿具足而有次第地詳述禪悟之功夫與禪悟之內容，指陳參禪中細微淆訛之處，能使學人明自真心、見自本性。若未能悟入，亦能以正確知見辨別古今中外一切大師究係真悟？或屬錯悟？便有能力揀擇，捨名師而選明師，後時必有悟道之緣。一旦悟道，遲者七次人天往返，便出三界，速者一生取辦。學人欲求開悟者，不可不讀。　平實導師著。上、下冊共500元，單冊250元。

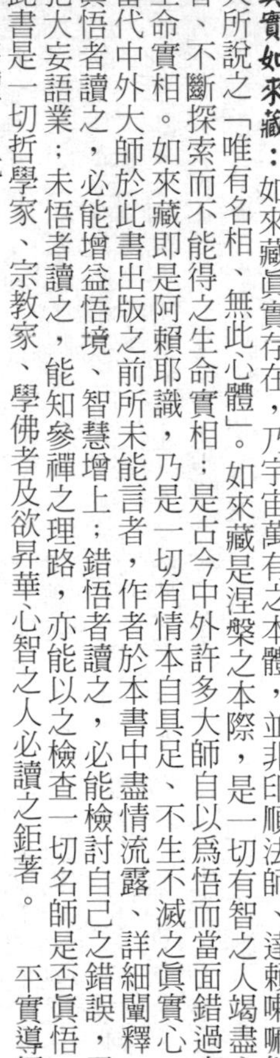

眞實如來藏：如來藏眞實存在，乃宇宙萬有之本體，並非印順法師、達賴喇嘛等人所說之「唯有名相、無此心體」。如來藏是涅槃之本際，是一切有智之人竭盡心智、不斷探索而不能得之生命實相；是古今中外許多大師自以爲悟而當面錯過之生命實相。如來藏即是阿賴耶識，乃是一切有情本自具足、不生不滅之眞實心。當代中外大師於此書出版之前所未能言者，作者於本書中盡情流露、詳細闡釋。眞悟者讀之，必能增益悟境、智慧增上；錯悟者讀之，必能檢討自己之錯誤，免犯大妄語業；未悟者讀之，能知參禪之理路，亦能以之檢查一切名師是否眞悟。此書是一切哲學家、宗教家、學佛者及欲昇華心智之人必讀之鉅著。　平實導師著　售價400元。

宗門法眼—公案拈提第二輯：列舉實例，闡釋土城廣欽老和尚之悟處；並直示這位不識字的老和尚妙智横生之根由，繼而剖析禪宗歷代大德之開悟公案，解析當代密宗高僧卡盧仁波切之錯悟證據，並例舉當代顯宗高僧、大居士之錯悟證據（凡健在者，爲免影響其名聞利養，皆隱其名）。藉辨正當代名師之邪見，向廣大佛子指陳禪悟之正道，彰顯宗門法眼。悲勇兼出，強捋虎鬚；慈智雙運，巧探驪龍；摩尼寶珠在手，直示宗門入處，禪味十足；若非大悟徹底，不能爲之。禪門精奇人物，允宜人手一冊，供作參究及悟後印證之圭臬。本書於2008年4月改版，增寫爲大約500頁篇幅，以利學人研讀參究時更易悟入宗門正法，以前所購初版首刷及初版二刷舊書，皆可免費換取新書。平實導師著　500元（2007年起，凡購買公案拈提第一輯至第七輯，每購一輯皆贈送本公司精製公案拈提〈超意境〉CD一片，市售價格280元，多購多贈）。

宗門道眼—公案拈提第三輯：繼宗門法眼之後，再以金剛之作略、慈悲之胸懷、犀利之筆觸，舉示寒山、拾得、布袋三大士之悟處，消弭當代錯悟者對於寒山大士……等之誤會及誹謗。　亦舉出民初以來與虛雲和尚齊名之蜀郡鹽亭袁煥仙夫子——南懷瑾老師之師，其「悟處」何在？並蒐羅許多眞悟祖師之證悟公案，顯示禪宗歷代祖師之睿智，指陳部分祖師、奧修及當代顯密大師之謬悟，作爲殷鑑，幫助禪子建立及修正參禪之方向及知見。假使讀者閱此書已，一時尚未能悟，亦可一面加功用行，一面以此宗門道眼辨別眞假善知識，避開錯誤之印證及歧路，可免大妄語業之長劫慘痛果報。欲修禪宗之禪者，務請細讀。平實導師著　售價500元（2007年起，凡購買公案拈提第一輯至第七輯，每購一輯皆贈送本公司精製公案拈提〈超意境〉CD一片，市售價格280元，多購多贈）。

楞伽經詳解：本經是禪宗見道者印證所悟眞僞之根本經典，亦是禪宗見道者悟後起修之依據經典；故達摩祖師於印證二祖慧可大師之後，將此經典連同佛鉢祖衣一併交付二祖，令其依此經典佛示金言、進入修道位，修學一切種智。由此可知此經對於眞悟之人修學佛道，是非常重要之一部經典。此經能破外道邪說，亦破佛門中錯悟名師之謬說，亦破禪宗部分祖師之狂禪：不讀經典、一向主張「一悟即成究竟佛」之謬執。並開示愚夫所行禪、觀察義禪、攀緣如禪、如來禪等差別，令行者對於三乘禪法差異有所分辨；亦糾正禪宗祖師古來對於如來禪之誤解，嗣後可免以訛傳訛之弊。此經亦是法相唯識宗之根本經典，禪者悟後欲修一切種智而入初地者，必須詳讀。平實導師著，全套共十輯，已全部出版完畢，每輯主文約320頁，每冊約352頁，定價250元。

宗門血脈—公案拈提第四輯：末法怪象—許多修行人自以爲悟，每將無念靈知認作眞實；崇尚二乘法諸師及其徒眾，則將外於如來藏之緣起性空—無因論之無常空、斷滅空、一切法空—錯認爲 佛所說之般若空性。這兩種現象已於當今海峽兩岸及美加地區顯密大師之中普遍存在；人人自以爲悟，心高氣壯，便敢寫書解釋祖師證悟之公案，大多出於意識思惟所得，言不及義，錯誤百出，因此誤導廣大佛子同陷大妄語之地獄業中而不能自知。彼等書中所說之悟處，其實處處違背第一義經典之聖言量。彼等諸人不論是否身披袈裟，都非佛法宗門血脈，或雖有禪宗法脈之傳承，亦只徒具形式；猶如螟蛉，非眞血脈，未悟得根本眞實故。禪子欲知 佛、祖之眞血脈者，請讀此書，便知分曉。平實導師著，主文452頁，全書464頁，定價500元（2007年起，凡購買公案拈提第一輯至第七輯，每購一輯皆贈送本公司精製公案拈提〈超意境〉CD一片，市售價格280元，多購多贈）。

宗通與說通：古今中外，錯誤之人如麻似粟，每以常見外道所說之靈知心，認作眞心；或妄想虛空之勝性能量爲眞如，或錯認物質四大元素藉冥性（靈知心本體）能成就吾人色身及知覺，或認初禪至四禪中之了知心爲不生不滅之涅槃心。此等皆非通宗者之見地。復有錯悟之人一向主張「宗門與教門不相干」，此即尚未通達宗門之人也。其實宗門與教門互通不二，宗門所證者乃是眞如與佛性，教門所說者乃說宗門證悟之眞如佛性，故教門與宗門不二。本書作者以宗教二門互通之見地，細說「宗通與說通」，從初見道至悟後起修之道、細說分明；並將諸宗諸派在整體佛教中之地位與次第，加以明確之教判，學人讀之即可了知佛法之梗概也。欲擇明師學法之前，允宜先讀。平實導師著，主文共381頁，全書392頁，只售成本價300元。

宗門正道—公案拈提第五輯：修學大乘佛法有二果須證—解脫果及大菩提果。二乘人不證大菩提果，唯證解脫果；此果之智慧，名為聲聞菩提、緣覺菩提。大乘佛子所證二果之菩提果為佛菩提，故名大菩提果，其慧名為一切種智—函蓋二乘解脫果。然此大乘二果修證，須經由禪宗之宗門證悟方能相應。而宗門證悟極難，自古已然；其所以難者，咎在古今佛教界普遍存在三種邪見：1.以修定認作佛法，2.以無因論之緣起性空—否定涅槃本際如來藏以後之一切法空作為佛法，3.以常見外道邪見（離語言妄念之靈知性）作為佛法。如是邪見，或因自身正見未立所致，或因邪師之邪教導所致，或因無始劫來虛妄熏習所致。若不破除此三種邪見，永劫不悟宗門真義、不入大乘正道，唯能外門廣修菩薩行。平實導師於此書中，有極為詳細之說明，有志佛子欲摧邪見、入於內門修菩薩行者，當閱此書。主文共496頁，全書512頁。售價500元（2007年起，凡購買公案拈提第一輯至第七輯，每購一輯皆贈送本公司精製公案拈提〈超意境〉CD一片，市售價格280元，多購多贈）。

狂密與真密：密教之修學，皆由有相之觀行法門而入，其最終目標仍不離顯教經典所說第一義諦之修證；若離顯教第一義經典、或違背顯教第一義經典，即非佛教。西藏密教之觀行法，如灌頂、觀想、遷識法、寶瓶氣、大聖歡喜雙身修法、喜金剛、無上瑜伽、大樂光明、樂空雙運等，皆是印度教兩性生生不息思想之轉化，自始至終皆以如何能運用交合淫樂之法達到全身受樂為其中心思想，純屬欲界五欲的貪愛，不能令人超出欲界輪迴，更不能令人斷除我見；何況大乘之明心與見性，更無論矣！故密宗之法絕非佛法也。而其明光大手印、大圓滿法教，又皆同以常見外道所說離語言妄念之無念靈知心錯認為佛地之真如，不能直指不生不滅之真如。西藏密宗所有法王與徒眾，都尚未開頂門眼，不能辨別真偽，以依人不依法、依密續不依經典故，不肯將其上師喇嘛所說對照第一義經典，純依密續之藏密祖師所說為準，因此而誇大其證德與證量，動輒謂彼祖師上師為究竟佛、為地上菩薩；如今台海兩岸亦有自謂其師證量高於 釋迦文佛者，然觀其師所述，猶未見道，仍在觀行即佛階段，尚未到禪宗相似即佛、分證即佛階位，竟敢標榜為究竟佛及地上法王，誑惑初機學人。凡此怪象皆是狂密，不同於真密之修行者。近年狂密盛行，密宗行者被誤導者極眾，動輒自謂已證佛地真如，自視為究竟佛，陷於大妄語業中而不知自省，反謗顯宗真修實證者之證量粗淺；或如義雲高與釋性圓…等人，於報紙上公然誹謗真實證道者為「騙子、無道人、人妖、癩蛤蟆…」等，造下誹謗大乘勝義僧之大惡業；或以外道法中有為有作之甘露、魔術……等法，誑騙初機學人，狂言彼外道法為真佛法。如是怪象，在西藏密宗及附藏密之外道中，不一而足，舉之不盡，學人宜應慎思明辨，以免上當後又犯毀破菩薩戒之重罪。密宗學人若欲遠離邪知邪見者，請閱此書，即能了知密宗之邪謬，從此遠離邪見與邪修，轉入真正之佛道。平實導師著 共四輯 每輯約400頁（主文約340頁）每輯售價300元。

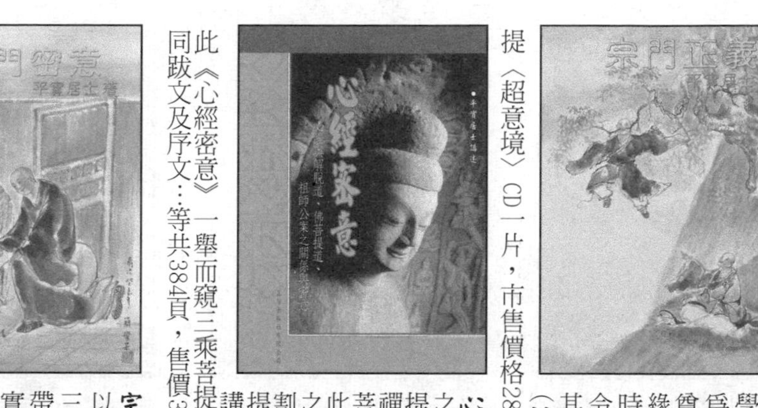

宗門正義—公案拈提第六輯：佛教有六大危機，乃是藏密化、世俗化、膚淺化、學術化、宗門密意失傳、悟後進修諸地之次第混淆；其中尤以宗門密意之失傳，為當代佛教最大之危機。由宗門密意失傳故，易令 世尊本懷普被錯解，易令 世尊正法被轉易為外道法，以及加以淺化、世俗化，是故宗門密意之廣泛弘傳與具緣佛弟子，極為重要。然而欲令宗門密意之廣泛弘傳予具緣之佛弟子者，必須同時配合錯誤知見之解析、普令佛弟子知之，然後輔以公案解析之直示入處，方能令具緣之佛弟子悟入。而此二者，皆須以公案拈提之方式為之，方易成其功、竟其業，是故平實導師續作宗門正義一書，以利學人。 全書500餘頁，售價500元（2007年起，凡購買公案拈提第一輯至第七輯，每購一輯皆贈送本公司精製公案拈提〈超意境〉CD一片，市售價格280元，多購多贈）。

心經密意—心經與解脫道、佛菩提道、祖師公案之關係與密意。 二乘菩提所證之解脫道，實依第八識心之斷除煩惱障現行而立解脫之名；大乘菩提所證之佛菩提道，實依親證第八識如來藏之涅槃性、清淨自性、及其中道性而立般若之名；禪宗祖師公案所證之眞心，即是此第八識如來藏；是故三乘佛法所修所證之三乘菩提，皆依此如來藏心而立名也。此第八識如來藏心，即是《心經》所說之心也。證得此如來藏已，即能漸入大乘佛菩提道，亦可因證知此心而了知二乘無學所不能知之無餘涅槃本際，是故《心經》之密意，與三乘佛菩提之關係極為密切、不可分割，三乘佛法皆依此心而立名故。今者平實導師以其所證解脫道之無生智及佛菩提之般若種智，將《心經》與解脫道、佛菩提道、祖師公案之關係與密意，以演講之方式，用淺顯之語句和盤托出，發前人所未言，呈三乘菩提之眞義，令人藉此《心經密意》一舉而窺三乘菩提之堂奧，迴異諸方言不及義之說；欲求眞實佛智者、不可不讀！ 主文317頁，連同跋文及序文…等共384頁，售價300元。

宗門密意—公案拈提第七輯：佛教之世俗化，將導致學人以信仰作為學佛，則將以感應及世間法之庇祐，作為學佛之主要目標，不能了知學佛之主要目標為親證三乘菩提。大乘菩提則以般若實相智慧為主要修習目標，以二乘菩提解脫道為附帶修習之標的；是故學習大乘法者，應以禪宗之證悟為要務，能親入大乘菩提之實相般若智慧中故，般若實相智慧非二乘聖人所能知故。此書則以台灣世俗化佛教之三大法師，說法似是而非之實例，配合眞悟祖師之公案解析，提示證悟般若之關節，令學人易得悟入。平實導師著，全書五百餘頁，售價500元（2007年起，凡購買公案拈提第一輯至第七輯，每購一輯皆贈送本公司精製公案拈提〈超意境〉CD一片，市售價格280元，多購多贈）。

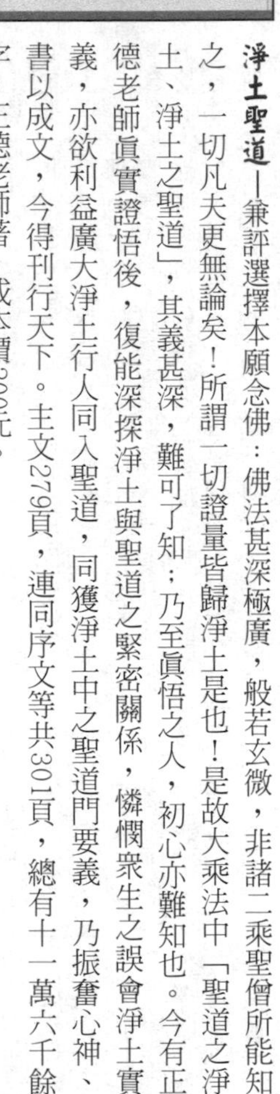

淨土聖道—兼評選擇本願念佛：佛法甚深極廣，般若玄微，非諸二乘聖僧所能知之，一切凡夫更無論矣！所謂一切證量皆歸淨土是也！是故大乘法中「聖道之淨土、淨土之聖道」，其義甚深，難可了知；乃至眞悟之人，初心亦難知也。今有正德老師眞實證悟後，復能深探淨土與聖道之緊密關係，憐憫衆生之誤會淨土實義，亦欲利益廣大淨土行人同入聖道，同獲淨土中之聖道門要義，乃振奮心神、書以成文，今得刊行天下。主文279頁，連同序文等共301頁，總有十一萬六千餘字，正德老師著，成本價200元。

起信論講記：詳解大乘起信論心生滅門與心眞如門之眞實意旨，消除以往大師與學人對起信論所說心生滅門之誤解，由是而得了知眞心如來藏之非常非斷中道正理；亦因此一講解，令此論以往隱晦而被誤解之眞實義，得以如實顯示，令大乘佛菩提道之正理得以顯揚光大；初機學者亦可藉此正論所顯示之法義，對大乘法理生起正信，從此得以眞發菩提心，眞入大乘法中修學，世世常修菩薩正行。平實導師演述，共六輯，都已出版，每輯三百餘頁，售價各250元。

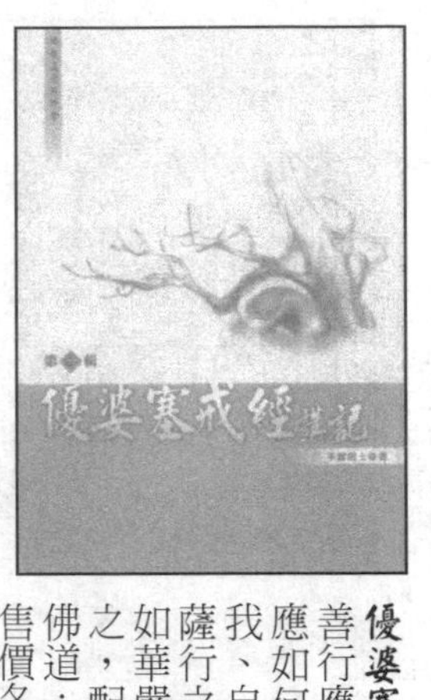

優婆塞戒經講記：本經詳述在家菩薩修學大乘佛法，應如何受持菩薩戒？對人間善行應如何看待？對三寶應如何護持？應如何正確地修集此世後世證法之福德？應如何修集後世「行菩薩道之資糧」？並詳述第一義諦之正義：五蘊非我非異我、自作自受、異作異受、不作不受……等深妙法義，乃是修學大乘佛法、行菩薩行之在家菩薩所應當了知者。出家菩薩今世或未來世登地已，捨報之後多數將如華嚴經中諸大菩薩，以在家菩薩身而修行菩薩行，故亦應以此經所述正理而修之，配合《楞伽經、解深密經、楞嚴經、華嚴經》等道次第正理，方得漸次成就佛道；故此經是一切大乘行者皆應證知之正法。平實導師講述，每輯三百餘頁，售價各250元；共八輯，已全部出版。

真假活佛—略論附佛外道盧勝彥之邪說：人人身中都有眞活佛，永生不滅而有大神用，但衆生都不了知，所以常被身外的西藏密宗假活佛籠罩欺瞞。本來就眞實存在的眞活佛，才是眞正的密宗無上密！諾那活佛因此而說禪宗是大密宗，但藏密的所有活佛都不知道、也不曾實證自身中的眞活佛。本書詳實宣示眞活佛的道理，舉證盧勝彥的「佛法」不是眞佛法，也顯示盧勝彥是假活佛，直接的闡釋第一義佛法見道的眞實正理。眞佛宗的所有上師與學人們，都應該詳細閱讀，包括盧勝彥個人在內。正犀居士著，優惠價140元。

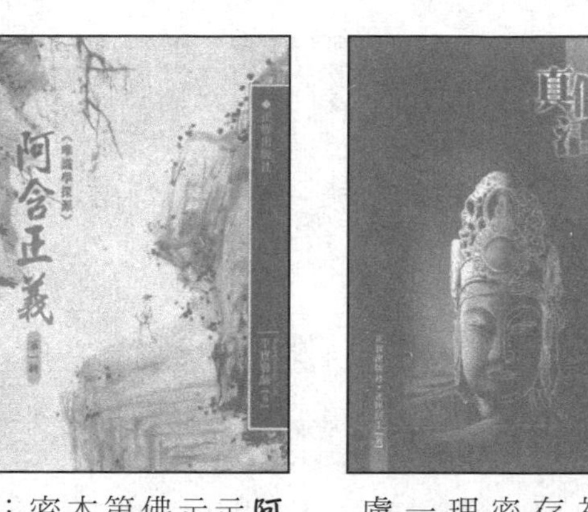

阿含正義—唯識學探源：廣說四大部《阿含經》諸經中隱說之眞正義理，一一舉示佛陀本懷，令阿含時期初轉法輪根本經典之眞義，如實顯現於佛子眼前。並提示末法大師對於阿含眞義誤解之實例，一一比對之，證實唯識增上慧學確於原始佛法之阿含諸經中已隱覆密意而略說之，證實 世尊確於原始佛法中已曾密意而說第八識如來藏之總相；亦證實 世尊在四阿含中已說此藏識是名色十八界之因、之本—證明如來藏是能生萬法之根本心。佛子可據此修正以往受諸大師（譬如西藏密宗應成派中觀師：印順、昭慧、性廣、大願、達賴、宗喀巴、寂天、月稱、……等人）誤導之邪見，建立正見，轉入正道乃至親證初果而無困難；書中並詳說三果所證的心解脫，以及四果慧解脫的親證，都是如實可行的具體知見與行門。全書共七輯，已出版完畢。平實導師著，每輯三百餘頁，售價300元。

超意境CD：以平實導師公案拈提書中超越意境之頌詞，加上曲風優美的旋律，錄成令人嚮往的超意境歌曲，其中包括正覺發願文及平實導師親自譜成的黃梅調歌曲一首。詞曲雋永，殊堪翫味，可供學禪者吟詠，有助於見道。內附設計精美的彩色小冊，解說每一首詞的背景本事。每片280元。【每購買公案拈提書籍一冊，即贈送一片。】

我的菩提路第一輯：凡夫及二乘聖人不能實證的佛菩提證悟，末法時代的今天仍然有人能得實證，由正覺同修會釋悟圓、釋善藏法師等二十餘位實證如來藏者所寫的見道報告，已爲當代學人見證宗門正法之絲縷不絕，證明大乘義學的法脈仍然存在，爲末法時代求悟般若之學人照耀出光明的坦途。由二十餘位大乘見道者所繕，敘述各種不同的學法、見道因緣與過程，參禪求悟者必讀。全書三百餘頁，售價300元。

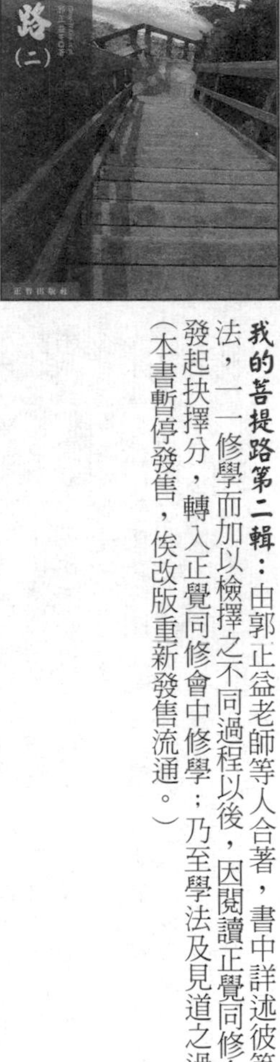

我的菩提路第二輯：由郭正益老師等人合著，書中詳述彼等諸人歷經各處道場學法，一一修學而加以檢擇之不同過程以後，因閱讀正覺同修會、正智出版社書籍而發起抉擇分，轉入正覺同修會中修學；乃至學法及見道之過程，都一一詳述之。（本書暫停發售，俟改版重新發售流通。）

我的菩提路第三輯：由王美伶老師等人合著。自從正覺同修會成立以來，每年夏初、冬初都舉辦精進禪三共修，藉以助益會中同修們得以證悟明心發起般若實相智慧；凡已實證而被平實導師印證者，皆書具見道報告用以證明佛法之眞實可證而非玄學，證明佛法並非純屬思想、理論而無實質，是故每年都能有人證明正覺同修會的「實證佛教」主張並非虛語。特別是眼見佛性一法，自古以來中國禪宗祖師實證者極寡，較之明心開悟的證境更難令人信受；至2017年初，正覺同修會中的證悟明心者已近五百人，然而其中眼見佛性者至今唯十餘人爾，可謂難能可貴，是故明心後欲冀眼見佛性者實屬不易。黃正倖老師是懸絕七年無人見性後的第一人，她於2009年的見性報告刊於本書的第二輯中，爲大眾證明佛性確實可以眼見；其後七年之中求見性者都屬解悟佛性而無人眼見，幸而又經七年後的2016冬初，以及2017夏初的禪三，復有三人眼見佛性，希冀鼓舞四眾佛子求見佛性之大心，今則具載一則於書末，顯示求見佛性之事實經歷，供養現代佛教界欲得見性之四眾弟子。全書四百頁，售價300元，已於2017年6月30日發行。

我的菩提路第四輯：由陳晏平等人著。中國禪宗祖師往往有所謂「見性」之言，所言多屬看見如來藏具有能令人發起成佛之自性，並非《大般涅槃經》中 如來所說之眼見佛性。眼見佛性者，於親見佛性之時，即能於山河大地眼見自己佛性，亦能於他人身上眼見自己佛性及對方之佛性，如是境界無法為尚未實證者解釋；勉強說之，縱使真實明心證悟之人聞之，亦只能以自身明心之境界想像之，但不論如何想像多屬非量，能有正確之比量者亦是稀有，故說眼見佛性極為困難。眼見佛性之人若所見極分明時，在所見佛性之境界下所眼見之山河大地、自己五蘊身心皆是虛幻，自有異於明心者之解脫功德受用，此後永不思證二乘涅槃，必定邁向成佛之道而進入第十住位中，已超第一阿僧祇劫三分有一，可謂之為超劫精進也。今又有明心之後眼見佛性之人出於人間，將其明心及後來見性之報告，連同其餘證悟明心者之精彩報告一同收錄於此書中，供養真求佛法實證之四眾佛子。全書380頁，售價300元，已於2018年6月30日發行。

我的菩提路第五輯：林慈慧老師等人著，本輯中所舉學人從相似正法中來到正覺同修會的過程，各人都有不同，發生的因緣亦是各有差別，然而都會指向同一個目標——證實生命實相的源底，確證自己生從何來、死往何去的事實，所以最後都證明佛法真實而可親證，絕非玄學；本書將彼等諸人的始修及末後證悟之實例，羅列出來以供學人參考。本期亦有一位會裡的老師，是從1995年即開始追隨 平實導師修學，1997年明心後持續進修不斷，直到2017年眼見佛性之實例，足可證明《大般涅槃經》中世尊開示眼見佛性之法正真無訛，第十住位的實證在末法時代的今天仍有可能，如今一併具載於書中以供學人參考，並供養現代佛教界欲得見性之四眾弟子。全書四百頁，售價300元，已於2019年12月31日發行。

我的菩提路第六輯：劉正莉老師等人著。書中詳敘學佛路程之辛苦萬端，直至得遇正法之後如何修行終能實證，現觀真如而入勝義菩薩僧數。本輯亦錄入一位1990年明心後追隨平實導師學法弘法的老師，不數年後又再眼見佛性的實證者，文中詳述見性之過程，欲令學人深信眼見佛性其實不難，冀得奮力向前而得實證。然古來能得明心又得見性之祖師極寡，禪師們所謂見性者往往屬於明心時親見第八識如來藏具備能使人成佛之自性，即名見性，例如六祖等人，是明心時看見了如來藏具有能使人成佛的自性，當作見性，其實只是明心而階真見道位，尚非眼見佛性。但非《大般涅槃經》中所說之「眼見佛性」之實證。今本書提供十幾篇明心見道報告及眼見佛性者的見性報告一篇，以饗讀者，已於2020年6月30日出版。全書384頁，300元。

鈍鳥與靈龜：鈍鳥及靈龜二物，被宗門證悟者說爲二種人：前者是精修禪定而無智慧者，也是以定爲禪的愚癡禪人；後者是或有禪定、或無禪定的宗門證悟者，凡已證悟者皆是靈龜。但後者被人虛造事實，用以嘲笑大慧宗杲禪師，說他雖是靈龜，卻不免被天童禪師預記「患背」痛苦而亡：「鈍鳥離巢易，靈龜脫殼難。」藉以貶低大慧宗杲的證量。同時將天童禪師實證如來藏的證量，曲解爲意識境界的離念靈知。自從大慧禪師入滅以後，錯悟凡夫對他的不實毀謗就一直存在著，不曾止息，並且捏造的假事實也隨著年月的增加而越來越多，終至編成「鈍鳥與靈龜」的假公案、假故事。本書是考證大慧與天童之間的不朽情誼，顯現這件假公案的虛妄不實；更見大慧宗杲面對惡勢力時的正直不阿，亦顯示大慧對天童禪師的至情深義，將使後人對大慧宗杲的誣謗至此而止，不再有人誤犯毀謗賢聖的惡業。書中亦舉證宗門的所悟確以第八識如來藏爲標的，詳讀之後必可改正以前被錯悟大師誤導的參禪知見，日後必定有助於實證禪宗的開悟境界，得階大乘眞見道位中，即是實證般若之賢聖。全書459頁，售價350元。

維摩詰經講記：本經係　世尊在世時，由等覺菩薩維摩詰居士藉疾病而演說之大乘菩提無上妙義，所說函蓋甚廣，然極簡略，是故今時諸方大師與學人讀之悉皆錯解，何況能知其中隱含之深妙正義，是故普遍無法爲人解說；若強爲人說，則成依文解義而有諸多過失。今由平實導師公開宣講之後，詳實解釋其中密意，令維摩詰菩薩所說大乘不可思議解脫之深妙正法得以正確宣流於人間，利益當代學人及與諸方大師。書中詳實演述大乘佛法深妙不共二乘之智慧境界，顯示諸法之中絕待之實相境界，建立大乘菩薩妙道於永遠不敗不壞之地，以此成就護法偉功，欲冀永利娑婆人天。已經宣講圓滿整理成書流通，以利諸方大師及諸學人。全書共六輯，每輯三百餘頁，售價各250元。

真假外道：本書具體舉證佛門中的常見外道知見實例，並加以教證及理證上的辨正，幫助讀者輕鬆而快速的了知常見外道的錯誤知見，進而遠離佛門內外的常見外道知見，因此即能改正修學方向而快速實證佛法。游正光老師著　。成本價200元。

勝鬘經講記：如來藏爲三乘菩提之所依，若離如來藏心體及其含藏之一切種子，即無三界有情及一切世間法，亦無二乘菩提緣起性空之出世間法；本經詳說無始無明、一念無明皆依如來藏而有之正理，藉著詳解煩惱障與所知障間之關係，令學人深入了知二乘菩提與佛菩提相異之妙理；聞後即可了知佛菩提之特勝處及三乘修道之方向與原理，邁向攝受正法而速成佛道的境界中。平實導師講述，共六輯，每輯三百餘頁，售價各250元。

楞嚴經講記：楞嚴經係密教部之重要經典，亦是顯教中普受重視之經典；經中宣說明心與見性之內涵極爲詳細，將一切法都會歸如來藏及佛性－妙眞如性；亦闡釋佛菩提道修學過程中之種種魔境，以及外道誤會涅槃之狀況，旁及三界世間之起源。然因言句深澀難解，法義亦復深妙寬廣，學人讀之普難通達，是故讀者大多誤會，不能如實理解佛所說之明心與見性內涵，亦因是故多有悟錯之人引爲開悟之證言，成就大妄語罪。今由平實導師詳細講解之後，整理成文，以易讀易懂之語體文刊行天下，以利學人。全書十五輯，全部出版完畢。每輯三百餘頁，售價每輯300元。

明心與眼見佛性：本書細述明心與眼見佛性之異同，同時顯示了中國禪宗破初參明心與重關眼見佛性二關之間的關聯；書中又藉法義辨正而旁述其他許多勝妙法義，讀後必能遠離佛門長久以來積非成是的錯誤知見，令讀者在佛法的實證上有極大助益。也藉慧廣法師的謬論來教導佛門學人回歸正知正見，遠離古今禪門錯悟者所墮的意識境界，非唯有助於斷我見，也對未來的開悟明心實證第八識如來藏有所助益，是故學禪者都應細讀之。游正光老師著　共448頁　售價300元。

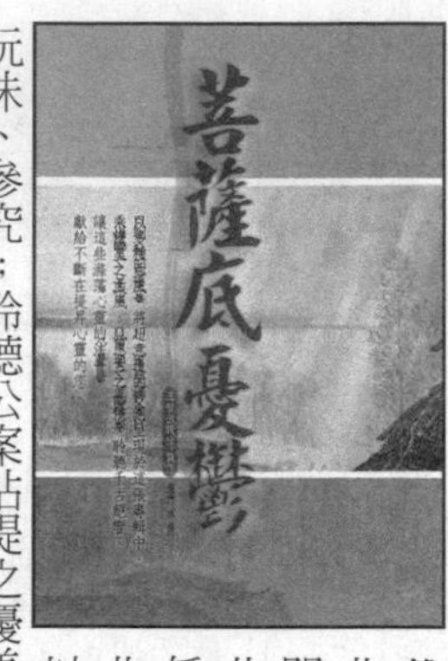

菩薩底憂鬱CD：將菩薩情懷及禪宗公案寫成新詞，並製作成超越意境的優美歌曲。1.主題曲〈菩薩底憂鬱〉，描述地後菩薩能離三界生死而迴向繼續生在人間，但因尚未斷盡習氣種子而有極深沈之憂鬱，非三賢位菩薩及二乘聖者所知，此憂鬱在七地滿心位方才斷盡；本曲之詞中所說義理極深，昔來所未曾見；此曲係以優美的情歌風格寫詞及作曲，聞者得以激發嚮往諸地菩薩境界之大心，詞、曲都非常優美，難得一見；其中勝妙義理之解說，已印在附贈之彩色小冊中。2.以各輯公案拈提中直示禪門入處之頌文，作成各種不同曲風之超意境歌曲，值得玩味、參究；聆聽公案拈提之優美歌曲時，請同時閱讀內附之印刷精美說明小冊，可以領會超越三界的證悟境界；未悟者可以因此引發求悟之意向及疑情，眞發菩提心而邁向求悟之途，乃至因此眞實悟入般若，成眞菩薩。3.正覺總持咒新曲，總持佛法大意；總持咒之義理，已加以解說並印在隨附之小冊中。本CD共有十首歌曲，長達63分鐘，附贈二張購書優惠券。每片280元。

禪意無限CD：平實導師以公案拈提書中偈頌寫成不同風格曲子，與他人所寫不同風格曲子共同錄製出版，幫助參禪人進入禪門超越意識之境界。盒中附贈彩色印製的精美解說小冊，以供聆聽時閱讀，令參禪人得以發起參禪之疑情，即有機會證悟本來面目，實證大乘菩提般若。本CD共有十首歌曲，長達69分鐘，每盒各附贈二張購書優惠券。每片280元。

金剛經宗通：三界唯心，萬法唯識，是成佛之修證內容，是諸地菩薩之所修；般若則是成佛之道（實證三界唯心、萬法唯識）的入門，若未證悟實相般若，即無成佛之可能，必將永在外門廣行菩薩六度，永在凡夫位中。然而實相般若的發起，全賴實證萬法的實相；若欲證知萬法的眞相，則必須探究萬法之所從來，則須實證自心如來—金剛心如來藏，然後現觀這個金剛心的金剛性、眞實性、如如性、清淨性、涅槃性、能生萬法的自性性、本住性，名爲證眞如；進而現觀三界六道唯是此金剛心所成，人間萬法須藉八識心王和合運作方能現起。如是實證

《華嚴經》的「三界唯心、萬法唯識」以後，由此等現觀而發起實相般若智慧，繼續進修第十住位的如幻觀、第十行位的陽焰觀、第十迴向位的如夢觀，再生起增上意樂而勇發十無盡願，方能滿足三賢位的實證，轉入初地；自知成佛之道而無偏倚，從此按部就班、次第進修乃至成佛。第八識自心如來是般若智慧之所依，般若智慧的修證則要從實證金剛心自心如來開始；《金剛經》則是解說自心如來之經典，是一切三賢位菩薩所應進修之實相般若經典。這一套書，是將平實導師宣講的《金剛經宗通》內容，整理成文字而流通之；書中所說義理，迥異古今諸家依文解義之說，指出大乘見道方向與理路，有益於禪宗學人求開悟見道，及轉入內門廣修六度萬行。已於2013年9月出版完畢，總共9輯，每輯約三百餘頁，售價各250元。

空行母—性別、身分定位，以及藏傳佛教：本書作者為蘇格蘭哲學家，因為嚮往佛教深妙的哲學內涵，於是進入當年盛行於歐美的假藏傳佛教密宗，擔任卡盧仁波切的翻譯工作多年以後，被邀請成為卡盧的空行母（又名佛母、明妃），開始了她在密宗裡的實修過程；後來發覺在密宗雙身法中的修行，其實無法使自己成佛，也發覺密宗對女性岐視而處處貶抑，並剝奪女性在雙身法中擔任一半角色時應有的身分定位。當她發覺自己只是雙身法中被喇嘛利用的工具，沒有獲得絲毫應有的尊重與基本定位時，發現了密宗的父權社會控制女性的本質；於是作者傷心地離開了卡盧仁波切與密宗，但是卻被恐嚇不許講出她在密宗裡的經歷，也不許她說出自己對密宗的教義與教制下對女性剝削的本質，否則將被咒殺死亡。後來她去加拿大定居，十餘年後方才擺脫這個恐嚇陰影，下定決心將親身經歷的實情及觀察到的事實寫下來並且出版，公諸於世。出版之後，她被流亡的達賴集團人士大力攻訐，誣指她為精神狀態失常、說謊……等。但有智之士並未被達賴集團的政治操作及各國政府政治運作吹捧達賴的表相所欺，使她的書銷售無阻而又再版。正智出版社鑑於作者此書是親身經歷的事實，所說具有針對「藏傳佛教」而作學術研究的價值，也有使人認清假藏傳佛教剝削佛母、明妃的男性本位實質，因此洽請作者同意中譯而出版於華人地區。珍妮·坎貝爾女士著，呂艾倫 中譯，每冊250元。

霧峰無霧—給哥哥的信　本書作者藉兄弟之間信件往來論義，略述佛法大義；並以多篇短文辨義，舉出釋印順對佛法的無量誤解證據，並一一給予簡單而清晰的辨正，令人一讀即知。久讀、多讀之後即能認清楚釋印順的六識論見解，與眞實佛法之牴觸是多麼嚴重；於是在久讀、多讀之後，於不知不覺之間提升了對佛法的極深入理解，正知正見就在不知不覺間建立起來了。當三乘佛法的正知見建立起來之後，對於三乘菩提的見道條件便將隨之具足，於是聲聞解脫道的見道也就水到渠成；接著大乘見道的因緣也將次第成熟，未來自然也會有親見大乘菩提之道的因緣，悟入大乘實相般若也將自然成功，自能通達般若系列諸經而成實義菩薩。作者居住於南投縣霧峰鄉，自喻見道之後不復再見霧峰之霧，故鄉原野美景一一明見，於是立此書名爲《霧峰無霧》；讀者若欲撥霧見月，可以此書爲緣。游宗明　老師著　已於2015年出版　售價250元。

霧峰無霧—第二輯—救護佛子向正道　本書作者藉釋印順著作中之各種錯謬法義提出辨正，以詳實的文義一一提出理論上及實證上之解析，列舉釋印順對佛法的無量誤解證據，藉此教導佛門大師與學人釐清佛法義理，遠離岐途轉入正道，然後知所進修，久之便能見道明心而入大乘勝義僧數。被釋印順誤導的大師與學人極多，很難救轉，是故作者大發悲心深入解說其錯謬之所在，佐以各種義理辨正而令讀者在不知不覺之間轉歸正道。如是久讀之後欲得斷身見、證初果，即不爲難事；乃至久之亦得大乘見道而得證眞如，脫離空有二邊而住中道，實相般若智慧生起，於佛法不再茫然，漸漸亦知悟後進修之道。屆此之時，對於大乘般若等深妙法之迷雲暗霧亦將一掃而空，生命及宇宙萬物之故鄉原野美景一一明見，是故本書仍名《霧峰無霧》，爲第二輯；讀者若欲撥雲見日、離霧見月，可以此書爲緣。游宗明　老師著　已於2019年出版　售價250元。

假藏傳佛教的神話—性、謊言、喇嘛教：本書編著者是由一首名爲「阿姊鼓」的歌曲爲緣起，展開了序幕，揭開假藏傳佛教—喇嘛教—的神秘面紗。其重點是蒐集、摘錄網路上質疑「喇嘛教」的帖子，以揭穿「假藏傳佛教的神話」爲主題，串聯成書，並附加彩色插圖以及說明，讓讀者們瞭解西藏密宗及相關人事如何被操作爲「神話」的過程，以及神話背後的眞相。作者：張正玄教授。售價200元。

達賴真面目—玩盡天下女人：假使您不想戴綠帽子，請記得詳細閱讀此書；假使您不想讓好朋友戴綠帽子，請您將此書介紹給您的好朋友。假使您想保護家中的女性，也想要保護好朋友的女眷，請記得將此書送給家中的女性和好友的女眷都來閱讀。本書爲印刷精美的大本彩色中英對照精裝本，爲您揭開達賴喇嘛的眞面目，內容精彩不容錯過，爲利益社會大衆，特別以優惠價格嘉惠所有讀者。編著者：白志偉等。大開版雪銅紙彩色精裝本。售價800元。

童女迦葉考—論呂凱文〈佛教輪迴思想的論述分析〉之謬：童女迦葉是佛世率領五百大比丘遊行於人間的歷史事實，是以童貞行而依止菩薩戒弘化於人間的大菩薩，不依別解脫戒（聲聞戒）來弘化於人間。這是大乘佛教與聲聞佛教同時存在於佛世的歷史明證，證明大乘佛教不是從聲聞法中分裂出來的部派佛教的產物，卻是聲聞佛教分裂出來的部派佛教聲聞凡夫僧所不樂見的史實；於是古今聲聞法中的凡夫都欲加以扭曲而作詭說，更是末法時代高聲大呼「大乘非佛說」的六識論聲聞凡夫極力想要扭曲的佛教史實之一，於是想方設法扭曲迦葉菩薩爲聲聞僧，以及扭曲迦葉童女爲比丘僧等荒謬不實之論著便陸續出現，古時聲聞僧寫作的《分別功德論》是最具體之事例，現代之代表作則是呂凱文先生的〈佛教輪迴思想的論述分析〉論文。鑑於如是假藉學術考證以籠罩大衆之不實謬論，未來仍將繼續造作及流竄於佛教界，繼續扼殺大乘佛教學人法身慧命，必須舉證辨正之，遂成此書。平實導師 著，每冊180元。

末代達賴—性交教主的悲歌：簡介從藏傳僞佛教（喇嘛教）的修行核心—性力派男女雙修，探討達賴喇嘛及藏傳僞佛教的修行內涵。書中引用外國知名學者著作、世界各地新聞報導，包含：歷代達賴喇嘛的祕史、達賴六世修雙身法的事蹟，以及《時輪續》中的性交灌頂儀式……等；達賴喇嘛書中開示的雙修法、達賴喇嘛的黑暗政治手段；達賴喇嘛所領導的寺院爆發喇嘛性侵兒童；新聞報導《西藏生死書》作者索甲仁波切性侵女信徒、澳洲喇嘛秋達公開道歉、美國最大假藏傳佛教組織領導人邱陽創巴仁波切的性氾濫，等等事件背後眞相的揭露。作者：張善思、呂艾倫、辛燕。售價250元。

黯淡的達賴—失去光彩的諾貝爾和平獎：本書舉出很多證據與論述，詳述達賴喇嘛不爲世人所知的一面，顯示達賴喇嘛並不是眞正的和平使者，而是假借諾貝爾和平獎的光環來欺騙世人；透過本書的說明與舉證，讀者可以更清楚的瞭解，達賴喇嘛是結合暴力、黑暗、淫欲於喇嘛教裡的集團首領，其政治行爲與宗教主張，早已讓諾貝爾和平獎的光環染污了。　本書由財團法人正覺教育基金會寫作、編輯，由正覺出版社印行，每冊250元。

第七意識與第八意識？—穿越時空「超意識」：「三界唯心，萬法唯識」是佛教中應該實證的聖教，也是《華嚴經》中明載而可以實證的法界實相。唯心者，三界一切境界、一切諸法唯是一心所成就，即是每一個有情的第八識如來藏，不是意識心。唯識者，即是人類各各都具足的八識心王——眼識、耳鼻舌身意識、意根、阿賴耶識，第八阿賴耶識又名如來藏，人類五陰相應的萬法，莫不由八識心王共同運作而成就，故說萬法唯識。依聖教量及現量、比量，都可以證明意識是二法因緣生，是由第八識藉意根與法塵二法爲因緣而出生，又是夜夜斷滅不存之生滅心，即無可能反過來出生第七識意根，第八識如來藏，當知不可能從生滅性的意識心中，細分出恆審思量的第七識意根，更無可能細分出恆而不審的第八識如來藏。本書是將演講內容整理成文字，細說如是內容，並已在《正覺電子報》連載完畢，今彙集成書以廣流通，欲幫助佛門有緣人斷除意識我見，跳脫於識陰之外而取證聲聞初果；嗣後修學禪宗時即得不墮外道神我之中，得以求證第八識金剛心而發起般若實智。平實導師 述，每冊300元。

中觀金鑑—詳述應成派中觀的起源與其破法本質：學佛人往往迷於中觀學派之不同學說，被應成派與自續派所迷惑；修學般若中觀二十年後自以爲實證般若中觀了，卻仍不曾入門，甫聞實證般若中觀者之所說，則茫無所知，迷惑不解；隨後信心盡失，不知如何實證佛法；凡此，皆因惑於這二派中觀學說所致。自續派中觀所說同於常見，以意識境界立爲第八識如來藏之境界，應成派所說則同於斷見，但又同立意識爲常住法，故亦具足斷常二見。今者孫正德老師有鑑於此，乃將起源於密宗的應成派中觀學說，追本溯源，詳考其來源之外，亦一一舉證其立論內容，詳加辨正，令密宗雙身法祖師以識陰境界而造之應成派中觀學說本質，詳細呈現於學人眼前，令其維護雙身法之目的無所遁形。若欲遠離密宗此二大派中觀謬說，欲於三乘菩提有所進道者，允宜具足閱讀並細加思惟，反覆讀之以後將可捨棄邪道返歸正道，則於般若之實證即有可能，證後自能現觀如來藏之中道境界而成就中觀。本書分上、中、下三冊，每冊250元，全部出版完畢。

人間佛教—實證者必定不悖三乘菩提：「大乘非佛說」的講法似乎流傳已久，卻只是日本人企圖擺脫中國正統佛教的影響，而在明治維新時期才開始提出來的說法；台灣佛教、大陸佛教的淺學無智之人，由於未曾實證佛法而迷信日本人錯誤的學術考證，錯認爲這些別有用心的日本佛學考證的講法爲天竺佛教的眞實歷史；甚至還有更激進的反對佛教者提出「釋迦牟尼佛並非眞實存在，只是後人捏造的假歷史人物」，竟然也有少數人願意跟著「學術」的假光環而信受不疑，於是開始有一些佛教界人士造作了反對中國佛教而推崇南洋小乘佛教的行爲，使佛教的信仰者難以檢擇，導致一般大陸人士開始轉入基督教的盲目迷信中。在這些佛教及外教人士之中，也就有一分人根據此邪說而大聲主張「大乘非佛說」的謬論，這些人以「人間佛教」的名義來抵制中國正統佛教，公然宣稱中國的大乘佛教是由聲聞部派佛教的凡夫僧所創造出來的。這樣的說法流傳於台灣及大陸佛教界凡夫僧之中已久，卻非眞正的佛教歷史中曾經發生過的事，只是繼承六識論的聲聞法中凡夫僧依自己的意識境界立場，純憑臆想而編造出來的妄想說法，卻已經影響許多無智之凡夫僧俗信受不移。本書則是從佛教的經藏法義實質及實證的現量內涵本質立論，證明大乘佛法本是佛說，是從《阿含正義》尚未說過的不同面向來討論「人間佛教」的議題，證明「大乘眞佛說」。閱讀本書可以斷除六識論邪見，迴入三乘菩提正道發起實證的因緣；也能斷除禪宗學人學禪時普遍存在之錯誤知見，對於建立參禪時的正知見有很深的著墨。　平實導師　述，內文488頁，全書528頁，定價400元。

喇嘛性世界—揭開假藏傳佛教譚崔瑜伽的面紗：這個世界中的喇嘛，號稱來自世外桃源的香格里拉，穿著或紅或黃的喇嘛長袍，散布於我們的身邊傳教灌頂，吸引了無數的人嚮往學習；這些喇嘛虔誠地爲大衆祈福，手中拿著寶杵（金剛）與寶鈴（蓮花），口中唸著咒語：「唵．嘛呢．叭咪．吽……」，咒語的意思是說：「我至誠歸命金剛杵上的寶珠伸向蓮花寶穴之中」！「喇嘛性世界」是什麼樣的「世界」呢？本書將爲您呈現喇嘛世界的面貌。當您發現眞相以後，您將會唸：「噢！喇嘛．性．世界，譚崔性交嘛！」作者：張善思、呂艾倫。售價200元。

見性與看話頭：黃正倖老師的《見性與看話頭》於《正覺電子報》連載完畢，今結集出版。書中詳說禪宗看話頭的詳細方法，並細說看話頭與眼見佛性的關係，以及眼見佛性者求見佛性前必須具備的條件。本書是禪宗實修者追求明心開悟時參禪的方法書，也是求見佛性者作功夫時必讀的方法書，內容兼顧眼見佛性的理論與實修之方法，是依實修之體驗配合理論而詳述，條理分明而且極爲詳實、周全、深入。本書內文375頁，全書416頁，售價300元。

實相經宗通：學佛之目的在於實證一切法界背後之實相，禪宗稱之爲本來面目或本地風光，佛菩提道中稱之爲實相法界；此實相法界即是金剛藏，又名佛法之祕密藏，即是能生有情五陰、十八界及宇宙萬有（山河大地、諸天、三惡道世間）的第八識如來藏，又名阿賴耶識心，即是禪宗祖師所說的眞如心，此心即是三界萬有背後的實相。證得此第八識心時，自能瞭解般若諸經中隱說的種種密意，即得發起實相般若—實相智慧。每見學佛人修學佛法二十年後仍對實相般若茫然無知，亦不知如何入門，茫無所趣；更因不知三乘菩提的互異互同，是故越是久學者對佛法越覺茫然，都肇因於尚未瞭解佛法的全貌，亦未瞭解佛法的修證內容即是第八識心所致。本書對於修學佛法者所應實證的實相境界提出明確解析，並提示趣入佛菩提道的入手處，有心親證實相般若的佛法實修者，宜詳讀之，於佛菩提道之實證即有下手處。平實導師述著，共八輯，已於2016年出版完畢，每輯成本價250元。

真心告訴您(一)——**達賴喇嘛在幹什麼？**這是一本報導篇章的選集，更是「破邪顯正」的暮鼓晨鐘。「破邪」是戳破假象，說明達賴喇嘛及其所率領的密宗四大派法王、喇嘛們，弘傳的佛法是仿冒的佛法；他們是假藏傳佛教，是坦特羅(譚崔性交)外道法和藏地崇奉鬼神的苯教混合成的「喇嘛教」，推廣的是以所謂「無上瑜伽」的男女雙身法冒充佛法的假佛教，詐財騙色誤導眾生，常常造成信徒家庭破碎、家中兒少失怙的嚴重後果。「顯正」是揭櫫眞相，指出眞正的藏傳佛教只有一個，就是覺囊巴，傳的是 釋迦牟尼佛演繹的第八識如來藏妙法，稱爲他空見大中觀。正覺教育基金會即以此古今輝映的如來藏正法正知見，在眞心新聞網中逐次報導出來，將箇中原委「眞心告訴您」，如今結集成書，與想要知道密宗眞相的您分享。售價250元。

法華經講義：此書爲平實導師始從2009/7/21演述至2014/1/14之講經錄音整理所成。世尊一代時教，總分五時三教，即是華嚴時、聲聞緣覺教、般若教、種智唯識教、法華時；依此五時三教區分爲藏、通、別、圓四教。本經是最後一時的圓教經典，圓滿收攝一切法教於本經中，是故最後的圓教聖訓中，特地指出無有二乘菩提，其實唯有一佛乘；皆因眾生愚迷故，方便區分爲三乘菩提以助眾生證道。世尊於此經中特地說明如來示現於人間的唯一大事因緣，便是爲有緣眾生「開、示、悟、入」諸佛的所知所見——第八識如來藏妙眞如心，並於諸品中隱說「妙法蓮花」如來藏心的密意。然因此經所說甚深難解，眞義隱晦，古來難得有人能窺堂奧；平實導師以知如是密意故，特爲末法佛門四眾演述《妙法蓮華經》中各品蘊含之密意，使古來未曾被古德註解出來的「此經」密意，如實顯示於當代學人眼前。乃至〈藥王菩薩本事品〉、〈妙音菩薩品〉、〈觀世音菩薩普門品〉、〈普賢菩薩勸發品〉中的微細密意，亦皆一併詳述之，開前人所未曾言之密意，示前人所未見之妙法。最後乃至以〈法華大義〉而總其成，全經妙旨貫通始終，而依佛旨圓攝於一心如來藏妙心，厥爲曠古未有之大說也。平實導師述，共有25輯，已於2019/05/31出版完畢。每輯300元。

西藏「活佛轉世」制度—附佛、造神、世俗法：歷來關於喇嘛教活佛轉世的研究，多針對歷史及文化兩部分，於其所以成立的理論基礎，較少系統化的探討。尤其是此制度是否依據「佛法」而施設？是否合乎佛法眞實義？現有的文獻大多含糊其詞，或人云亦云，不曾有明確的闡釋與如實的見解。因此本文先從活佛轉世的由來，探索此制度的起源、背景與功能，並進而從活佛的尋訪與認證之過程，發掘活佛轉世的特徵，以確認「活佛轉世」在佛法中應具足何種果德。定價150元。

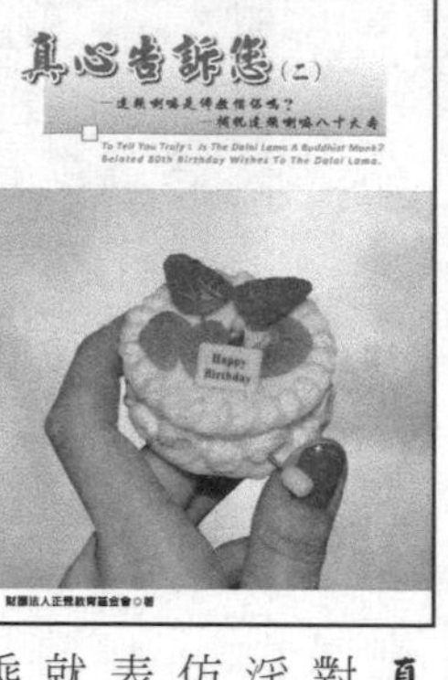

真心告訴您(二)—達賴喇嘛是佛教僧侶嗎？補祝達賴喇嘛八十大壽：這是一本針對當今達賴喇嘛所領導的喇嘛教，冒用佛教名相、於師徒間或師兄姊間，實修男女邪淫，而從佛法三乘菩提的現量與聖教量，揭發其謊言與邪術，證明達賴及其喇嘛教是仿冒佛教的外道，是「假藏傳佛教」。藏密四大派教義雖有「八識論」與「六識論」的表面差異，然其實修之內容，皆共許「無上瑜伽」四部灌頂爲究竟「成佛」之法門，也就是共以男女雙修之邪淫法爲「即身成佛」之密要，雖美其名曰「欲貪爲道」之「金剛乘」，並誇稱其成就超越於（應身佛）釋迦牟尼佛所傳之顯教般若乘之上；然詳考其理論，則或以意識離念時之粗細心爲第八識如來藏，或以中脈裡的明點爲第八識如來藏，或如宗喀巴與達賴堅決主張第六意識爲常恆不變之眞心者，分別墮於外道之常見與斷見中；全然違背 佛說能生五蘊之如來藏的實質。售價300元。

涅槃—解說四種涅槃之實證及內涵：眞正學佛之人，首要即是見道，由見道故方有涅槃之實證，證涅槃者方能出生死，但涅槃有四種：二乘聖者的有餘涅槃、無餘涅槃，以及大乘聖者的本來自性清淨涅槃、佛地的無住處涅槃。大乘聖者實證本來自性清淨涅槃，入地前再取證二乘涅槃，然後起惑潤生捨離二乘涅槃，繼續進修而在七地心前斷盡三界愛之習氣種子，依七地無生法忍之具足而證得念念入滅盡定；八地後進斷異熟生死，直至妙覺地下生人間成佛，具足四種涅槃，方是眞正成佛。此理古來少人言，以致誤會涅槃正理者比比皆是，今於此書中廣說四種涅槃、如何實證之理、實證前應有之條件，實屬本世紀佛教界極重要之著作，令人對涅槃有正確無訛之認識，然後可以依之實行而得實證。本書共有上下二冊，每冊各四百餘頁，對涅槃詳加解說，每冊各350元。

佛藏經講義：本經說明爲何佛菩提難以實證之原因，都因往昔無數阿僧祇劫前的邪見，引生此世求證時之業障而難以實證。即以諸法實相詳細解說，繼之以念佛品、念法品、念僧品，說明諸佛與法之實質；然後以淨戒品之說明，期待佛弟子四衆堅持清淨戒而轉化心性，並以往古品的實例說明，教導四衆務必滅除邪見轉入正見中，然後以了戒品的說明和囑累品的付囑，期望末法時代的佛門四衆弟子皆能清淨知見而得以實證。平實導師於此經中有極深入的解說，總共21輯，每輯300元，於2019/07/31開始發行。

修習止觀坐禪法要講記：修學四禪八定之人，往往錯會禪定之修學知見，欲以無止盡之坐禪而證禪定境界，卻不知修除性障之行門才是修證四禪八定不可或缺之要素，故智者大師云「性障初禪」；性障不除，初禪永不現前，云何修證二禪等？又：行者學定，若唯知數息，而不解六妙門之方便善巧者，欲求一心入定，未到地定極難可得，智者大師名之爲「事障未來」：障礙未到地定之修證。又禪定之修證，不可違背二乘菩提及第一義法，否則縱使具足四禪八定，亦不能實證涅槃而出三界。此諸知見，智者大師於《修習止觀坐禪法要》中皆有闡釋。作者平實導師以其第一義之見地及禪定之實證證量，曾加以詳細解析。將俟正覺寺竣工啓用後重講，不限制聽講者資格；講後將以語體文整理出版。欲修習世間定及增上定之學者，宜細讀之。平實導師述著。

解深密經講記：本經係 世尊晚年第三轉法輪，宣說地上菩薩所應熏修之唯識正義經典，經中所說義理乃是大乘一切種智增上慧學，以阿陀那識—如來藏—阿賴耶識爲主體。禪宗之證悟者，若欲修證初地無生法忍乃至八地無生法忍者，必須修學《楞伽經、解深密經》所說之八識心王一切種智；此二經所說正法，方是眞正成佛之道；印順法師否定第八識如來藏之後所說萬法緣起性空之法，是以誤會後之二乘解脫道取代大乘眞正成佛之道，尚且不符二乘解脫道正理，亦已墮於斷滅見中，不可謂爲成佛之道也。平實導師曾於本會郭故理事長往生時，於喪宅中從首七開始宣講，於每一七各宣講三小時，至第十七而快速略講圓滿，作爲郭老之往生佛事功德，迴向郭老早證八地、速返娑婆住持正法。茲爲今時後世學人故，將擇期重講《解深密經》，以淺顯之語句講畢後，將會整理成文，用供證悟者進道；亦令諸方未悟者，據此經中佛語正義，修正邪見，依之速能入道。平實導師述著，全書輯數未定，每輯三百餘頁，將於未來重講完畢後逐輯出版。

阿含經講記—小乘解脫道之修證：數百年來，南傳佛法所說證果之不實，所說解脫道之虛妄，所弘解脫道法義之世俗化，皆已少人知之；從南洋傳入台灣與大陸之後，所說法義虛謬之事，亦復少人知之；今時台灣全島印順系統之法師居士，多不知南傳佛法數百年來所說解脫道之義理已然偏斜、已然世俗化、已非眞正之二乘解脫正道，猶極力推崇與弘揚。彼等南傳佛法近代所謂之證果者皆非眞實證果者，譬如阿迦曼、葛印卡、帕奧禪師、一行禪師……等人，悉皆未斷我見故。近年更有台灣南部大願法師，高抬南傳佛法之二乘修證行門爲「捷徑究竟解脫之道」者，然而南傳佛法縱使眞修實證，得成阿羅漢，至高唯是二乘菩提解脫之道，絕非究竟解脫，無餘涅槃中之實際尚未得證故，法界之實相尚未了知故，習氣種子待除故，一切種智未實證故，焉得謂爲「究竟解脫」？即使南傳佛法近代眞有實證之阿羅漢，尚且不及三賢位中之七住明心菩薩本來自性清淨涅槃智慧境界，則不能知此賢位菩薩所證之無餘涅槃實際，仍非大乘佛法中之見道者，何況普未實證聲聞果乃至未斷我見之人？謬充證果已屬逾越，更何況是誤會二乘菩提之後，以未斷我見之凡夫知見所說之二乘菩提解脫偏斜法道，焉可高抬爲「究竟解脫」？而且自稱「捷徑之道」？又妄言解脫之道即是成佛之道，完全否定般若實智、否定三乘菩提所依之如來藏心體，此理大大不通也！平實導師爲令修學二乘菩提欲證解脫果者，普得迴入二乘菩提正見、正道中，是故選錄四阿含諸經中，對於二乘解脫道法義有具足圓滿說明之經典，預定未來十年內將會加以詳細講解，令學佛人得以了知二乘解脫道之修證理路與行門，庶免被人誤導之後，未證言證，梵行未立，干犯道禁自稱阿羅漢或成佛，成大妄語，欲升反墮。本書首重斷除我見，以助行者斷除我見而實證初果爲著眼之目標，若能根據此書內容，配合平實導師所著《識蘊眞義》《阿含正義》內涵而作實地觀行，實證初果非爲難事，行者可以藉此三書自行確認聲聞初果爲實際可得現觀成就之事。此書中除依二乘經典所說加以宣示外，亦依斷除我見等之證量，及大乘法中道種智之證量，對於意識心之體性加以細述，令諸二乘學人必定得斷我見、常見，免除三縛結之繫縛。次則宣示斷除我執之理，欲令升進而得薄貪瞋痴，乃至斷五下分結…等。平實導師將擇期講述，然後整理成書。共二冊，每冊三百餘頁。每輯300元。

總經銷： 聯合發行股份有限公司

231 新北市新店區寶橋路 235 巷 6 弄 6 號 4F

Tel.02－2917-8022（代表號） Fax.02－2915-6275（代表號）

零售：1.**全台連鎖經銷書局：**

三民書局、誠品書局、何嘉仁書店

敦煌書店、紀伊國屋、金石堂書局、建宏書局

諾貝爾圖書城、墊腳石圖書文化廣場

2.**台北市：**佛化人生 **大安區**羅斯福路 3 段 325 號 6 樓之 4　台電大樓對面

3.**新北市：**春大地書店 **蘆洲區**中正路 117 號

4.**桃園市：**御書堂 **龍潭區**中正路 123 號

5.**新竹市：**大學書局 **東區**建功路 10 號

6.**台中市：**瑞成書局 **東區**雙十路 1 段 4 之 33 號

佛教詠春書局 **南屯區**永春東路 884 號

文春書店 **霧峰區**中正路 1087 號

7.**彰化市：**心泉佛教文化中心 南瑤路 286 號

8.**高雄市：**政大書城 **前鎮區**中華五路 789 號 2 樓（高雄夢時代店）

明儀書局 **三民區**明福街 2 號

青年書局 **苓雅區**青年一路 141 號

9.**台東市：**東普佛教文物流通處 博愛路 282 號

10.**其餘鄉鎮市經銷書局：**請電詢總經銷**聯合**公司。

11.**大陸地區請洽：**

香港：樂文書店

旺角店 :香港九龍旺角西洋菜街 62 號 3 樓

電話 : (852) 2390 3723　email: luckwinbooks@gmail.com

銅鑼灣店 :香港銅鑼灣駱克道 506 號 2 樓

電話 : (852) 2881 1150　email: luckwinbs@gmail.com

廈門：廈門外圖臺灣書店有限公司

地址：廈門市思明區湖濱南路809 號 廈門外圖書城3 樓 郵編：361004

電話：0592-5061658（臺灣地區請撥打 86-592-5061658）

E-mail：JKB118＠188.COM

12.**美國：世界日報圖書部：**紐約圖書部　電話 7187468889#6262

洛杉磯圖書部　電話 3232616972#202

13.**國內外地區網路購書：**

正智出版社 書香園地　http://books.enlighten.org.tw/

（書籍簡介、經銷書局可直接聯結下列網路書局購書）

三民 網路書局　http://www.sanmin.com.tw

誠品 網路書局　http://www.eslitebooks.com

博客來 網路書局　http://www.books.com.tw

金石堂 網路書局　http://www.kingstone.com.tw

聯合 網路書局　http:// www.nh.com.tw

附註：1.請儘量向各經銷書局購買：郵政劃撥需要八天才能寄到（本公司在您劃撥後第四天才能接到劃撥單，次日寄出後第二天您才能收到書籍，此六天中可能會遇到週休二日，是故共需八天才能收到書籍）若想要早日收到書籍者，請劃撥完畢後，將劃撥收據貼在紙上，旁邊寫上您的姓名、住址、郵區、電話、買書詳細內容，直接傳真到本公司 02-28344822，並來電 02-28316727、28327495 確認是否已收到您的傳眞，即可提前收到書籍。 2.因台灣每月皆有五十餘種宗教類書籍上架，書局書架空間有限，故唯有新書方有機會上架，通常每次只能有一本新書上架；本公司出版新書，大多上架不久便已售出，若書局未再叫貨補充者，書架上即無新書陳列，則請直接向書局櫃台訂購。 3.若書局不便代購時，可於晚上共修時間向正覺同修會各共修處請購（共修時間及地點，詳閱**共修現況表**。每年例行年假期間請勿前往請書，年假期間請見共修現況表）。 4.郵購：郵政劃撥帳號 19068241。 5.正覺同修會會員購書都以八折計價（戶籍台北市者爲一般會員，外縣市爲護持會員）都可獲得優待，欲一次購買全部書籍者，可以考慮入會，節省書費。入會費一千元（第一年初加入時才需要繳），年費二千元。**6.尚未出版之書籍，請勿預先郵寄書款與本公司，謝謝您！** 7.若欲一次購齊本公司書籍，或同時取得正覺同修會贈閱之全部書籍者，請於正覺同修會共修時間，親到各共修處請購及索取；**台北市讀者**請洽：103 台北市承德路三段 267 號 10 樓（捷運淡水線 圓山站旁）請書時間：週一至週五爲 18.00~21.00，第一、三、五週週六爲 10.00~21.00，雙週之週六爲 10.00~18.00 請購處專線電話：25957295-分機 14（於請書時間方有人接聽）。

敬告大陸讀者：

大陸讀者購書、索書捷徑（尚未在大陸出版的書籍，以下二個途徑都可以購得，電子書另包括結緣書籍）：

1.廈門外國圖書公司：廈門市思明區湖濱南路 809 號 廈門外圖書城 3F
郵編：361004　電話：0592-5061658　網址：http://www.xibc.com.cn/

2.電子書：正智出版社有限公司及正覺同修會在台灣印行的各種局版書、結緣書，已有『**正覺電子書**』陸續上線中，提供讀者於手機、平板電腦上購書、下載、閱讀正智出版社、正覺同修會及正覺教育基金會所出版之電子書，詳細訊息敬請參閱『正覺電子書』專頁：http://books.enlighten.org.tw/ebook

關於平實導師的書訊，請上網查閱：

成佛之道　http://www.a202.idv.tw

正智出版社 書香園地　http://books.enlighten.org.tw/

中國網採訪佛教正覺同修會、正覺教育基金會訊息：

http://big5.china.com.cn/gate/big5/fangtan.china.com.cn/2014-06/19/content_32714638.htm

http://pinpai.china.com.cn/

★ 正智出版社有限公司售書之稅後盈餘，全部捐助財團法人正覺寺籌備處、佛教正覺同修會、正覺教育基金會，供作弘法及購建道場之用；懇請諸方大德支持，功德無量。

★ 聲　明 ★

本社於 2015/01/01 開始調整本目錄中部分書籍之售價，以因應各項成本的持續增加。

＊ 喇嘛教修外道雙身法、墮識陰境界，非佛教 ＊

＊ 弘揚如來藏他空見的覺囊派才是真正藏傳佛教 ＊

國家圖書館出版品預行編目(CIP)資料

法華經講義 / 平實導師述. -- 初版. -
- 臺北市 : 正智, 2015.05 面 ; 公分
ISBN 978-986-56553-0-3 (第一輯：平裝)
ISBN 978-986-56554-6-4 (第二輯：平裝)
ISBN 978-986-56555-6-3 (第三輯：平裝)
ISBN 978-986-56556-1-7 (第四輯：平裝)
ISBN 978-986-56556-9-3 (第五輯：平裝)
ISBN 978-986-56557-9-2 (第六輯：平裝)
ISBN 978-986-56558-2-2 (第七輯：平裝)
ISBN 978-986-56558-9-1 (第八輯：平裝)
ISBN 978-986-56559-8-3 (第九輯：平裝)
ISBN 978-986-93725-2-7 (第十輯：平裝)
ISBN 978-986-93725-4-1 (第十一輯：平裝)
ISBN 978-986-93725-6-5 (第十二輯：平裝)
ISBN 978-986-93725-7-2 (第十三輯：平裝)
ISBN 978-986-94970-3-9 (第十四輯：平裝)
ISBN 978-986-94970-7-7 (第十五輯：平裝)
ISBN 978-986-94970-9-1 (第十六輯：平裝)
ISBN 978-986-95830-1-5 (第十七輯：平裝)
ISBN 978-986-95830-4-6 (第十八輯：平裝)
ISBN 978-986-95830-9-1 (第十九輯：平裝)
ISBN 978-986-96548-1-4 (第二十輯：平裝)
ISBN 978-986-96548-5-2 (第二十一輯：平裝)
ISBN 978-986-97233-0-5 (第二十二輯：平裝)
ISBN 978-986-97233-2-9 (第二十三輯：平裝)
ISBN 978-986-97233-4-3 (第二十四輯：平裝)
ISBN 978-986-97233-6-7 (第二十五輯：平裝)
1. 法華部
221.5 104004638

法華經講義——第十一輯

著 述 者：平實導師
音文轉換：章乃鈞、高惠齡、劉惠莉、蔡正利、黃昇金
校 對：章乃鈞 陳介源 孫淑貞 傅素嫻 王美伶
出 版 者：正智出版社有限公司
電話：〇二 28327495 28316727（白天）
傳眞：〇二 28344822
111 台北郵政 73-151 號信箱
郵政劃撥帳號：一九〇六八二四一
正覺講堂：總機〇二 25957295（夜間）
總 經 銷：聯合發行股份有限公司
231 新北市新店區寶橋路 235 巷 6 弄 6 號 4 樓
電話：〇二 29178022（代表號）
傳眞：〇二 29156275
初版首刷：二〇一七年元月三十一日 二千冊
初版四刷：二〇二〇年七月 二千冊
定 價：三〇〇元